ZA HRVATSKU MOJE BAKE

Svjedočanstvo o rođenju države

ZA HRVATSKU MOJE BAKE

Svjedočanstvo o rođenju države

Michael Palaich

Autorska prava © 2019. Michael Palaich

Sva prava pridržana, uključujući pravo umnožavanja u cijelosti ili djelomično u bilo kojem obliku bez odobrenja izdavača ili autora.

author@forbakashomeland.com

Nakladnik CroLibertas Publishers u Sjedinjenim Američkim Državama
crolibertaspublishers.com

Naslov izvornika: *For Baka's Homeland: Eyewitness to the Birth of a State*. Michael Palaich. Chicago: CroLibertas Publishers, 2019.
Kataloški broj kongresne knjižnice: 2019913845
https://lccn.loc.gov/2019913845

Prijevod Lucia Miškulin i Adrian Beljo

Dizajn naslovnice Ante Mihaljević

ISBN 9781734457452

CroLibertas Publishers
Chicago, Illinois
2019

Tisućama Hrvatica i Hrvata koji su žrtvovali svoje živote braneći svoju domovinu, obitelji, gradove, naselja i sela te svoju braću po oružju.

Svim braniteljima koji su ranjeni ili ozlijeđeni u Domovinskom ratu te koji su bili spremni žrtvovati svoje živote kako bi njihovi sunarodnjaci mogli živjeti u slobodi.

Majkama, očevima, sinovima, kćerima, braći i sestrama čiji su voljeni ubijeni u Domovinskom ratu.

Hrvatima u dijaspori koji su živjeli daleko od svojih obitelji i domovine jer nisu željeli prešutno prihvaćati laž zvanu Jugoslavijom.

SADRŽAJ

Popis kratica	ix
Predgovor	1
Bakin dečko	5
Šljivovica, janjetina i politika	19
Van s Yugom!	29
Bleiburška tragedija	69
Rat dolazi u Hrvatsku	97
Uhićenje u Njemačkoj	109
Manipulacija i subverzija	119
Savezni agenti, otvorite!	149
Grad pod opsadom	159
Dobrodošli u Sarajevo!	173
Oči u oči s ratnim zločincem	191
Zastupnici u ratnim olujama	205
Pod prijetnjom zatvora	223
Spas iz Hrvatske	241
Ako ju budete znali sačuvati	251
Pogovor	259
Zahvale	261
O autoru	262

Popis kratica

BiH	Bosna i Hercegovina
EU	Europska unija
HDZ	Hrvatska demokratska zajednica
HIS	Hrvatska izvještajna služba
HOP	Hrvatski oslobodilački pokret
HOS	Hrvatske obrambene snage
HRS	Hrvatska republikanska stranka
HRZ	Hrvatska republikanska zajednica
HV	Hrvatska vojska
HVO	Hrvatsko vijeće obrane (Hercegovina)
JNA	Jugoslavenska narodna armija
KOS	Kontraobavještajna služba
NATO	Organizacija Sjevernoatlantskog ugovora
NDH	Nezavisna Država Hrvatska 1941.-1945.
OTPOR	Hrvatski narodni otpor
SIS	Sigurnosno-informativna služba Ministarstva obrane Republike Hrvatske
SFRJ	Socijalistička Federativna Republika Jugoslavija
UDBA	Uprava državne sigurnosti SFRJ-a
UN	Ujedinjeni narodi

UNPROFOR	Zaštitne snage Ujedinjenih naroda
UNS	Ured za nacionalnu sigurnost
ZNG	Zbor narodne garde

Predgovor

"**SAVEZNI AGENTI**, otvorite!" Nakon vikanja uslijedilo je glasno lupanje na vratima moga stana. Bilo je 6 sati ujutro i od tog trenutka sljedećih sam pet godina živio u nekoj vrsti limba. Sudski postupak Američke vlade protiv Michaela Palaicha (broj postupka 96-80844) započeo je dana 22. listopada 1991. godine kada sam uhićen u Frankfurtu u Njemačkoj. Uhićenje je dovelo do izdavanja naloga za pretres koji su izvršili savezni agenti SAD-a u Detroitu u Michiganu nekoliko mjeseci kasnije, dana 1. svibnja 1992. godine. Protiv mene još nije bila podignuta optužnica, no nisam bio ni potpuno slobodan. Tijekom petogodišnjeg razdoblja prije podizanja optužnice savezni su agenti skupljali i pregledavali moje smeće, postojali su sudski nalozi za ispise telefonskih poziva, mene su pratili tajni agenti, a moju obitelj, prijatelje i poslodavce ispitivali su savezni agenti kako bi mogli pripremiti optužnicu protiv mene.

Bila su potrebna dva istražna povjerenstva te skoro pet godina, no to se dogodilo 11. listopada 1996. godine. Okružni državni odvjetnik SAD-a za istočni okrug Michigana, Saul Greene, podigao je optužnicu protiv mene zbog ilegalnog izvoza oružja i streljiva u Njemačku. Optužnica je pokrenula čitav niz događaja: čitanje optužnice, slikanje za kaznenu evidenciju, uzimanje otisaka prstiju, sastanci s djelatnicima suda te oduzimanje putovnica. Slijedio je niz pravnih postupaka mog odvjetnika: zahtjevi za odbacivanje optužnice zbog različitih razloga te zahtjevi za izuzeće dokaza, a sve je to bio dio beskrajnih pravnih manevara. Sudski postupak protiv mene trajao je još dodatne dvije i pol godine. Ministarstvo pravosuđa SAD-a vodilo je postupak protiv mene ukupno sedam i pol godina.

Dok sam kod kuće u Americi odolijevao pravnim pritiscima s kojima sam bio suočen, u Hrvatskoj je bjesnio rat u koji sam i ja sam bio uključen. Neobično je, što je upravo to vjerojatno bilo moje najproduktivnije razdoblje u čitavom periodu koji sam proveo u pokretu za slobodu Hrvatske. To je uključivalo česta putovanja u Hrvatsku te sam naposljetku postao ovlašteni strani zastupnik za Ministarstvo obrane Republike Hrvatske. To je također značilo osnivanje lažne novinske agencije pod nazivom Pan-National News Agency. To mi je omogućilo pristup objektima UN-a u Hrvatskoj i Bosni i Hercegovini te zaštićenim letovima UN-a u Sarajevo tijekom srpsko-jugoslavenske opsade grada. Razvijanje dobrih odnosa s veleposlanicima Bosne i Hercegovine omogućilo mi je pristup Armiji BiH i bosanskim novinarima za vrijeme mog djelovanja u Bosni i Hercegovini.

Dok je Ministarstvo pravosuđa SAD-a obavljalo svoj posao te vodilo postupak protiv mene na saveznom sudu, ja sam nastavio raditi svoj posao: davati svoj doprinos stvaranju slobodne Hrvatske.

Zašto?

Ljudi mi, kada čuju moju priču, često postavljaju isto pitanje: "zašto?" Zašto ste osjećali potrebu tako se aktivno uključiti u hrvatsku borbu za slobodu, čak u toj mjeri da ste se uključili u rat i riskirali dugogodišnju zatvorsku kaznu? "Rođeni ste u Americi", govorili bi.

Doista, pitanje je zašto se mladići bilo koje nacionalnosti koji su rođeni u nekoj drugoj zemlji dobrovoljno bore u domovini svojih roditelja? Svi smo svjesni nedavne pojave među mladim ljudima s Bliskog istoka koji se, iako rođeni u zapadnim zemljama, odlaze boriti u strane zemlje koje nikada nisu ni vidjeli. Iznenadilo me kada sam saznao da je taj fenomen bio prisutan među Poljacima za vrijeme Drugog svjetskog rata. Na ulazu u crkvu St. Josephat u Detroitu nalazi se velika spomen ploča u čast brojnim mladim Poljacima iz Detroita koji su se pridružili Poljskoj domovinskoj straži, najprije kako bi se borili protiv nacista tijekom Drugog svjetskog rata, a zatim protiv Sovjeta nakon sovjetske okupacije Poljske.

Ponekad je ideologija jedina pokretačka snaga mladih ljudi koji se dobrovoljno bore za tuđu stvar - bez obzira na njihovu etničku pripadnost ili državljanstvo. Godine 1937., 3000 lijevo orijentiranih američkih idealista pridružilo se Lincolnovom bataljunu kao dobrovoljci Republikanskih snaga tijekom Španjolskog građanskog rata. Još tisuće dobrovoljaca iz različitih zemalja širom svijeta pridružile su se Španjolskoj internacionalnoj brigadi kako bi se na strani Republikanaca borile protiv Franca. Među volonterima Internacionalne brigade bio je aktivni član Kominterne i budući komunistički diktator Josip Broz (Tito).

Titova je nakaradna socijalistička tvorevina pod nazivom Jugoslavija njega postavila za diktatora 1945. godine. Upravo su se protiv tog istog represivnog komunističkog jugoslavenskog režima desetljećima borili antikomunistički hrvatski rodoljubi koji su živjeli u dijaspori. Većina se sukoba odvijala verbalno te je svaka strana pokušala uvjeriti javno mnijenje u zapadnim zemljama. U iznimnim su slučajevima Hrvati pribjegli otmici aviona, ubijanju diplomata i bombaškim napadima na zgrade koje su bile povezane s Jugoslavijom. Jugoslaveni su pak ubacivali agente provokatore u hrvatske zajednice u emigraciji koji su Hrvate poticali na kaznena djela te nakon toga surađivali sa zapadnim obavještajnim službama na njihovom uhićenju. Mnogi od tih povodljivih mladih ljudi su zbog svojih postupaka proveli desetljeća u zatvoru. Prema podacima organizacije Amnesty International, jugoslavenska je tajna policija bila odgovorna i za organiziranje i provođenje atentata na hrvatske disidente. U knjizi *Jugoslavija: zatočenici savjesti* koju je 1985. godine izdala organizacija Amnesty International, ta je organizacija optužila jugoslavenske atentatore za smrt više od sedamdeset političkih protivnika koji su otvoreno govorili protiv Jugoslavije.

Hrvati su nakon četiri godine rata i uz pomoć hrvatske emigracije napokon uspjeli osloboditi svoj narod od tog podmuklog režima. Pomoć iz dijaspore došla je u obliku novca, lobiranja, humanitarne pomoći, oružja i - ponekad - ljudi koji su se dobrovoljno prijavili u novoosnovane obrambene snage hrvatske države koja je tada još bila u povojima.

Poput svih oslobodilačkih pokreta i hrvatski je dugotrajni put prema slobodi započeo desetljećima prije nego što je ispaljen prvi metak u Domovinskom ratu. Ova knjiga nije zamišljena kao sveobuhvatna povijest pokreta za slobodu Hrvatske koji je doveo do raspada Jugoslavije. Ovo je priča o osobnom sudjelovanju u Domovinskom ratu, o godinama političkog angažmana koje su tome prethodile te o ljudima koje sam upoznao na tom putu.

1

Bakin dečko

ZAŠTO ČINIMO ono što činimo? To je drevno pitanje: jesmo li samo organizmi koji reagiraju i odgovaraju na poticaje iz okruženja? Jesu li naši postupci i stavovi unaprijed određeni kulturom u kojoj smo rođeni? Jesu li određeni redoslijedom rođenja među braćom i sestrama? Ovisi li način na koji se ponašamo i reagiramo na životne događaje o prirodi ili o odgoju? Moja supruga i ja imamo prijatelja koji živi u Hrvatskoj i koji ima iritantnu naviku neslaganja s mojim razmišljanjima o životu u Hrvatskoj uz objašnjenje: „Tako razmišljaš zato što si Amerikanac." S druge strane, ljudi s engleskog govornog područja su mi u više navrata rekli da hrvatske povijesne događaje promatram na određeni način jer sam Hrvat. Paradoksalno je da su oba mišljenja u isto vrijeme ispravna i pogrešna.

Prihvatio sam da u Hrvatskoj nikada u potpunosti neću biti prihvaćen kao Hrvat. U Hrvatskoj me uvijek nazivaju „Amerikancem." To će uvijek tako biti. Nadalje, sa šezdeset i pet godina (koliko imam u trenutku pisanja ove knjige) prihvatio sam i činjenicu da se nikada neću u potpunosti asimilirati u američku anglosaksonsku kulturu. Moj je otac rođen u Americi i služio je u zračnom korpusu američke vojske tijekom Drugog svjetskog rata. Ja sam veteran američke mornarice. Živim i radim u Americi cijeli

ZA HRVATSKU MOJE BAKE

život. Ipak, u Americi postoji mnogo obilježja anglosaksonske kulture koje ne razumijem. U mladosti sam vjerovao da sam po tome jedinstven. No, nakon što sam se sprijateljio s mnogim Hrvatima prve i druge generacije koji žive u Kanadi, Australiji, Americi, Njemačkoj i Argentini, shvatio sam da mnogi od nas koji su rođeni izvan Hrvatske dijele taj osjećaj razapetosti između dvije kulture.

Naravno, ovaj fenomen ne vrijedi isključivo za Hrvate koji žive izvan Hrvatske: prisutan je i u životima mnogih drugih koji su razapeti između dvije kulture. Dijelom žive u kulturi stare „domovine" svoje obitelji, a drugim dijelom u zemlji u koju je njihova obitelj doselila. Nemogućnost potpune prilagodbe u određenoj je mjeri prisutna i kod Grka, Talijana, Albanaca, ljudi s Bliskog istoka i mnogih drugih nacionalnosti. Popularni film *Moje grčko vjenčanje* šaljivo je to prikazao 2002. godine. Da, možda i jesmo Amerikanci, Australci, Kanađani, Nijemci, Argentinci itd., no ne možemo si pomoći i promatramo naš svakodnevni život kroz prizmu supkultura u kojima živimo.

Kao primjer, često ispričam priču svog prijatelja Hrvata. Božo Čačić nije mogao razumjeti zašto je izazvao takvu pomutnju u svom susjedstvu kada je odlučio zaklati janje u svojoj garaži i objesiti ga na gredu kako bi mu se prije nego ga ispeče na ražnju ocijedila krv. Bio je iznenađen kada mu se na vratima pojavila policija i zatražila da pregleda garažu. Navodno su susjedi, misleći da žive pored pomahnitalog ubojice, pozvali policiju kada su primijetili krv koja je niz njegov dvorišni prilaz curila na ulicu. Svi su, uključujući policiju, odahnuli kada su shvatili da je to krv janjeta koje je visjelo u garaži obješeno za noge.

Razapetost između kultura dviju zemalja - anglosaksonske američke i hrvatske kulture - samo djelomično daje odgovor na pitanje „zašto". Samo se mali broj Hrvata u tom položaju odlučio za sudjelovanje u Domovinskom ratu 1991. godine. Iako je kultura važna, zasigurno nije jedini čimbenik.

Bakin dečko

Politika

Put od uličnog aktivista koji dijeli protujugoslavenske letke na ulicama Detroita do odlaska u obranu domovine koja se nalazila u nasilnom ratu i do imenovanja za ovlaštenog stranog zastupnika mlade ratom poharane hrvatske države, bio je spor i postupan. Moj je politički put započeo 1978. godine i svaki me korak na tom putu na neki način promijenio. Uobičajene osjećaje straha postupno su zamijenili osjećaji pretjeranog samopouzdanja i prkosa. Idealistička politička aktivnost koja se u početku temeljila na uvjerenju da Hrvati imaju pravo na slobodu polako se pretvorila u ilegalnu aktivnost u pokušaju ostvarenja tog političkog cilja. To se odvijalo postupno, u razdoblju od mnogo godina, zbog čega tu promjenu tada nisam ni primjećivao.

Međutim, bilo je i osobnih događaja koji nisu bili vezani uz politiku, a koji su me oblikovali. Iako nisu imali nikakve veze s hrvatskom politikom zasigurno su predstavljali plodno tlo za razdoblje mog života koje je započelo 1978. godine. Ti raniji događaji uključuju hrvatsku kulturu u kojoj sam rođen, grad u kojem sam živio i radio te početke mog obiteljskog života.

Moja prijateljica Ivana rado upozorava svoga supruga Antu dok on priča: „Ne moraš početi od Adama i Eve." Stoga ću se u pisanju ove knjige i pokušaju da odgovorim na pitanje „zašto sam se uključio?" imati na umu njezin savjet. Moram ipak započeti s nekoliko ranih iskustava.

Rana iskustva

Moj je otac rođen u Detroitu od majke i oca koji su došli u Ameriku početkom dvadesetog stoljeća. Moj djed Franjo Palaić potječe iz hrvatskog grada Petrinje, a baka Ljubica iz malog susjednog sela Križ Hrastovački. Djed je bio mesar koji je izučio zanat radeći kao šegrt u poznatoj mesoprerađivačkoj tvornici Gavrilović u Petrinji. Kasnije je bio vlasnik male trgovine prehrambenih proizvoda u ulici *Riopelle* u Detroitu. I danas u toj ulici ima nekoliko mesnica. Baka je bila domaćica koja je rodila

ZA HRVATSKU MOJE BAKE

tri djevojčice (Ann, Helen i Rose) i dječaka (Frank), mog oca. Baka i djed proživjeli su ostatak života u SAD-u te se nikada nisu vratili u zemlju koju su napustili prije toliko godina. Dva svjetska rata, uspostava dviju represivnih Jugoslavija prije Drugog svjetskog rata koje su bile neprijateljski nastrojene prema Hrvatima te uspostava jugoslavenskog komunističkog režima nakon Drugog svjetskog rata bili su razlozi zbog kojih je njihov povratak bio nemoguć.

U Detroitu je pak živjelo relativno puno Hrvata. Iako su napustili svoju domovinu, nisu se morali odreći svojih ljudi, jezika i kulture. Budući da su bili vlasnici trgovine prehrambenih proizvoda, moji su djed i baka imali stalni kontakt s drugim Hrvatima u njihovoj zajednici. U takvim se trgovinama rijetko koristio engleski jezik, a djeca vlasnika često su radila u njima. Ta su djeca bila uronjena u kulturu svojih roditelja jer su bila u kontaktu sa sunarodnjacima kojima su prodavala hranu. I danas ima sličnih trgovina u kojima djeca imigranata rade zajedno s roditeljima, baš kao što je to činio i moj otac cijelo svoje djetinjstvo. Moj otac to nikada nije dovodio u pitanje, a roditelji se nikada nisu pitali je li u redu što djecu prisiljavaju da rade, dok se druga djeca bave sportom ili nekim drugim izvanškolskim aktivnostima. To je jednostavno bilo tako.

Današnji se američki roditelji, ili možda čak i roditelji iz nekih zapadnoeuropskih zemalja, često bave beskrajnom samoanalizom i introspekcijom, ali ne i Hrvati, a zasigurno ne Hrvati iz malog grada na početku dvadesetog stoljeća. Siguran sam da u hrvatskoj kulturi postoje i gore stvari nego reći „ne " roditeljima kao dijete, ali ja tada nisam mogao ni zamisliti što bi to mogli biti. Potpuno sam siguran da moj otac nikada nije odbio raditi u trgovini svojih roditelja. Ja sam druga ili treća generacija, ovisno o načinu računanja, i ne mogu se sjetiti da sam ikada izravno rekao „ne " svojim roditeljima. Roditelji moje mame bili su Irci, no mi smo odrasli u hrvatskom domu te za mene i moje sestre nije postojala opcija roditeljima reći „ne ".

Moja je mama radila tako da sam ja do polaska u školu svaki dan provodio s mojom hrvatskom bakom. Moj djed Franjo

Bakin dečko

umro je kada sam imao samo nekoliko mjeseci. Baka je u to vrijeme imala šezdeset godina. Iako sam ja sada stariji nego što je ona tada bila, meni je ona uvijek izgledala kao starica s natečenim nogama, sijedom kosom i crnom haljinom s ružičastim cvjetovima, debelim naočalama i snažnim rukama. Uz sve to bila mi je prekrasna! Pomisao na njezin osmijeh i danas, desetljećima kasnije, još uvijek grije moje srce. Siguran sam da je moja ljubav za Hrvatsku i Hrvate započela ljubavlju koju sam najprije počeo osjećati za moju baku. Ona danas za mene predstavlja ideal svega onoga što bi dobra baka trebala biti. Svako jutro me u hladnjaku čekala zdjela grisa. Znala je da to volim jesti hladno i zato je to pripremala večer prije, tako da me čekalo kad bi me mama dovela ujutro. S prijateljima i šogoricom baka je na telefon pričala hrvatski, što se meni kao dječaku činilo da traje satima. Nisam razumio ni riječi, ali se sjećam da mi se svidjelo kako zvuči. Simpatičan mi je bio i njezin jaki hrvatski naglasak koji bi se osjetio kad bi mi se obratila na lošem engleskom.

    Za vrijeme praznika sjedio bih s njom u kuhinji i promatrao ju kako priprema štrudlu od jabuka, što je danas gotovo zaboravljena vještina. Još kao mladić bio sam zadivljen lakoćom kojom je mijesila i razvlačila tijesto za štrudlu. Ponekad bi tijesto bilo više od pola metra duže od velikog kuhinjskog stola i onda bi u njega zamotala naribane jabuke i ispekla štrudlu u pećnici. Prisjećajući se svoje bake kako se kreće oko stola te pomiče ruke gore-dolje, naprijed-natrag, imao sam dojam kao da gledam gracioznu balerinu, osim što je njezino kazalište bila kuhinja, a njezina pozornica kuhinjski stol. Ako Bog danas u svom kraljevstvu objeduje, potpuno sam siguran da je štrudla od jabuke moje bake njegov omiljeni desert.

    Baka je bila i izvrsna kuharica te su praznici u njezinom domu bili nešto zaista posebno. Dok gledam stare obiteljske fotografije nije mi jasno kako je moj otac mogao biti tako mršav odrastajući u domu s majkom koja je tako dobro kuhala. Kasnije mi ga je bilo žao jer sam shvatio da moja mama nije bila baš tako dobra kuharica. Vjerujem da mu je bilo teško prilagoditi se njezinim skromnim kulinarskim vještinama. Možda je to bilo zato

ZA HRVATSKU MOJE BAKE

što je mama radila po cijele dane te nakon toga došla doma gdje ju je čekalo četvero gladne djece, pa nije imala vremena usredotočiti se na razvijanje svojih vještina kuhanja i pečenja. Ili je to možda bilo zato što je mislila da se meso mora prepeći kako bismo izbjegli salmonelu. Bez obzira na razlog, siguran sam da je ta prilagodba za mog oca bila zahtjevna.

No, na Božić je bio očev red za kuhanje. Nakon polnoćke pripremio bi dvije vrste kobasica (dimljene i svježe) te smo ih jeli s ostalom hranom i pecivima koja nam je dala baka. To je bilo u vrijeme kada je polnoćka zaista počinjala u ponoć i trajala više od sat vremena. Vratili bismo se nakon jedan iza ponoći te tada počeli kuhati i jesti. Uzbuđenje zbog otvaranja darova, glad zbog posta prije sv. mise i hrana koju smo jeli, držali su mene i moje tri sestre budnima do ranih jutarnjih sati na Božić.

Posebni događaji poput vjenčanja i sprovoda također su bili izuzetna iskustva. Činilo se kao da se svako hrvatsko vjenčanje u Detroitu održava u dvorani *Roma Hall*. Sjećam se da je to bila velika otvorena dvorana s harmonika vratima koja su odvajala manje dvorane i događaje. Mi djeca bismo uživali otvarajući i zatvarajući ta vrata. Za razliku od djece drugih nacionalnosti, bilo je uobičajeno da djeca sudjeluju na hrvatskim vjenčanjima. Ona bi se igrala i plesala na podiju.

Začuđujuće je što su neka od mojih najranijih i najdražih sjećanja vezana uz sprovode. Kada sam bio dijete postojalo je mnoštvo različitih hrvatskih običaja na sprovodima, ovisno o tome iz kojeg je dijela Hrvatske bila pojedina obitelj. Jedan od običaja moje obitelji u slučaju smrti bliskog člana obitelji bio je poljubiti tijelo pokojnika. Moguće je da su taj običaj u Ameriku donijeli iz rodnog grada Petrinje. Moja žena Sandra, koja je odrasla u Zagrebu, nikada nije čula za taj običaj te joj je neobična i sama pomisao na to. No, mene je otac držao u naručju kako bih se mogao nasloniti na lijes i poljubiti usne jedne od mojih preminulih tetki. Da, to mi se sada čini čudnim, no tada je to za mene bila najnormalnija stvar na svijetu. Osim toga, otac mi je rekao da to učinim te nije postojala opcija reći mu „ne". Moglo bi se pomisliti da će mi to iskustvo izazvati nelagodne i negativne

Bakin dečko

osjećaje prema sprovodima, no to se nije dogodilo. Sasvim suprotno, volio sam mnoge elemente hrvatskih sprovoda. Kada sam nedavno bio na sprovodu u Arizoni iznenadilo me što su prisutni nosili kratke hlače na misi zadušnici. Neki su bili odjeveni u bijelo, crveno ili u neku drugu boju koju su taj dan pronašli u ormaru. Mislim da me to uznemirilo jer se nisam mogao oteti dojmovima i iskustvima iz djetinjstva. Svatko tko je došao izraziti sućut obitelji pokojnika znao je da iz poštovanja prema pokojniku i njegovoj obitelji mora biti odjeven u crno. Ta se tradicija u većini slučajeva još uvijek poštuje u Hrvatskoj.

U pogrebnom domu *Orlich Funeral Home* u Detroitu u ulici *Woodward Avenue* koji je bio u vlasništvu Hrvata, žene su se okupljale na katu u prostoriji u kojoj je bio lijes s pokojnikom, a muškarci su nakon što je prošlo neko prihvatljivo vrijeme otišli u podrum u prostoriju u kojoj je bilo dozvoljeno pušenje. Dok su žene i svećenici molili krunicu, što se meni kao djetetu činilo beskrajno dugim, mogao sam se neopaženo pridružiti muškarcima okupljenima u podrumu. Nakon što sam uspješno pronašao put niz usko, tamnim drvom obloženo stubište, kroz oblake dima cigareta otkrio sam da muškarci stoje ili sjede na klupama uza zid te puše, razgovaraju i smiju se. Uvijek bi mi netko kupio Coca-Colu iz starog, crvenog, metalnog aparata. To mi je ujedno bio i prvi uvid u razlike između spolova. Ne sjećam se da sam ikada vidio moje tri sestre ili bilo koju drugu ženu s „nama muškarcima", ili sam možda bio previše zadivljen zadimljenim svijetom tamnih odijela i dubokih glasova koji su govorili strani jezik kako bih se toga uopće sjećao.

Iz pogrebnog bi doma povorka automobila krenula ulicom *Six Mile Road* prema groblju *Mount Olivet Cemetery*, gdje su ljudi stajali oko lijesa kojeg su spuštali u zemlju uz molitvu koju je vodio svećenik iz hrvatske katoličke crkve sv. Jeronima. Nakon toga bi okupljeni, jedan po jedan, prolazili pored otvorenog groba te unutra bacali šaku zemlje ili cvijet.

Povratak u nečiji dom gdje su se održavale karmine za mene je bio najzanimljiviji dio. Sjećam se kako sam prolazio pored nogu, cipela i stražnjica kako bih došao do čarobnog mjesta

ZA HRVATSKU MOJE BAKE

u podrumu gdje se nalazio stol s kolačima i ostalim slasticama. Nisam mogao zamisliti da na svijetu postoji toliko različitih vrsta kolača i slastica. Svaka bi žena donijela svoj specijalitet: suhe kolače, makovnjaču i orehnjaču, pitu od jabuka i čokolade, štrudle, brdo kolača. Siguran sam da je na stolu bilo i pršuta i kobasica, ali mene su zanimali samo nevjerojatni kolači i slastice. Muškarci su pili domaće vino i puno različitih vrsta rakije te podrum punili oblacima dima svojih cigareta. Žene su pile *bambus*, što je mješavina crnog vina i gaziranog pića. Omiljeni *bambus* moje bake bio je kombinacija crnog vina i gaziranog pića s okusom jagode. Bio sam ispunjen dojmovima dok sam se kretao kroz mnoštvo ljudi čija lica nisam mogao vidjeti, jeo jednu od brojnih slastica toga dana te slušao plač i razgovore na neobičnom hrvatskom jeziku.

Osim druženja s članovima obitelji i odlaska u crvku sv. Jeronima s obitelji, moji su kontakti sa širom hrvatskom zajednicom u Detroitu bili minimalni. Moj je otac bio rezultat vremena u kojem su u Americi strance iz istočne Europe smatrali manje vrijednima. Čak je i sustav javnog školstva poticao filozofiju asimilacije te nije poticao učenike da budu ponosni na svoje obiteljsko naslijeđe ili da kod kuće s članovima obitelji koriste svoj materinski jezik. Mislim da je to glavni razlog zbog kojeg moj otac nije bio zainteresiran da svoju obitelj upozna s kulturom šire hrvatske zajednice ili da nas kod kuće nauči hrvatski jezik.

Iznenađujuće je pak to, što smo se uvijek ponosili svojim hrvatskim naslijeđem. Iako nismo naučili plesati plesove, pjevati pjesme ili govoriti jezik, osim nekoliko riječi, velik dio kulture usvojili smo na drugi način. Kultura se prenosila uglavnom preko hrane i ponašanja. Mojim sestrama i meni uvijek je bilo jasno da smo Hrvati, a ne Jugoslaveni. Nikad nismo čuli oca da za sebe kaže da je Jugoslaven, iako je u to vrijeme drugim Amerikancima bilo puno lakše shvatiti odakle je tvoja obitelj ako bi rekao da ona potječe iz Jugoslavije. Otac nas nikada nije morao ispravljati, jer mi za sebe nikada nismo rekli ništa drugo osim da smo Hrvati.

Bakin dečko

Mojim sestrama i meni uvijek je bilo jasno da je otac protivnik komunizma. Kao djeca nismo u potpunosti razumjeli što je to komunizam. S vremenom smo pak doznali da su komunisti ubili tri nećaka moje bake. No tek sam mnogo godina kasnije u potpunosti shvatio što to znači i zašto su ubijeni.

Bio sam protivnik komunizma čak i kao tinejdžer dok sam išao u srednju školu. U drugom razredu srednje škole dobio sam disciplinsku mjeru jer sam se fizički sukobio s vršnjakom u Salezijanskoj srednjoj katoličkoj školi za dječake koju sam pohađao u Detroitu. Amerika je u to vrijeme bila usred Vijetnamskog rata te je mladić jednog dana došao u razred mašući zastavom komunističkog Sjevernog Vijetnama. Kada je sjeo u klupu pored mene, rekao sam mu da makne zastavu. On je pogriješio jer mi je kao odgovor mahnuo zastavom u lice. Ustao sam, izvukao ga iz klupe i podignuo ga dok je on u rukama još držao zastavu. U tom je trenutku ušao fratar Moore i povikao: „Palaich, spusti ga! " Na iznenađenje fratra Moorea i ostalih učenika spustio sam ga tako da sam ga bacio na pod. Fratar Moore mirno me poslao u ured zamjenika ravnatelja, fratra Kellyija, radi disciplinskog postupka. „Zašto si ga bacio na pod?", upitao me. Nakon što sam mu ispričao o mahanju komunističkom zastavom, nasmijao se i rekao: „U redu! Ali ipak ti moram dati kaznu i to obvezan boravak u školi u subotu."

Putovanje u komunističku Jugoslaviju

Moj je otac preminuo 1977. godine. U trenutku njegove smrti shvatio sam da je veza između naše obitelji Palaich u Americi i obitelji Palaić u Hrvatskoj prekinuta.

Međutim, moj stric Ray i strina Florence Stojanić (zapravo stariji rođaci) su i dalje bili u kontaktu s obitelji Palaić u Petrinji i čak su ih nekoliko puta i posjetili. Oduševljavale su me priče o njihovim putovanjima. Tako sam godinu dana nakon očeve smrti, otišao na svoje prvo putovanje u Hrvatsku. Bilo je to prosvjetljujuće iskustvo na puno različitih načina. S dvadeset i četiri godine napokon sam upoznao svoju obitelj u Hrvatskoj, koja

ZA HRVATSKU MOJE BAKE

je 1978. godine i dalje bila zatočena unutar komunističke Jugoslavije.

Moje znanje o komunizmu nije se temeljilo samo na knjigama iz povijesti, televizijskim i novinskim vijestima ili pak pričama o komunistima koji su ubili moju rodbinu. Kao i svi koji su živjeli u Americi prije raspada Sovjetskog Saveza i njegovih različitih satelitskih država 1989. godine, bio sam u potpunosti svjestan zle povijesti komunizma u smislu masovnih ubojstava i ugnjetavanja. Pored toga sam, dok sam pohađao Školu za komunikacijske tehničare američke mornarice u Pensacoli na Floridi, imao najveću moguću razinu sigurnosnog odobrenja (iznad razine *Top Secret*). Danas mornarica tu školu naziva "Centrom za obavještajnu nadmoć". U to se vrijeme ta škola prvenstveno bavila osposobljavanjem mornaričkog osoblja za elektroničko prikupljanje obavještajnih podataka. Dio obuke uključivao je i učenje o komunizmu i različitim komunističkim tehnikama za prikupljanje podataka od američkih dužnosnika, građana i ostalih koji su bili uključeni u američke obavještajne službe. S vremenom sam shvatio da su mnoge od operativnih tehnika stranih komunističkih agenata koji su radili u SAD-u bile odvratne. Njihova je taktika, primjerice, često uključivala postavljanje zamki Amerikancima koji su radili na osjetljivim pozicijama u državnim tijelima te koji su imali određene moralne slabosti. Nakon što su potencijalne mete koje su bile nesvjesne opasnosti uhvatili u kompromitirajućim situacijama, slijedilo je ucjenjivanje kako bi dobili povjerljive informacije kojima su mete imale pristup. Nisam imao nikakvih iluzija o komunistima.

Nakon što sam prvi put sletio u Zagreb, odmah sam primijetio razliku između svijeta iz kojeg dolazim i nedostataka komunističke države. Te su razlike najprije bile vidljive na površini, odnosno na fasadama zgrada. Oštećene, neobojane žbukane fasade, nakrivljene ograde i zidovi te pukotine na ulaznim vratima zgrada prikrivale su klasične austrougarske arhitektonske detalje slične onima koji se mogu pronaći u gradovima poput Beča ili Budimpešte. Neodržavane žbukane zgrade u Zagrebu bile su jasan pokazatelj da je boja izblijedjela

Bakin dečko

još prije nekoliko desetljeća. Svježu boju bilo je moguće vidjeti jedino na dosadnim i izlizanim komunističkim parolama koje su osmislili ljudi čije su duše i srca odražavala zgrade u propadanju. Iako je na čelu Jugoslavije bila Komunistička partija te bi parole zasigurno bile poznate svima koji su odrasli u Mussolinijevoj Italiji ili Hitlerovoj Njemačkoj. Bilo je potrebno samo izbrisati Titovo ime kako bi se shvatilo da su parole zapravo doslovni prijevodi fašističkih parola koje su se koristile prije nekoliko desetljeća. Parole poput: *„Tito je naš"* i *„Živio Drug Tito"* strateški su bile ispisane crvenom bojom na mnogim zgradama. Bilo je očito da su te parole ispisali partijski poslušnici. U mojim su očima oronule zgrade predstavljale simbol razarajućih posljedica koje je komunistička ideologija imala na cijelo društvo.

Vojnici i „milicajci" koji su patrolirali na autobusnim i željezničkim stanicama također su na mene ostavili dojam. Bio sam uznemiren dok sam promatrao stav ljudi koji su patrolirali sa strojnicama na ramenu; milicajci su jedva uspijevali prikriti prezir prema građanima. Tražili su isprave bez ikakvog objašnjenja. Vojnici sa strojnicama arogantno su od starijih gospođa zahtijevali da otvore svoje torbe radi kontrole. Kasnije sam saznao da su većina milicajaca u Hrvatskoj te gotovo svi milicajci na važnijim položajima bili Srbi, a ne Hrvati. To objašnjava njihov grubi pristup prema prosječnom hrvatskom građaninu. Nije bila riječ samo o preziru prema građanima, već o posebnom preziru prema Hrvatima koje su oni zapravo trebali štititi.

Sudar svjetova

U ljeto 1978. godine autobus se zaustavio pred ulaznim vratima u Ulici Matije Gupca broj 44 u Petrinji. Moj prastric sjedio je uz prozor svoje kuće. Vozač mi je doviknuo: „Tamo na prozoru je Dragan." Nakon što je obitelj Palaić šezdeset i osam godina bila razdvojena oceanima, ratovima i politikom, ponovno se ujedinila dok sam hodao prema kući moje obitelji u Petrinji. Bilo je nevjerojatno da sam nakon toliko godina razdvojenosti imao priliku upoznati osamdesetogodišnjeg brata svog djeda. Stric Dragan je ispod džempera i crnog odijela nosio bijelu košulju bez

ZA HRVATSKU MOJE BAKE

ovratnika. Gledajući prema njemu i prema prozoru, primijetio sam da su mu laktovi bili naslonjeni na jastuk na prozorskoj dasci, kao što to imaju običaj činiti mnogi ljudi u Hrvatskoj dok gledaju kroz prozor. Moj prvi dojam, nakon što sam mu se predstavio, bio je da je stric vitak i dostojanstven stariji gospodin s njegovanom sijedom kosom i tankim brkovima. Prožeo me osjećaj melankolije dok sam razmišljao o svom ocu koji nikada nije vidio Hrvatsku, a kamoli posjetio obiteljski dom koji su njegov djed i stric pomogli sagraditi i ispred kojeg sam upravo stajao.

Djed Franjo prvi je put došao u Ameriku 1907. godine kada se pridružio svom ocu Antunu u Detroitu. Prema bilješkama koje je napisao desetljećima kasnije, djed se uputio na američke obale dok je radio na jedrenjaku *The Snowden*. Brod je isplovio iz Argentine gdje je djed živio devet mjeseci. Djed je napustio brod po dolasku u luku Boston te ilegalno ušao u SAD kako bi se pridružio svom ocu u Detroitu. Antun je došao u Ameriku nekoliko godina prije toga u potrazi za boljim životom, kao što su to učinili mnogi iz Petrinje u tom razdoblju. Cilj mu je bio obogatiti se i vratiti kući u Petrinju. Antun je u kratko vrijeme zaradio dosta novaca. Na kraju je kupio pansion malo izvan današnjeg gradića Hamtramcka koji je okružen puno većim Detroitom. Djed Franjo se u Hrvatsku vratio godinu dana kasnije te se nije više imao namjeru vraćati u Ameriku. Ponovno se međutim vratio 1910. godine na zahtjev svog oca te je ponovo ilegalno ušao prešavši kanadsko-američku granicu kod grada Niagara u državi New York. Kada je djed Franjo napustio Hrvatsku, ostavio je svoju mlađu braću i sestre, a jedan od njih bio je i Dragan, osamdesetogodišnjak kojeg sam prvi put upoznao šezdeset i osam godina kasnije, 1978. godine. Prozor na kojem je Dragan sjedio nalazio se na kući koju su Dragan i njegov otac Antun izgradili vlastitim rukama nakon što se Antun vratio u Petrinju 1928. godine.

U SAD-u je djed Franjo amerikanizirao svoje ime te ga je promijenio u Frank. Otvorio je mesnicu, odgajao obitelj i cijeli život proveo kao „ilegalni stranac".

Bakin dečko

Moja baka Ljubica Vidović pridružila se djedu 1912. godine kao osamnaestogodišnjakinja. Stara pisma koja naša obitelj još uvijek čuva dokaz su njihovog mladenačkog dopisivanja te pokazuju da se nisu jako dobro poznavali. Samo su se povremeno viđali (i to iz daljine) dok je ona kratko putovala iz svog sela Križa Hrastovačkog do obližnjeg većeg grada Petrinje. Počeli su si pisati osobna pisma tek nakon što su obitelj Palaić iz Petrinje i obitelj Vidović iz sela Križ Hrastovački dale svoje odobrenje za sklapanje braka. Ljubica je naposljetku pristala otputovati u Ameriku na nagovor Franje, no tek nakon što joj je Franjo više puta potvrdio da će se vjenčati čim ona dođe u Detroit. To dugo i naporno putovanje brodom od Petrinje do Detroita 1912. godine bilo je zadnje putovanje preko oceana za njih oboje. U sljedećih nekoliko desetljeća komunicirali su s članovima obitelji isključivo putem pisama. Nikada više nisu vidjeli svoje obitelji. Moj je djed umro 1954. godine, iste godine kada sam se rodio, a baka je preminula 1970. godine, kada sam imao šesnaest godina.

Dok sam stajao ispred obiteljske kuće u Petrinji osjećao sam izrazito zadovoljstvo što su se dva svijeta ponovno ujedinila. Moje je prvo putovanje u Hrvatsku završilo dolaskom u Petrinju 1978. godine, no tijek mog života je u sljedeća dva desetljeća bio neprimjetno izmijenjen. Sljedeći sam put bio u Petrinji po završetku Domovinskog rata, sedamnaest godina kasnije. Nije samo grad izgledao potpuno drukčije zbog devastacije i uništenja, nego sam i ja postao osoba bitno drukčija od one koja je 1978. godine stajala ispred obiteljske kuće.

ZA HRVATSKU MOJE BAKE

Moja baka

2

Šljivovica, janjetina i politika

OBITELJ PALAICH imala je svoje korijene u jedinoj hrvatskoj katoličkoj crkvi u Detroitu. Crkva sv. Jeronima nalazila se u poznatoj ulici *Eight Mile Road* u Detroitu. Prije nego je ta crkva sagrađena, hrvatska se zajednica u Detroitu okupljala u crkvi na adresi *901 Melbourne*. Kada smo mi djeca bili nešto stariji te smo počeli pohađati katoličke škole, roditelji su nas počeli voditi u druge župe bliže našem domu. Kršten sam u katoličkoj Crkvi Gospe Fatimske, no naši najdublji korijeni nalaze se u hrvatskoj katoličkog crkvi sv. Jeronima.

Volio bih da mogu reći da sam se, nakon što nekoliko godina nisam prakticirao vjeru, vratio Crkvi krajem 1970-ih zbog svoje novootkrivene vjere u Boga. Nažalost, moji su odlasci u crkvu bili rezultat novootkrivenog interesa za hrvatsku kulturu nakon smrti mog oca i nakon putovanja u Hrvatsku u posjet rodbini. Nažalost, tada sam bio katolik samo u smislu kulture.

U hrvatskoj katoličkoj crkvi u Detroitu uspostavio sam prve kontakte s malom skupinom lokalnih Hrvata koji su se

ZA HRVATSKU MOJE BAKE

zauzimali za raspad Jugoslavije i stvaranje samostalne hrvatske države. Nisam iznenađen kada čujem izvješća o džamijama koje služe kao mjesta vrbovanja mladih muslimana za borbu za kalifat. Hrvatske su katoličke crkve u cijeloj hrvatskoj dijaspori bile središnje mjesto okupljanja gdje su gorljivi hrvatski aktivisti stalno bili u potrazi za novim mladim članovima za njihove različite organizacije i udruge, kojih je bilo mnogo. Sve su pak organizacije i udruge imale isti zajednički cilj: željele su stvaranje hrvatske države te raspad Jugoslavije u čijem je sastavu Hrvatska bila zatočena.

    Svake je godine hrvatska crkva sv. Jeronima četvrtog srpnja slavila američki Dan nezavisnosti te organizirala crkveni piknik, koji se nazivao i Piknik za Dan nezavisnosti te Hrvatski dan. Pretpostavljam da je naziv *Hrvatski dan* bio odgovor na praznik zvan Dan Jugoslavije, službeno Dan Republike, koji su 29. studenog slavili projugoslavenski orijentirani građani. Nikada u našoj crkvi nisam čuo da bilo tko sebe naziva Jugoslavenom te mislim da se to nitko ne bi bio niti usudio. Čak i prije službenog raspada Jugoslavije 1992. godine Hrvati u katoličkog crkvi sv. Jeronimova bili su Hrvati - barem javno. Istina je pak bila nešto drukčija. Jugoslavenska tajna policija, odnosno Udba, također je znala da su katoličke crkve u hrvatskoj dijaspori mjesto okupljanja gdje počinje politička borba protiv Jugoslavije. Bila je učestala praksa da se neke članove hrvatske zajednice koristi za špijuniranje drugih Hrvata u dijaspori. Ti su suradnici onda informacije prosljeđivali posrednicima jugoslavenskih agenata.

    Hrvatski su piknici bili prekrasni i potpuno različiti od američkih. Mogli su se namirisati i prije samog dolaska na mjesto održavanja pored crkve sv. Jeronima. Oblaci dima lebdjeli su zrakom prenoseći slasne mirise različitih vrsta mesa koje su se pripremale na ražnju iznad crvenog i sivog žara.

    Ljudi pričaju da je nekada na pikniku znalo biti čak pedeset janjadi, dvadeset i pet svinja te na desetke pečenih pilića. No, kada sam se vratio natrag u crkvu 1978. godine, to se smanjilo na nekih dvadeset i pet janjadi, deset svinja te nekoliko desetaka piladi. Janjetina mi je bila posebno omiljena. Nakon nekoliko sati

Šljivovica, janjetina i politika

okretanja na ražnju ružičasta bi se koža pretvorila u bijelu te na kraju u slanu, zlatnu i hrskavu poslasticu. Na znak osobe zadužene za janjetinu, obično starije osobe, dvojica bi muškaraca digla janjetinu s vatre - svaki s jedne strane ražnja. Janjetina, iz koje su se cijedili sokovi, postavila bi se na drveni stol kako bi se ohladila. Tada bi se djeca, koja su strpljivo čekala, okupila oko mesarske daske na kojoj bi odrasli janjetinu vješto razrezali velikim nožem. Netko od muškaraca bi popustio molećljivim dječjim pogledima, odrezao nekoliko komadića hrskave slane kože te ih podijelio najmlađima.

Muškarci su stajali sa strane te, kao i obično pili i razgovarali, pretjerujući ponekad i u jednom i u drugom. Neki su pili pivo, a neki šljivovicu koju sam prvi puta susreo na sprovodima i vjenčanjima kada bi moji rođaci malo previše popili. Mlađi su se muškarci zabavljali nekom vrstom testeronske igre, tj. bacanjem kamena s ramena što je dalje moguće. Igra nije bila posebno kreativna, no izazivala je puno pošalica i prijateljskog zadirkivanja. Bila je popraćena konzumiranjem velikih količina alkohola. Dok su čekali u redu za kupnju piva muškarci su uživali kupovati sladoled mnogobrojnoj djeci koja su prolazila.

Uvijek je bio prisutan i četvero ili peteročlani glazbeni sastav koji je ispod natkrivenog paviljona uživo svirao hrvatsku narodnu glazbu. Stariji su muškarci obično na betonskom podiju plesali sa svojim suprugama. Djeca su sudjelovala imitirajući odrasle i vrteći se u krug u ritmu glazbe. Ponekad su očevi plesali sa svojim malim kćerima koje su pokušavale održati ravnotežu stojeći na očevim stopalima. Žene su sjedile na sklopivim stolicama u manjim krugovima, razgovarale i prolaznicima nudile domaće slastice koje su pripremile prethodnu večer. Gospođa Barbara Kunce bila mi je najdraža slastičarka jer je pripremala najbolju štrudlu od jabuka koju sam ikada jeo, osim naravno štrudle moje bake. Tijesto bakine i Barbarine štrudle bilo je toliko tanko da se skoro moglo vidjeti kroz njega. Takvo tijesto, nakon što bi se dobro ispeklo, postalo bi hrskava kora omotana oko slasnog zlatnog punjenja od jabuka.

ZA HRVATSKU MOJE BAKE

Na jednom sam od tih piknika 1979. godine prvi puta susreo ratobornije, prohrvatski orijentirane antijugoslavenske elemente u hrvatskoj zajednici. Oni su bili jedni od mnogih takvih u hrvatskoj dijaspori, no bili su izrazito važni. Bili su to Petar Ivčec i Marko Stipaničić. Nikada prije nisam upoznao nikoga tko je živio s takvom jedinstvenom predanošću nekom cilju ili ideologiji. Politika je preuzela njihove živote te ih pretvorila u gotovo religioznu posvećenost cilju. Odmah sam uočio sličnost između njihove posvećenosti oslobađanju hrvatskog naroda od okova komunizma i kršćanskih misionara koji su širili riječ Božju. Bili su nepokolebljivi i usredotočeni fanatici. Svjesno koristim riječ fanatik jer sam s vremenom naučio cijeniti usredotočene živote fanatika u kombinaciji s ciljem za koji se vrijedi boriti. Poput pravih apostola koji su spremni dati svoje živote za Boga i njegovu Crkvu, ovi hrvatski borci za slobodu nisu razmišljali gotovo ni o čemu, osim o oslobađanju svoga naroda u Hrvatskoj. Bez obzira jesu li bili na poslu ili sa svojim obiteljima, njihova je glavna preokupacija bila revolucija, ili bolje rečeno kontrarevolucija. Ne mogu se sjetiti da sam se u skoro četrdeset godina ikada družio s jednim od njih dvojice, a da politika pritom nije bila glavna tema razgovora. U sljedećih nekoliko desetljeća, dok sam postupno upoznavao ljude koji su bili uključeni u borbu za hrvatsku slobodu te njihov način života, imao sam čast susresti i ostale sa sličnim fanatičnim političkim strastima i uvjerenjima. Bila je to supkultura unutar hrvatske zajednice. Hrvati u dijaspori koji su čak i minimalno bili uključeni u borbu protiv Jugoslavije i za hrvatsko pravo na samoodređenje nosili su zajednički križ: nikada se nisu mogli vratiti u svoju domovinu i svojim obiteljima. Uz iznimku onih koji su imali dovoljno sreće da 1991. godine dožive slobodnu Hrvatsku, bili su prisiljeni živjeti u stranoj zemlji te se nisu mogli vratiti kako bi posjetili bolesne roditelje ili pokopali preminulog rođaka. Moje poštovanje prema onima koji su svjesno odabrali odreći se svoje sreće i toliko toga u svojim životima radi onih koji su ostali doma nije nikada došlo u pitanje. Oni su za mene postali živući primjeri zatvorenika iz Platonove *Alegorije špilje* koji su izbjegli ropstvo,

Šljivovica, janjetina i politika

tamu i neznanje. Nisu se mogli vratiti svojim domovima kako bi osobno oslobodili one koji su i dalje bili u ropstvu, no mogli su barem javno govoriti u njihovo ime. Mogli su biti njihov glas na zapadu.

Prilikom tog prvog susreta s Markom i Petrom (skraćeno Perom), mogao sam jasno osjetiti strast dvoje ljudi koji su bili gorljivi pristalice ideje koju su htjeli podijeliti sa mnom, svatko na svoj način i u svom stilu. Pero je bio rezerviraniji i umjereniji u svom pristupu. Moglo bi se reći da je njegova osobnost bila odraz područja Jastrebarskog u kojem je rođen. Bio je nabijen, visok metar i sedamdeset pet, imao je gustu kosu i brkove poput Fua Manchua, zbog čega je izgledao kao buldog. Kada smo se upoznali, živio je u Kanadi manje od deset godina te je govorio engleski s jakim hrvatskim naglaskom. Na samom početku našeg prijateljstva, shvatio sam da nije mudro krivo procjenjivati njegovu inteligenciju na osnovi njegovog posla radnika na traci u tvornici automobila *Chrysler Motors*. Iako je studirao, bio je prije svega samoobrazovan i dobro načitan. Perina metoda pridobivanja političkih preobraćenika uključivala je ustrajan i neumoran pristup te korištenje povijesti, logike i razuma. Ostavljao je dojam da stvari ne shvaća ozbiljno, što je djelomično bilo i točno. Što se pak tiče hrvatske oslobodilačke politike, bio je nepokolebljiv do te mjere da je bio spreman žrtvovati svoj vlastiti život za slobodu.

Marko Stipaničić, s druge strane, bio je strastven čovjek koji je pokušavao uvjeriti svoje preobraćenike uz izrazito visoku razinu emocionalne retorike. Neki bi rekli da je njegov način bio rezultat odrastanja na Jadranskoj obali u Senju. Ljudi iz tog kraja su, općenito, poznatiji po naglijoj i strastvenijoj naravi nego ljudi iz Perinog rodnog kraja. Marko je bio visok oko metar osamdeset. Kao mladić bio je atletske građe. Bio je muževan i atraktivan te je imao guste brkove koji su služili poput cijedila za pjenu dok je pio pivo. Mladi Marko kojeg sam upoznao, podsjetio me na mlađu, elegantniju verziju Lecha Wałęse, poljskog aktivista te kasnije predsjednika. No moram priznati da su njegovi veliki brkovi te četvrtasto lice i čeljust u kombinaciji sa strastvenim i burnim

ZA HRVATSKU MOJE BAKE

karakterom bili razlog moje suzdržanosti i opreza prilikom našeg prvog susreta.

Prilikom tog prvog susreta na pikniku, sjedio sam sa stricem Rayom, strinom Florence i rođakom Richardom kada su nam oni prvi put prišli. Pero je probio led šaljivim komentarima koje sam s vremenom počeo jako cijeniti kao veliki dio njegove osobnosti. Razgovor se vrlo brzo prebacio na politiku i navođenje političkih činjenica o Jugoslaviji i njezinoj ugnjetavačkoj naravi. Tada smo prešli na pravo Hrvatske na samoodređenje, na američku vladu koja je podržavala opstanak Jugoslavije i slične teme. Stric Ray uživao je u provociranju ljudi te mu za to nije trebalo puno poticaja. Ni ovoga puta nije bilo drukčije. Što je Marko postajao strastveniji i glasniji, to se stric Ray više smijao i šalio. Čak ga je i dodatno poticao. Meni je Marko bio zanimljiv, pa čak i fascinantan. Strastveni argumenti koje su navodili činili su mi se razumnima i logičnima. Pričali su o organizaciji nasilnih provokacija protiv sudionika *Festivala Jugoslavije*, koji je godinu dana ranije održan u gradskom parku u Detroitu. Znao sam za te prosvjede jer sam u novinama *Detroit Free Press* vidio sliku tridesetak hrvatskih prosvjednika koje je policija poredala uza zid. Sjećam se da sam bio iznenađen nakon što sam pročitao da su uhićene osobe Hrvati. Dogovorio sam s Markom i Perom da ćemo se naći sljedeći vikend u župnom uredu. Planirali su tiskati stotine letaka na nekakvom starom tiskarskom stroju koji se nalazio u podrumu župnog ureda. Ta dvojica idealista planirali su podjelu tih letaka na drugom prosvjedu koji su organizirali negdje na području Detroita. To je predstavljalo moju inicijaciju u pokret.

Fra Vincent Cvitković bio je iznenađen kada je otvorio vrata i kada sam mu objasnio da sam došao pomoći Marku i Peri s poslom u podrumu. Fra Vince me uputio prema stubištu koje je vodilo u podrum gdje su me Marko i Pero toplo dočekali. Kada sam došao oni su bili skoro gotovi s tiskanjem letaka. Ono što me se posebno dojmilo je da je Pero od novina *Hrvatska Budućnost*, koje su se u emigraciji prodavale u različitim hrvatskim crkvama, klubovima i na događanjima, dobio novinarsku akreditaciju. *Hrvatska Budućnost* je bio izrazito protujugoslavenski orijentirani

Šljivovica, janjetina i politika

časopis povezan s Hrvatskom republikanskom strankom sa sjedištem u Buenos Airesu. Njihov predsjednik, dr. Ivo Korsky, bio je odvjetnik za patente koji je tečno govorio najmanje četiri jezika. Kad sam ga upoznao u Buenos Airesu 1989. godine, iznenadilo me što je njegov engleski bio sofisticiraniji od engleskog mnogih izvornih govornika koje sam poznavao u Americi.

Pero je na kraju s tom novinarskom akreditacijom sudjelovao na konferenciji za tisak zajedno s novinarima iz čitavog svijeta koji su došli u Detroit 1980. godine zbog Republikanske konvencije. Na toj tiskovnoj konferenciji kandidat Republikanske stranke za predsjednika SAD-a, Ronald Reagan, pozvao je Peru kao „predstavnika medija" da mu postavi pitanje.

Odjednom sam na televiziji čuo Perin glas prije nego što sam ga ugledao. Toga sam dana zbog gripe ostao doma i nisam otišao na posao. Ležeći bolestan na kauču i slušajući konferenciju za tisak na televiziji, čuo sam poznati glas. Novinar koji je postavljao pitanje imao je jaki istočnoeuropski naglasak. Ako se dobro sjećam, pitanje je glasilo otprilike ovako: „Gospodine Reagan," rekao je, „poznato je da ste antikomunist. Kakav bi bio Vaš odgovor u slučaju da se male nacije poput Hrvatske pokušaju osloboditi okova komunističke države Jugoslavije? Biste li podržali pravo Hrvatske na samoodređenje?". Brzo sam ustao da provjerim je li pitanje zaista postavio onaj za kojeg sam mislio da je. Nisam mogao vjerovati. „Pero? "rekao sam samome sebi. Činjenica da je Pero Ivčec, običan tvornički radnik koji radi kao novinar, bio na nacionalnoj televiziji postavljajući pitanje o Hrvatskoj budućem predsjedniku Sjedinjenih Američkih Država bila je toliko iznenađujuća da nisam ni čuo Reaganov odgovor. Bio sam previše usredotočen na sliku koju sam vidio na TV-u. No, u tom sam trenutku spoznao moć kreativnog razmišljanja u kombinaciji s upornošću.

Kasnije sam od Pere saznao da se, dok je hodao niz ulicu *Jefferson Avenue*, tik ispred kongresnog centra, pored njega zaustavila crna limuzina te otvorila vrata. Pomoćnik budućeg potpredsjednika SAD-a i bivšeg direktora CIA-e, Georgea H.

ZA HRVATSKU MOJE BAKE

Busha, ponudio mu je da ga povezu. Navodno ga je Bushev pomoćnik prepoznao s konferencije za tisak. Pero je to mudro odbio.

Mnogo godina kasnije sjetio sam se Perine domišljatosti koja me potaknula na osnivanje vlastite lažne novinske agencije *Pan-National News*. Lažna novinska agencija omogućila mi je brojne novinske akreditacije za vrijeme trajanja jugoslavenskog agresorskog rata protiv Hrvatske i kasnije Bosne i Hercegovine.

No, 1979. godine sam bio na samom početku indoktrinacije i djelovanja u pokretu za slobodu Hrvatske. Relativno bezopasno putovanje koje sam započeo u dobi od dvadeset i pet godina, dijeleći letke s Perom i Markom na lokalnim prosvjedima protiv Jugoslavije, na kraju me dovelo na put koji je uključivao sve veći rizik i sve veću opasnost.

Šljivovica, janjetina i politika

Republikanska konvencija u Detroitu 1980. godine

ZA HRVATSKU MOJE BAKE

Petar Ivčec

Autor, Marko Stipaničić i Božo Čačić

3

Van s Yugom!

PRISJEĆAJUĆI SE početaka mog političkog angažmana vidim mladog čovjeka punog naivnog idealizma. Tada sam bio usredotočen na organiziranje i sudjelovanje u različitim protujugoslavenskim prosvjedima i kampanjama. Ali i te početne godine pune strasti bile su obilježene stalnom opasnošću koja je vrebala iza ugla. Ponekad bi ta opasnost poprimila oblik prijetnji, zastrašivanja ili fizičkih sukoba s projugoslavenski orijentiranim ljudima iz SAD-a i Kanade. Danas na sva ta iskustva iz mog političkog i osobnog života gledam kao na dio treninga koji me pripremio za znatno ozbiljnije stvari u budućnosti.

Projugoslavenske frakcije s kojima smo dolazili u kontakt smatrale su nas prijetnjom koja bi mogla uništiti ono što su smatrali dobrim. Iako su i oni napustili Jugoslaviju u potrazi za boljim životom na zapadu, članovi njihovih obitelji u domovini vjerojatno su i dalje imali osobne koristi od komunističkog režima sve dok su bili poslušni članovi partije koji nisu kritizirali režim. Mi smo za projugoslavenski orijentirane ljude smatrali da

ZA HRVATSKU MOJE BAKE

podržavaju režim kriv za zločine protiv čovječnosti, suzbijanje slobode govora, zatvaranje političkih protivnika i zabranjivanje religije. Jugoslavija, u kojoj su dominirali Srbi, nije ni pokušavala stvoriti dojam da Republiku Hrvatsku tretira kao ravnopravnu članicu, čak i puno prije raspada Jugoslavije. Na sudovima, u policiji i vojsci Hrvati su bili značajno podzastupljeni u usporedbi sa Srbima koji su kontrolirali sve glavne institucije u Hrvatskoj. Neke od ozbiljnijih prijetnji dolazile su od ljudi za koje smo znali da rade kao Udbini agenti u Sjevernoj Americi. Amerikanci su, nakon objave izvješća Senatskog odbora za međunarodne odnose 1979. godine, bili prisiljeni suočiti se sa stvarnošću postojanja neprijateljskih stranih agenata iz Jugoslavije koji su vrebali američke građane. U izvješću senatskog odbora bilo je navedeno da američke obavještajne službe jugoslavenske agente smatraju „prijateljskim stranim agentima" te su stoga dopustili Jugoslaviji organiziranje opsežne špijunske mreže u SAD-u. U senatskom je izvješću nadalje stajalo da je cilj jugoslavenske špijunske mreže „penetracija i uništenje antikomunističkih emigracijskih skupina". Kolumnist Jack Anderson naljutio je američke obavještajne službe i Ministarstvo vanjskih poslova predsjednika Cartera, kada je u kolovozu 1979. godine napisao da jugoslavenska tajna policija nesmetano djeluje na području SAD-u protiv protivnika Jugoslavije. U članku objavljenom u *New York Timesu* 10. kolovoza 1979., djelatnici Carterove administracije odbacili su zaključke Odbora za međunarodne odnose „da su Iran, Čile, Tajvan, Jugoslavija i Filipini zadržali opsežne špijunske mreže u SAD-u kako bi nadzirali i spriječili otpor svojih građana koji žive u SAD-u."

    Sadržaj tog izvješća za mene je postao stvarnost 13. studenog 1982. godine u obliku prijetnje smrću koju sam dobio dan nakon što je *Detroit Free Press* objavio moje pismo uredniku u kojem sam bio kritičan prema Jugoslaviji. Upravo sam se bio vratio s posla kad je moja supruga spuštala slušalicu. Tresla se i plakala dok mi je prenosila poruku kukavice. „Poruči Michaelu da je mrtav!" rekao je pozivatelj. I meni i njoj bio je poznat glas osobe

Van s Yugom! koja je nazvala jer je on često bio na televiziji kao glasnogovornik jugoslavenske zajednice u Detroitu.

Drugom prilikom, 29. studenog 1983. (na nekadašnji Dan Republike Jugoslavije), igrao sam se na podu dnevne sobe sa svoje dvoje male djece kada je netko zapucao na moju kuću iz nečega što je zvučalo poput sačmarice. Bacio sam se na djecu i ostao na podu nekoliko trenutaka. Kada sam se konačno ustao i pogledao kroz mali prozor na ulaznim vratima vidio sam da su svi susjedi u mojoj ulici upalili svjetla na trijemu i izašli van kako bi vidjeli odakle je došla pucnjava. Budući da sam bio svjestan datuma, znao sam da je cilj pucnjave zastrašivanje. Automobil s osobama koje su pucale odjurio je niz ulicu. Oba sam incidenta iz opreza prijavio policiji.

Opravdanje

U to sam vrijeme počeo ozbiljno propitivati opravdanost mog angažmana u pokretu za slobodu Hrvatske. Morao sam voditi računa o obitelji i dvoje male djece. Moja je jedina veza s Hrvatskom bila krvna veza po očevim roditeljima. Naravno da je bilo dobro osjećati simpatiju ili čak empatiju za ugnjetavane narode u različitim dijelovima svijeta. No, bilo je toliko mnogo različitih dijelova svijeta koji su bili suočeni s političkim ugnjetavanjem, siromaštvom ili vjerskim progonima. Osim toga, jedva sam govorio hrvatski jezik. To nije bio moj materinski jezik. Pitanje koje sam si neprestano postavljao glasilo je: „Nije li nerazumno ili čak iluzorno tako se jako vezati uz borbu za hrvatsku slobodu s obzirom da sam rođen i odrastao u Americi? Naravno, ti si Hrvat po krvi, no je li to dovoljno?"

To me pitanje intelektualno fasciniralo. Političke znanosti i socijalna psihologija bile su predmet mog interesa dugi niz godina te imam diplomu iz oba područja. Fascinirala me i tema revolucija i pokreta za slobodu. Proučavanje različitih revolucija postalo je moja strast. Iznenadilo me koliko je Hrvatska bila slična događajima koji su doveli do nastanka Države Izrael 1948. godine.

Židovi su imali dijasporu u inozemstvu, isto kao i Hrvatska. To se, s jedne strane, može smatrati negativnim. No,

ZA HRVATSKU MOJE BAKE

kada narod koji teži neovisnosti treba međunarodni politički pritisak i financijska sredstva za ostvarivanje neovisnosti, raznovrsna dijaspora postaje izrazito pozitivan čimbenik. Židovska je dijaspora postala glavna snaga u osnivanju židovske države. Počeo sam vjerovati da će hrvatska dijaspora jednoga dana postati pokretačka snaga za oslobođenje Hrvatske.

Židovi su imali bezbroj političkih organizacija, isto kao i hrvatska dijaspora. Prije početka izraelskog oružanog sukoba i uspostave države različite se židovske političke stranke nisu slagale u mnogim pitanjima, vrlo slično kao i političke stranke u hrvatskoj dijaspori. Političke stranke Izraela ujedinile su se, pak, kada su započele borbe. Zaključio sam da će se i hrvatske političke stranke ujediniti nakon što bude ispaljen prvi metak u borbi za slobodu od Jugoslavije.

Zapad je podržavao *status quo* u Palestini, jednako kao i *status quo* u Jugoslaviji. Židovi su morali uvjeriti zapad, a posebice britansku vladu, da u Palestini neće biti mira sve dok Židovi ne dobiju svoju državu. Do sedamdesetih godina dvadesetog stoljeća povećao se broj nacionalnih država te se činilo razumnim pretpostaviti da će i hrvatska država biti priznata u budućnosti ukoliko će to priznanje osigurati dugoročni mir u Europi.

Ono što je dalo konačni odgovor na moje iskonsko pitanje o tome je li moj osobni angažman u pokretu za slobodu Hrvatske opravdan bile su biografije dvojice osnivača Izraela: Menachema Begina i Bena Guriona.

I Ben Gurion i Menachem Begin rođeni su i odrasli daleko od Palestine i njihove buduće židovske države. Gurion je rođen te je odrastao i školovao se u Poljskoj. Begin je rođen u današnjoj Bjelorusiji, na samoj granici s Poljskom, a školovao se u Poljskoj. Obojica su odrasli kao strastveni cionisti. Zanimljivo je, da niti jedan od njih nije odrastao govoreći kod kuće hebrejski, koji je u to vrijeme bio jezik sačuvan ponajprije u pisanom obliku židovske književnosti, poezije, trgovine itd. Hebrejski nije bio korišten kao govorni jezik sve do početka cionističkog pokreta u 19. stoljeću. Bio sam zapanjen kada sam saznao da su, bez obzira na to, obojica

Van s Yugom!

ne samo podržavali državu Izrael, već se i borili za nju kao revolucionari te ju kasnije vodili kao premijeri.

Životi Menachema Begina i Bena Guriona stoga su mi služili kao stvarni primjeri ljudi koji su rođeni izvan svoje buduće domovine, koji nisu govorili povijesni jezik svoga naroda, a koji su ipak bili strastveni cionisti. Biografije te dvojice židovskih vođa razriješile su moja pitanja i oklijevanja vezano za moju uključenost u pokret za slobodu Hrvatske. Njihovi su mi primjeri dali odlučnost da nastavim putem kojim sam krenuo.

Prosvjedi

Prosvjedi u različitim prigodama neizbježno su doveli do sukoba s projugoslavenski orijentiranim osobama. Takvi su prosvjedi uvijek uključivali dijeljenje letaka koji su opisivali zla komunističke države Jugoslavije te patnje hrvatskog naroda zbog jugoslavenskog komunističkog ugnjetavanja. Letci su poticali na bojkotiranje određenog događaja kako bi se na taj način izrazila solidarnost s onima koji govore protiv ugnjetavanja i brane slobodu. Ponekad smo prosvjedovali i na koncertima pjevača ili grupa koje su došle iz Jugoslavije na poziv neke od projugoslavenskih organizacija koje su nicale u raznim gradovima Sjeverne Amerike. Neobično je, što je jedna od organizacija protiv koje smo neizravno vrlo često prosvjedovali bila Hrvatska bratska zajednica (HBZ).

Hrvati su u Pittsburgu u Pensilvaniji osnovali Hrvatsku bratsku zajednicu 1894. godine. Tijekom godina promijenio se pravilnik kako bi se svima slavenskog podrijetla omogućilo da postanu članovi, što je značilo da su i nehrvati mogli postati članovi upravnog odbora te organizacije. Činjenica da je ta organizacija podržavala vlade savezničkih država tijekom Drugog svjetskog rata te se suprotstavila vladi NDH za vrijeme rata bila je potpuno razumljiva jer je Hrvatska bratska zajednica svoje sjedište imala u Americi, a NDH je bila saveznica Njemačke. Kao ponosni Amerikanci i ponosni Hrvati podržavali su zemlju koja ih je primila, pomažući Amerikancima u njihovim ratnim nastojanjima.

ZA HRVATSKU MOJE BAKE

Međutim, zbog politike i stavova HBZ-a nakon Drugog svjetskog rata, ta je organizacija došla u sukob s antikomunistički orijentiranim Hrvatima. Hrvatska bratska zajednica je nakon rata nastavila podržavati Josipa Broza Tita i njegov režim na načine koje smo mi smatrali moralno neprihvatljivima. Zbog toga što je Hrvatska bratska zajednica nakon rata otvorila mogućnost primanja u članstvo ne-Hrvata, jugoslavenski se režim uspio infiltrirati u vodstva različitih ogranaka te organizacije. Ivo Smoljan na 293. stranici svoje knjige *Tito i iseljenici* navodi da je sam Tito u pismu koje je poslao HBZ-u pohvalio tu organizaciju za „širenje bratstva i jedinstva među našim narodima".

Parola „bratstvo i jedinstvo" postala je predmetom ismijavanja i orvelovski kliše Hrvatima koji su pod Titovim režimom iskusili sve, samo ne bratstvo i jedinstvo. Zbog toga taj dobar odnos između HBZ-a i Jugoslavije nije dobro sjeo mnogim hrvatskim emigrantima koji su došli nakon Drugog svjetskog rata, od kojih su mnogi pobjegli iz Jugoslavije zbog političkih razloga. Hrvatski politički emigranti sedamdesetih godina prošlog stoljeća imali su dva izbora: pobjeći iz bivše Jugoslavije nakon pada Hrvatskog proljeća ili biti tretirani kao „neprijatelji naroda" kojima će se suditi. S druge pak strane, činilo se da je Hrvatska bratska zajednica bila odlučna dopustiti Jugoslaviji da ju prisvoji pomoću različitih kulturnih razmjena koje je provodila u suradnji s jugoslavenskim režimom. Protujugoslavenski orijentirani Hrvati vjerovali su da bilo kakva vrsta suradnje s jugoslavenskim režimom tom režimu daje legitimitet koji on ne zaslužuje.

Ono što je bilo najmanje prihvatljivo te u isto vrijeme vrlo znakovito jest, da ni dužnosnici, ni članovi HBZ-a nisu nikada javno govorili protiv mnogih slučajeva grubog kršenja ljudskih prava Jugoslavije prema svojim građanima. Čak i naivna osoba mogla je pročitati izvješća organizacije *Amnesty International* kako bi saznala istinu o jugoslavenskim zločinima, uključujući likvidacije brojnih protivnika koji su živjeli u emigraciji. Umjesto javne osude, Hrvatska bratska zajednica kritizirala je nas koji smo prosvjedovali jer smo imali dovoljno „smjelosti" za osuđivanje zastrašujućeg kršenja ljudskih prava u Jugoslaviji. Bez obzira na

Van s Yugom!

to, jesmo li prosvjedovali protiv Jugoslavenskog etničkog festivala u Detroitu ili protiv različitih izvođača koje su reklamirali kao „pjevače iz Jugoslavije" poput Lepe Brene, mogli smo biti sigurni da ćemo dijeleći letke ispred dvorana susresti vrlo glasne projugoslavenske članove HBZ-a.

Čovjek koji je u tome bio iznimka te o kojem će još biti riječi u ovoj knjizi je Ante Beljo. Ante Beljo je kasnije postao osoba od povjerenja prvog izabranog hrvatskog predsjednika, dr. Franje Tuđmana. Beljo se kasnije vratio natrag u Hrvatsku, gdje je bio izabran za glavnog tajnika Hrvatske demokratske zajednice (HDZ-a) i nakon toga za zastupnika u Hrvatskom saboru.

Kada sam ga prvi put upoznao osamdesetih godina prošlog stoljeća, Beljo je živio jednostavnim životom u Sudburyju u Ontariju gdje je radio kao nadzornik električara. Znao sam o njemu preko različitih hrvatskih političkih prijatelja, uključujući Peru Ivčeca. Pero ga je znao godinama i opisao ga je kao pravog Hrvata koji je surađivao s članovima mnogih hrvatskih organizacija, uključujući Hrvatsku republikansku stranku i Hrvatski narodni otpor, poznatiji kao OTPOR. Za vrijeme nedavnog susreta u svibnju 2019. godine u Zagrebu, Beljo je pak naglasio da nikada nije bio službeni član niti jedne političke stranke u dijaspori jer je vjerovao da može biti učinkovitiji djelujući u okviru različitih kulturnih organizacija. Jedna od tih kulturnih organizacija bila je i Hrvatska bratska zajednica. U to je vrijeme gospodin Beljo pisao za *Zajedničar (Fraternalist)*, službeno glasilo HBZ-a. Bilo koja veza sa *Zajedničarom* bila bi razlog za narušavanje ugleda Belje, no budući da je uživao povjerenje članova koji su pripadali radikalnijim hrvatskim političkim organizacijama, njegovo članstvo u HBZ-u nije bio predmet prijepora. Svi članovi HBZ-a imali su pravo objavljivati članke u glasilu organizacije. Cilj i želja bili su da on, nakon učlanjivanja u tu organizaciju, dobije mogućnosti objavljivati članke u *Zajedničaru* koji će biti znatnije prohrvatski orijentirani nego što je to ikad bio slučaj u glasilu *Zajedničar*. Mnogi vjeruju da je Beljo odigrao značajnu ulogu u preusmjeravanju HBZ-a iz projugoslavenske u prohrvatsku organizaciju. Ta promjena paradigme započela je sredinom 1980-ih godina. Zahvaljujući Beljinoj upornosti, Hrvatska bratska zajednica dovršila je proces svoje političke evolucije na način da je u potpunosti podupirala hrvatsku neovisnost u trenucima kada su se pojavile prve naznake raspada Jugoslavije. Budući hrvatski predsjednik, Franjo Tuđman, u svom je osobnom dnevniku naveo nekoliko privatnih susreta s predsjednikom HBZ-a, Bernardom Luketićem, krajem osamdesetih godina. Detaljnije o procesu tranzicije Hrvatske bratske zajednice može se pročitati u članku Ivane Duric *Hrvatska dijaspora u Sjevernoj Americi*.

Kampanja „Van s Yugom"

Prvi automobil *Yugo* koji je proizvela jugoslavenska tvornica *Crvena Zastava* sišao je s proizvodne trake u srpskom gradu Kragujevcu 28. studenog 1980. godine. Počeo se prodavati na američkom tržištu u ljeto 1985. godine na veliko oduševljenje u Jugoslaviji. U samo nekoliko godina, postao je poznat kao najgori automobil ikad proizveden. Na nekim dijelovima američkog tržišta kupci su *Yugo* dobivali besplatno uz kupnju nekog drugog skupljeg američkog automobila. To me podsjetilo na djetinjstvo kada su benzinske postaje u SAD-u kupcima davale besplatnu čašu uz kupljen spremnik goriva. Taj je automobil jednostavno postao predmet ismijavanja u većini zemalja, uključujući Ameriku. Jason Vuic, u svojoj knjizi *The Yugo: The Rise and Fall of the Worst Car in History* (Yugo: uspon i pad najgoreg automobila u povijesti) spominje mnoge popularne viceve o *Yugu* iz tog razdoblja. Moj omiljeni vic: „Pitanje: Što svaki vlasnik *Yuga* dobije uz priručnik vozila? Odgovor: Raspored vožnje autobusa."

Yugo America Inc., podružnica Crvene Zastave, je na kraju, sukladno članku 11. Američkog saveznog zakona o stečaju podnijela zahtjev za pokretanje stečaja 31. siječnja 1989. godine. No, 1985. godine, kada je *Yugo* prvi puta plasiran na američko tržište, činilo se da može predstavljati uspješnu konkurenciju povoljnim automobilima koji su se prodavali u SAD-u.

Van s Yugom!

Budući da je naša strategija bila borba protiv Jugoslavije i u političkom i u gospodarskom smislu, smatrali smo nužnim učiniti sve što je u našoj moći kako bismo onemogućili uspjeh *Yuga* i na taj način smanjili prihode od prodaje koji će ići jugoslavenskoj vladi. Podružnica *Yugo America Inc.* nam je bila posebno odbojna jer je bivši američki državni tajnik, Lawrence Eagleburger, doživotni pristalica Jugoslavije, bio član upravnog odbora 1985. godine.

Prema podacima Ureda za povijest američkog Ministarstva vanjskih poslova, Eagleburger se pridružio američkoj diplomaciji 1957. godine te je radio u američkom veleposlanstvu u Beogradu od 1961. do 1965. godine. Vratio se u Jugoslaviju kao američki veleposlanik od 1977. do 1980. godine. Pričalo se da tečno govori srpski jezik. Prema članku objavljenom u londonskom listu *The Independent* 6. lipnja 2011. godine, Eagleburger je za vrijeme raspada Jugoslavije stekao reputaciju da je izrazito blag prema jugoslavenskim ratnim zločinima te ga je europski tisak počeo nazivati „Lawrencem od Srbije". Njegovo opravdavanje jugoslavenskih ratnih zločina započelo je još daleke 1981. godine, kada je doputovao iz Beograda u Washington DC kako bi upozorio američki kongres da ne nameće sankcije Jugoslaviji zbog kršenja ljudskih prava albanske manjine na Kosovu.

Budući da su utjecajni Amerikanci poput Eagleburgera imali tako jake političke veze s jugoslavenskim režimom bilo nam je izrazito teško boriti se protiv podružnice *Yugo America Inc.* isključivo političkim sredstvima. Iako je Jugoslavija bila užasna na području poštivanja ljudskih prava, što je uključivalo ubojstva i zatvaranje protivnika režima, i dalje je uspješno gradila imidž važne nesvrstane države, posebice u odnosu na Sovjetski savez. Sukladno Direktivi o nacionalnoj sigurnosti (NSDD) o američkoj politici prema Jugoslaviji od 19. ožujka 1984. godine, čak je i predsjednik Ronald Reagan nastavio pružati vojnu pomoć i obuku Jugoslaviji za vrijeme svoja dva mandata. Jedino što nam je išlo u prilog u kampanji kojom smo željeli naštetiti prodaji *Yuga*, bila je činjenica da smo se nalazili u Detroitu, „glavnom gradu

ZA HRVATSKU MOJE BAKE

automobilske industrije u svijetu" i međunarodnom sjedištu Sindikata zaposlenih u automobilskoj industriji UAW (*United Automobile Workers*).

Naša je strategija bila korištenje svih raspoloživih sredstava kako bi *Yugo* dobio negativni publicitet, što je uključivalo i viceve. U početku smo pokušavali pridobiti podršku sindikata UAW. Naivno smo vjerovali tvrdnji sindikata da podržavaju ljudska prava i prava radnika. Trebali su biti naš prirodni saveznik u kampanji protiv takvog grubog kršitelja tih prava. Istina je da su se sindikat UAW i njegovi članovi izrazito protivili prodaji stranih automobila u SAD-u. Bili su toliko protiv prodaje stranih automobila da su uspjeli prisiliti članove sindikata koji su radili u automobilskoj industriji u Detroitu i koji su vozili strane automobile da parkiraju na zasebnim i udaljenim parkiralištima, daleko od ulaza u tvornicu. Oni radnici koji se nisu pridržavali tih pravila svoje su uvezene automobile nakon završetka smjene u tvornici nalazili oštećene. Osim toga, stanovnici Detroita koji su svoje strane automobile parkirali u trgovačkim centrima na području Detroita, također su bili u opasnosti da će njihove automobile oštetiti članovi sindikata dok su oni u kupovini. Bez obzira na razloge sindikata, oni su uporno odbijali podržati nas u bojkotiranju drugorazrednog stranog automobila koji su proizveli premalo plaćeni radnici u Jugoslaviji.

Koristili smo i klasičnu taktiku izravnih prosvjeda protiv trgovaca automobilima koji su prodavali *Yugo*. Nekoliko godina prije toga razvili smo dobre odnose s albanskom zajednicom u Detroitu, o čemu će biti više govora u nastavku ovog poglavlja. Zatražili smo njihovu pomoć u stvaranju saveza koji će se suprotstaviti prodaji *Yuga* u Americi. Mediji u „ gradu automobila" uvijek su bili zainteresirani za sve vezano uz automobile. Naši prosvjedi privukli su veliku pažnju, ne samo tiskanih medija, nego i televizije. Često su nas snimali za večernje informativne emisije dok smo s transparentima prosvjedovali ispred trgovina automobilima. Slogani na našim transparentima uvijek su imali istu osnovnu poruku: „NEMOJTE KUPOVATI *YUGO*" ili „KUPUJTE AMERIČKE, A NE KOMUNISTIČKE

Van s Yugom!

AUTOMOBILE." Iako nismo imali podršku sindikata UAW, dvojica naših članova također su radili u autoindustriji te smo stoga bili uvjereni da možemo nositi transparente s porukom: „ČLANOVI SINDIKATA UAW PROTIV *YUGA*".
Jedan od pristupa koji smo koristili u našoj strategiji bilo je agresivno promoviranje koncepta da *Yugo America Inc.* američkim građanima po dampinškim cijenama prodaje drugorazredni automobil upitne sigurnosti. Ured trgovinskog predstavnika Sjedinjenih Američkih Država damping definira kao: „izvoz proizvoda po nižoj cijeni od one koja se obično naplaćuje na vlastitom tržištu ili po cijeni nižoj od cijene proizvodnje ili cijene koja se naplaćuje na drugim tržištima. " Tvrdili smo da tvrtka *Yugo America Inc.* krši sporazume Svjetske trgovinske organizacije (WTO).

Nekoliko smo puta s transparentima prosvjedovali ispred sjedišta tvrtke *General Motors* u Detroitu kako bismo privukli pozornost javnosti. Na transparentima je pisalo: „JUGOSLAVIJA PO DAMPINŠKIM CIJENAMA PRODAJE *YUGO* U SAD-u". Uz članke u glavnim tiskovinama u Detroitu, o tome je više puta izvještavao časopis *Automotive News*. Ako Amerikanci već nisu bili spremni solidarizirati se s Hrvatima zbog kršenja ljudskih prava u Jugoslaviji, zasigurno ih se barem moglo uvjeriti da nam se pridruže u bojkotiranju *Yuga* zbog domoljubnih razloga jer je Jugoslavija provodila predatorsku politiku cijena u Americi.

Auto show Sjeverne Amerike koji se svake godine održava u Detroitu bio je još jedan važan događaj na kojem smo prosvjedovali protiv automobila *Yugo*. Prosvjed je jedne godine krenuo po zlu nakon što je zapaljen jedan od izloženih automobila *Yugo*. Da sam znao da postoji plan podmetanja požara, bio bih ga pokušao spriječiti. Svake se godine u *Cobo Hallu*, gdje se događanje održavalo, nalazilo tisuće ljudi, uključujući obitelji. Postojala je velika mogućnost stradavanja ljudi zbog ovog izrazito glupog postupka. Strani su automobili uvijek bili izloženi na donjoj razini *Cobo Halla*. Tu je zapaljen *Yugo* koji je na sreću ugašen prije nego što je plamen izmaknuo kontroli i prouzročio ozljede ili nešto gore od toga. Nikada nisam otkrio tko je zapalio taj *Yugo*. Sjećam da sam bio bijesan na tog nekoga tko se odlučio na taj ilegalni čin, bez da se s bilo kime konzultira. Oni koji nisu bili uključeni u protujugoslavenska djelovanja, ne bi ni bili na popisu sumnjivih osoba policije, no mi bismo zasigurno bili ti koje bi se za to okrivilo. Požar u *Cobo Hallu* nije bio posljednji put je da *Yugo* zapaljen u „gradu automobila". Sljedeći se puta to dogodilo 1986. godine za vrijeme prosvjeda protiv godišnjeg Jugoslavenskog festivala u Detroitu.

Prosvjedi protiv godišnjih Jugoslavenskih festivala

Kasnih sedamdesetih godina prošlog stoljeća, grad Detroit počeo je isticati brojne različite etničke zajednice koje su živjele u Detroitu i njegovim predgrađima. Svaka veća etnička zajednica u Detroitu slavila je svoju kulturu prezentirajući svoju hranu, glazbu i plesove na središnjem trgu *Hart Plaza* u centru grada. Festivali su počinjali petkom i završavali nedjeljom navečer. Bili su izrazito popularni čitav niz godina. Jugoslavija je bila jedna od zemalja koje su bile zastupljene svake godine. U svojoj knjizi *The Yugo* Jason Vuic opisao je incident iz 1986. godine, kada je netko ne odviše mudro odlučio na festivalu izložiti *Yugo*. Automobil je na vidljivom mjestu na ulazu na trg *Hart Plaza* postavila jedna od trgovina automobilima s područja Detroita. Bili smo iznenađeni da su se organizatori festivala odlučili na takav provokativan postupak budući da su, prema podacima iz članka objavljenog u *Detroit Free Pressu* 29. kolovoza 1986. godine, na to mjesto već bile bačene bombe prije otvaranja Jugoslavenskog festivala 1980. godine. Kao što sam već prethodno naveo, nisam smatrao da je neizazvano nasilje protiv ljudi ili imovine bilo prihvatljivo, no ponekad sam detalje saznao tek nakon takvih događaja. U ovom slučaju jedna je osoba bacila krpu namočenu benzinom pod auto, a druga je osoba kratko nakon toga šibicama zapalila krpu. Na festivalu su uvijek bile prisutne brojne policijske snage, no vatrogasaca toga dana nije bilo. Zbog toga je plamen vrlo brzo progutao vozilo, što je izazvalo opću pomutnju. Crni dim i plamen iz automobila sukljali su u zrak. Bio

Van s Yugom!

je to zadnji put da je *Yugo* bio izložen na Jugoslavenskom festivalu u Detroitu. Prve je prosvjede protiv Jugoslavenskog festivala 1977. godine organizirala manja grupa Hrvata. Moji prijatelji Pero Ivčec i Marko Stipaničić su, naravno, bili među njima. Prosvjedi su doveli do fizičkog sukoba Jugoslavena i Hrvata nakon što su Hrvati upali među posjetitelje festivala, pritom se naguravajući. Sljedećeg su dana lokalne novine objavile njihovu fotografiju dok su bili poredani uza zid s raširenim rukama i nogama. Još je jedna fotografija koja prikazuje prosvjednike kako trgaju i pale jugoslavensku zastavu objavljena 22. kolovoza 1977. godine na 33. stranici novina *Detroit Free Press*.

Sljedećeg se dana manja grupa Albanaca s Kosova pridružila prosvjedima izvan mjesta održavanja festivala i to nakon što su vidjeli objavljene novinske članke. Budući da su bili novi u toj vrsti prosvjeda donijeli su strojnice te ih zakopali u zemlju u parku nasuprot mjesta održavanja festivala. Pero i Marko bili su organizatori prosvjeda te su smatrali da je njihova odgovornost uvjeriti Albance da ne postupaju impulzivno. Uvijek smo bili izrazito oprezni u kontaktu s ljudima koje nismo poznavali, posebice ako su zagovarali nasilje, ili ako su, kao što je tada bio slučaj, bili naoružani strojnicama *Mac 10*. Jesu li ih regrutirale američke agencije ili jugoslavenska Udba? Bio je to ozbiljan razlog za zabrinutost jer su mnogi Hrvati 70-ih i 80-ih godina prošlog stoljeća bili osuđeni za terorizam nakon djelovanja agenata-provokatora koji su radili za Udbu. No, taj je prvi susret s Albancima poslužio kao osnova za dugoročnu suradnju koja je kulminirala osnivanjem Albansko-hrvatskog saveza. Naš savez s Albancima, koji su uglavnom bili s Kosova, već je na samom početku privukao pozornost jugoslavenske i američke vlade.

Kao rezultat tog saveza stotine su Hrvata i Albanaca sudjelovale u godišnjim prosvjedima protiv Jugoslavenskog festivala u Detroitu. U početku je za privlačenje pozornosti medija bilo dovoljno jednostavno se pojaviti u velikom broju i nositi transparente. S vremenom je, pak, izvještavanje o prosvjedima protiv festivala za medije postala „ stara vijest ". Naši su prosvjedi

ZA HRVATSKU MOJE BAKE

s godinama dobivali sve manje pozornosti iako je broj prosvjednika rastao svake godine. Nedostatak interesa značio je da moramo osmisliti kreativne načine privlačenja pozornosti medija. Sve dok grad Detroit krajem osamdesetih godina nije otkazao Jugoslavenski festival, bili smo izrazito vješti u osmišljavanju inovativnih načina za privlačenje interesa javnosti za naše prosvjede.

Vjerojatno je jedna od najuspješnijih kampanja bila kada smo bojom na gotovo svim nadvožnjacima brze ceste u Detroitu ispisali slogan „Ne Jugoslavenskom festivalu". Nekoliko tjedana prije održavanja Jugoslavenskog festivala u rujnu Pero i ja raspršili smo se po gradu između jedan i tri sata ujutro s kantama boje. Kasnije su nam se u tome pridružili Albanci. Detroit može biti opasan za lutanje gradom oko tri ujutro, tako da sam često bio naoružan 38-kalibarskim pištoljem, što je u to vrijeme bilo ilegalno. Postojao je rizik da me uhvati policija s oružjem dok nanosim slogane, no još je opasnije bilo da me uhvatiti neka od gradskih bandi, a da ja pritom nemam načina obraniti se. Ponekad smo slogane nanosili bojom na zidove nadvožnjaka. Ponekad smo ih nanosili viseći s nadvožnjaka dok nas je netko drugi čvrsto držao za pojas. Svakoga su dana ljudi dolazeći u grad ili odlazeći iz grada bili iznenađeni što vide još neki most sa sloganom „Ne Jugo festivalu" ili „Ne Jugoslaviji". Poruka je postala toliko poznata da su čitatelji novina *Metro Times* iz Detroita, kao najpopularniji ulični grafit odabrali „Ne Jugo Festivalu". Slogane smo nanijeli i na objekt javnog prijevoza koji se nalazio pokraj sjedišta FBI-ja u središtu Detroita.

Budući da smo uvijek pokušavali privući pažnju medija unajmili smo zrakoplov koji je letio iznad trga *Hart Plaza* na kojem se svake godine održavao Jugoslavenski festival. Zrakoplov je proletio i pored zgrade u Detroitu u kojoj je FBI imao svoje urede na dvadeset i šestom katu. Zrakoplov je vukao natpis na kojem je pisalo „Ne Jugoslavenskom festivalu". Iako je to izludilo organizatore Jugoslavenskog festivala, kasnije sam saznao da je agentima koji su radili u toj zgradi to bilo izrazito smiješno. Jedan od agenata koji je radio u protuobavještajnoj

Van s Yugom!

jedinici, William Noonan, kasnije me u šali pitao: „Kako su Hrvatske zračne snage? ".
     U rujnu 1985. godine smo Pero Ivčec i ja odlučili da bi bilo zabavno i ujedno vrijedno objave u medijima da se on popne na tridesetmetarski stup na trgu *Hart Plaza* te skine jugoslavensku zastavu koje je tamo vijorila cijeli vikend za vrijeme trajanja festivala. Nismo imali pojma koliko će taj poduhvat biti opasan za Peru, no on jednostavno nije mogao podnijeti da zastava komunističke države sa zvijezdom petokrakom ponosno vijori u jednom od većih američkih gradova.
     Pero se, ne pretjerano mudro, odlučio popeti na stup u kratkim hlačama i majci na kratke rukave. Uopće nismo razmišljali o tome da će stup od nehrđajućeg čelika biti užaren nakon što je satima bio izložen suncu. Osim toga, ljudi koji su se motali među sudionicima festivala spomenuli su nam kako su se neki muškarci došaptavali da pištoljima koje su nosili ubiju Peru i na taj ga način sruše sa stupa. Ta je opcija brzo otpala, odnosno čim je stigao prvi veći kontingent policajaca te nakon toga vatrogasno vozilo. Vatrogasno se vozilo zaustavilo na trgu te počelo postavljati ljestve iznad Pere kako bi ga spriječili da dođe do vrha, odnosno do zastave. Novinski članci o tom događaju (*Detroit Free Press*, 9. rujna 1985. godine) potvrđuju da su projugoslavenski građani vikali vatrogascima: „Zaustavite ga!". Vatrogasci su Peri naredili da siđe sa stupa, no problem je bio taj što on nije mogao sići, čak i da je htio. Kožni pojas koji smo kupili kako bi se zaštitio od pada dodatno ga je sprječavao u silasku. Zaglavio je, nije mogao ići prema gore, a nije se mogao niti spustiti. Uz to, bio je iscrpljen, a koža mu je bila užarena zbog intenzivne vrućine stupa. Vatrogasci su na kraju primijetili da je Pero u opasnosti te su počeli namještati ljestve kako bi se on mogao popeti na njih. Pero je toga dana mogao izgubiti život. Oboje smo bili zahvalni što mu je vatrogasno vozilo, koje je stiglo kako bi ga zaustavilo, zapravo pomoglo u silasku. Danas priznaje da je tada bio toliko iscrpljen da je skoro pao dok se sa stupa prebacivao na vatrogasne ljestve. Policija mu je kasnije stavila lisice na ruke te ga polegla u policijsko vozilo, gdje su ga nekoliko

ZA HRVATSKU MOJE BAKE

puta vratima lupili u glavu koja mu je virila iz automobila. Dok su ga na zadnjem sjedalu automobila vozili u policijsku postaju, na njemu je sjedila pretila policajka. Primijetivši da je Pero uzrujan zbog vožnje i poskakivanja po neravnim cestama, počela mu se smijati. Od poskakivanja i iscrpljenosti kao posljedice topline, Pero je na kraju povratio u kapu policajke koju je ova stavila na pod automobila. Kada je stigao u policijsku postaju, policajci su ga postavili uza zid u garaži te počeli polijevati vrućom vodom iz velikog crijeva. Izrazito vruća voda opekla mu je kožu te su ga policajci nakon toga morali voditi u lokalnu bolnicu na hitno medicinsko liječenje. Perin incident sa stupom i zastavom dobio je izrazitu medijsku pozornost, no to nije bio dobro promišljen plan jer je mogao vrlo lako dovesti do Perine smrti.

    Jugoslavenski je festival bio poklon koji je stalno nudio nove prilike. Svake godine iznova nam je pružao priliku da naglasimo sva zla Jugoslavije te želju Hrvata i Albanaca da se zauvijek riješe jugoslavenskog režima. Bez obzira što smo od grada Detroita tražili da se taj festival ukine, to je zapravo bila zadnja stvar koju smo željeli.

    Albanci su osmislili jedinstveni pristup za skretanje pozornosti javnosti na jugoslavensko ugnjetavanje. Početkom jedne od posljednjih godina festivala, u svojim su prosvjedima koristili izvedbenu umjetnost. Jedan od albanskih vođa s kojim smo blisko surađivali bio je Gjok Martini. Gospodin Martini i njegov brat Marko bili su vlasnici tvrtke za uređenje i opremanje kombija u Detroitu te su došli na ideju da automobil pretvore u jugoslavenski tenk s oklopom i topom. Karoseriju u prirodnoj veličini izradili su od drva i montirali na automobil koji je bio sakriven ispod tenka. Tenk su obojali u zeleno te su na njega nacrtali i neizbježne jugoslavenske zvijezde petokrake. Tenk je napustio radionicu gospodina Martinija te brzom cestom *Lodge Freeway* stigao do ulice *Jefferson Avenue* i zaustavio se na trgu *Hart Plaza*. Stigao je točno u vrijeme otvaranja Jugoslavenskog festivala. Kada se tenk zaustavio, Albanci u narodnim nošnjama Kosova popeli su se na njega i počeli vikati: „Dolje Jugoslavija! Dolje Jugoslavija!". Albanci su uhićeni, tenk i vozilo su

Van s Yugom!

zaplijenjeni te odvedeni na deponij koji se nalazio u ulici *Michigan Avenue* pored zgrade s vladinim uredima u kojoj će kasnije biti korišteni kao dokazi u sudskom postupku. No, prije nego što je slučaj uopće došao na sud, Albanci su noću provalili u deponij te od policije ukrali svoj tenk. Usred noći su ga vratili u radionicu Gjoka Martinija istim putem kojim je tenk došao do grada, ovoga puta vozeći brzom cestom *John Lodge* prema sjeveru.

Bilo je još događaja u kojima su naši prosvjedi protiv Jugoslavenskog festivala doveli do potencijalno opasnih situacija. Jugoslavenske su frakcije s vremenom postale sve agresivnije u svojim napadima na nas. Zbog toga smo i mi postali hrabriji i prkosniji. Gledajući unatrag, jasno je, da su nasilni sukobi u Detroitu zapravo bili priprema za stvarni rat u budućnosti. Na isti su me način odrastanje i rad u Detroitu pripremili za život s potencijalnim nasiljem u kojem sam se kasnije našao.

Kao tinejdžer u Detroitu rijetko kada sam izlazio iz kuće na ulicu bez neke vrste noža jer je kvart u kojem sam živio znao biti opasan i nesiguran. Najradije sam nosio bodež koji bih pričvrstio na lijevu podlakticu kada sam imao duge rukave. To je omogućavalo brzi pristup, a nije zahtijevalo dodatno vrijeme za otvaranje noža u slučaju potrebe. Kasnije, prije nego sam postao politički aktivan, često sam nosio pištolj. Danas se sramim priznati da sam u mlađim danima i prije povratka u Katoličku crkvu bio spreman koristiti pištolj u nekoliko situacija. U većini je slučajeva to bio bijes zbog nekog postupka nepoštovanja koji je potaknuo moj nagon da se osvetim navodnom počinitelju.

Moj je otac postao ovisnik o narkoticima poput *Darvona, Percodana* i *Percoceta*, kada sam imao otprilike osam godina. To je imalo izrazit učinak na moj psihološki razvoj. Njegova ovisnost bila je razarajuća ne samo za njega, nego i za cijelu obitelj jer je nabavljanje lijekova bila pokretačka snaga njegovog života. Zbog toga je bio nezaposlen najvećim dijelom mojeg odrastanja. Kada sam imao jedanaest godina, predozirao se i zahtijevao od moje sestre Marie da nazove hitnu pomoć kako bi mu spasila život. Te je noći jedva preživio, a nakon toga je prisilno odveden na

ZA HRVATSKU MOJE BAKE

psihijatrijski odjel u Državnu bolnicu *Pontiac* u gradu Pontiac u Michiganu. Dok sam promatrao kako ga medicinski tehničari nose pored mene iz usta mu je izlazila pjena te se i dan danas jasno sjećam da sam sâm sebi obećao: „Nikada neću biti slab poput njega." Obećanje jedanaestogodišnjeg dječaka postalo je glavni čimbenik koji je kontrolirao veliki dio mog života prije nego sam se vratio Kristu. Za mene nije postojala mogućnost odustajanja od borbe zbog zakletve iz djetinjstva koja je stalno odzvanjala u mojoj glavi: „Ne smiješ biti slab."

Iste godine, kada se moj otac predozirao i skoro umro, poslali su me u kamp za dječake slabijeg imovinskog stanja *Camp Ozanam* na jezeru Huron u Michiganu. Društvo *St. Vincent de Paul* bilo je vlasnik i organizator kampa. Bio je to prvi put da sam bio daleko od kuće ili u prirodi. Osjećaj prvoga dana u kampu bio je sličan osjećaju koji sam imao u vojsci. Čim sam ušao u blagovaonicu pomislio sam da sam umro i otišao u raj. Tamo je bilo obilje različite hrane koju smo mogli odabrati za doručak te soka i mlijeka koliko god su djeca željela popiti. Pješačili smo kroz šumu, jednu smo večer prespavali na plaži u vrećama za spavanje, a vježbali smo i streličarstvo.

Jednog dana bilo je organizirano natjecanje u boksu u pravom ringu s pravim rukavicama. Dječaci su bili podijeljeni u parove te je cilj bio organizirati mečeve između pobjednika i na kraju proglasiti prvaka. Nisam prošao dalje od prve borbe, no razlog nije bio taj što sam izgubio borbu. Nakon zvona i sučevog znaka za početak borbe, napao sam protivnika nizom udaraca u lice. Nije imao nikakve šanse protiv mog nakupljenog bijesa. Kada je pao na pod, skočio sam na njega i nastavio ga dalje udarati. Mislim da sam bolje poznavao pravila ulične borbe nego pravila pravoga boksa. Sudac je bio prisiljen podignuti me sa jadnog dječaka te me počeo kritizirati zbog preagresivnog ponašanja. Ja zaista nisam shvatio što sam krivo učinio. Rekli su nam da se borimo, i ja sam to činio na jedini način koji sam znao. Sudac je gledao u mene kao da sam lud te me je diskvalificirao.

Može se reći da sam bio čvrsto i odvažno dijete koje je postalo čvrst i odvažan muškarac. Sredinom 1970-ih, kada sam

Van s Yugom!

napunio dvadeset godina, radio sam kao menadžer u nekoliko kina u Detroitu. Budući da sam bio jedini bijelac u kinima u opasnom centru Detroita bio sam prisiljen biti čvrst i odvažan. Moja sklonost nasilju u rješavanju problema u tom se razdoblju pojačala. U 1970-ima je Detroit imao neslavnu reputaciju glavnog grada Amerike po broju ubojstava. Porast kriminala, nasilje bandi te slaba policijska prisutnost u centru Detroita stvorili su mnogo prilika za nasilne sukobe. Nažalost, često sam znao napunjen pištolj prisloniti nekome uz glavu, a jednom sam prilikom za vrijeme sukoba u kinu *Grand Circus* čak pokušao napasti nećakinju gradonačelnika Detroita. Taj ću uznemirujući događaj opisati kasnije.

    S obzirom na moju prošlost i način odrastanja nije postojala mogućnost da, dok smo protestirali protiv Jugoslavenskog festivala, pokušaji zastrašivanja projugoslavenskih građana budu uspješni. Trg *Hart Plaza* gdje se održavao festival nalazi se između ulice *Jefferson Avenue* na sjeveru i rijeke Detroit na jugu. Budući da smo uvijek prosvjedovali i dijeliti letke na *Jefferson Avenue*, tu se i događala većina sukoba.

    Jednog sunčanog nedjeljnog popodneva, dok je dijelio letke, Miru Komšića, jednog od hrvatskih prosvjednika, okružilo je šestero ili osmero projugoslavenskih Albanaca za koje se znalo da nose oružje. Počeli su mu prijetiti govoreći da mora otići ako ne želi da mu se dogodi nešto loše. Bio sam na *Jefferson Avenue* nekih sto pedeset metara istočno od njega kada sam začuo njegove pozive u pomoć. Toga sam dana u unutrašnjem džepu jakne imao pištolj. Počeo sam trčati prema Miru koji je bio okružen velikom skupinom muškaraca. Bio sam zabrinut da će mi pištolj ispasti iz džepa dok trčim te sam instinktivno primio lijevu stranu jakne i pridržavao ju da pištolj ne ispadne. Tek sam kasnije shvatio zašto je prijeteća skupina muškaraca koja je okružila Miru počela bježati čim su me ugledali kako trčim niz ulicu dolazeći Miru u pomoć. Mogu samo zamisliti kako sam izgledao i kako su me doživljavali Albanci i ostali promatrači koji su gledali luđaka koji trči po sredi ulice s rukom u jakni. Bilo je to i glupo i suludo.

ZA HRVATSKU MOJE BAKE

Nevjerojatno je da me nitko od policajaca koji su bili raspoređeni uokolo i koji su me zasigurno vidjeli nije uhitio. Srećom, nakon što su me ugledali, Albanci su se razbježali. Znajući moj tadašnji temperament, siguran sam da bi bilo došlo do pucnjave da su odlučili ostati i izazvati me, a ne pobjeći.

Još jedan nezaboravni incident dogodio se na *Jefferson Avenue* dok smo Marko Stipaničić i ja dijelili letke. Nino Barishaj, djelatnik lokalne turističke agencije koja je organizirala čarter letove u bivšu Jugoslaviju, vodio je grupu projugoslavenskih Albanaca prema mjestu na kojem smo stajali. Barishaj je pokušao iz Markovih ruku istrgnuti pakiranje protujugoslavenskih letaka. Iako se Marko suprotstavio, vidio sam da se boji. Stao sam između Marka i Nina te rekao: „Ubit ću te istog trena ako opet dotakneš te letke." Pomisao da sam bio spreman ubiti nekoga zbog desetak letaka uznemiruje me i dan danas, no služi kao primjer kako je moj nagon da nasilno reagiram našao primjenu u političkoj borbi. Tom prilikom nisam imao pištolj, ali sam nekoliko godina trenirao karate i bio prilično uspješan. Sigurno sam ga mogao ubiti golim rukama da sam htio. Nino me podsjetio da svi muškarci iza njega, a bilo ih je nekoliko, imaju oružje te da su spremni pucati i ubiti me. Kada je to rekao, Albanci su raskopčali jakne te ponosno pokazali pištolje za pojasevima. Misleći da nas je zaplašio, Nino je ponovno posegnuo za Markovim lecima, no Marko se tome odupro držeći ih još čvršće. „Ako ne pustiš, istrgnut ću ti grkljan", rekao sam prijetećim glasom, što sam tiše mogao. „Oni će te ubiti.", odgovorio je Nino te pokazao prema muškarcima. „Da, ali do tada ću ja već imati tvoj grkljan u rukama." Nino je nakon toga kukavički odšetao zajedno sa svojom grupicom, a Marko je zadržao svoju hrpu letaka.

Albansko-hrvatski savez

Kosovo je proglasilo neovisnost od Srbije u veljači 2008. godine. Prije toga je Kosovo bilo pokrajina u Srbiji. Prema podacima s Wikipedije, neovisnost Kosova priznalo je 116 zemalja, uključujući Sjedinjene Američke Države, Kanadu, Australiju, Veliku Britaniju, Njemačku, Francusku i Hrvatsku.

Van s Yugom!

Albanci koji su živjeli u Detroitu prije 1981. godine nisu bili posebno aktivni u političkoj borbi protiv Jugoslavije. Sve se to promijenilo kada su Srbi u pokrajini Kosovo pojačali svoju kampanju ugnjetavanja kosovskih Albanaca koji su zahtijevali ljudska prava i neovisnost Kosova. Godine 1982. uspjeli smo stvoriti savez s albanskom zajednicom u Detroitu koristeći kontakte koje smo uspostavili 1977. godine za vrijeme naših prvih prosvjeda protiv Jugoslavenskog festivala u Detroitu. Prije 1981. godine, a u nekim slučajevima i kasnije, bilo je izrazito teško motivirati Albance iz bivše Jugoslavije da zajedno s Hrvatima rade protiv jugoslavenske vlade u kojoj su prevladavali Srbi. Djelomično je razlog bio to što su mnogi Albanci bili projugoslavenski orijentirani prije nego što je Srbija započela s etničkim progonima na Kosovu, a djelomično to što su Albanci i Hrvate i Srbe doživljavali kao pripadnike iste slavenske nacije te su stoga prema njima bili nepovjerljivi.

U skladu s drevnom maksimom „neprijatelj mog neprijatelja je moj prijatelj" uspjeli smo uvjeriti Albance da nam se pridruže u udruzi koju smo nazvali Albansko-hrvatski savez. Konstituirajući sastanak nove udruge održan je u konferencijskoj dvorani hotela *Pontchartrain* u središtu Detroita. Prvi hrvatski članovi bili su Marko Stipaničić, Pero Ivčec, Ante Čuvalo, koji je došao iz Columbusa iz savezne države Ohio, Roko Juričić i ja. S albanske su strani prisutni bili Marash Dushaj, Preng Gruda, Kol Mihilli i Qazim Rrushaj. Zanimljivo je bilo to, što nam je jedan od naših kontakata javio da je jedan od prisutnih Albanaca ozvučen za FBI, no budući da nismo zagovarali nasilje, nismo bili zabrinuti. Na sastanku nismo pokazali da znamo da nas američki savezni agenti prisluškuju. Bila je to taktika koju sam naučio u Školi za komunikacijske tehničare. Ako te netko prisluškuje, nemoj mu dati do znanja da si svjestan toga. Budući da su savezni agenti podcijenili razinu naše sofisticiranosti u tom pogledu, stekli smo prednost u odnosu na one koji nas prisluškuju. To nam je također omogućilo da agenciji koja nas je prisluškivala dajemo lažne informacije kada nam je to odgovaralo.

ZA HRVATSKU MOJE BAKE

Albansko-hrvatski savez nikada ne bi postojao da nije bilo Marka Stipaničića. Marko je bio dinamičan i karizmatičan govornik te se između njega i Albanaca razvila čvrsta povezanost. Izgledalo je da uživaju u njegovoj strasti i usredotočenosti te želji za stvaranjem slobodne Hrvatske. Mi ostali imali smo suzdržaniji nastup, dok je Marko uvijek bio izravan i srčan te su ga Albanci obožavali zbog njegove posvećenosti cilju i strastvenog nastupa. Mnogo godina kasnije sreo sam poznanika Georgea Mihillija koji se iz Detroita preselio u Arizonu. On je sin Kola Mihillija, jednog od osnivača Albansko-hrvatskog saveza. Dok sam živio u Detroitu, puno smo puta razgovarali te sam nekoliko puta svratio na kavu u mali restoran koji je posjedovao u ulici *St. Antoine* u dijelu Detroita pod nazivom *Greektown*. Trideset godina kasnije u Arizoni odmah je pitao za Marka po imenu, iako je već odavno bio zaboravio moje ime i ime Petra Ivčeca.

Tijekom 1970-ih i 1980-ih Hrvati su postali sve aktivniji u nasilnim aktivnostima širom svijeta, primjerice u bombaškim napadima, otmicama aviona i atentatima. Neki od tih ljudi, kao što su Marijan Buconjić, Drago Sudar i Miro Barešić, vratili su se u Hrvatsku kao bi na različitim funkcijama radili za hrvatsku vladu nakon što su određeni broj godina proveli u zatvoru. Buconjić i Sudar su kasnije postali moji poznanici. Barešić je ubijen za vrijeme Domovinskog rata pod čudnim okolnostima. Kada sam u Hrvatskoj često prođem pored kipa koji je podignut njemu u čast u malom mjestu Drage.

Marijana Buconjića sam upoznao na kongresu Hrvatske republikanske stranke u Long Beachu u Kaliforniji 1984. godine. Jozo Brekalo, Vlado Dizdar i Marijan Buconjić sudjelovali su na kongresu jer su bili članovi Hrvatske republikanske stranke. Ja sam također bio na kongresu, ali ne kao član stranke, već kao gost. Njih trojica bili su nedavno pušteni iz zatvora gdje su odslužili kaznu zbog sudjelovanja u zauzimanju Jugoslavenske misije pri Ujedinjenim narodima u New Yorku 14. lipnja 1977. godine. Zadnjeg dana kongresa održavala se svečana večera na kojoj je bilo prisutno oko 200 ljudi. Buconjić, Dizdar i Brekalo posljednji su ušli u dvoranu u kojoj je 200 ljudi stajalo u potpunoj tišini njima

Van s Yugom!

u čast. Taj način izražavanja poštovanja prema trojici revolucionara ostavio je dubok dojam na mene.
Prema članku koji je 16. lipnja 1977. godine objavio *New York Times*, njih trojica bili su optuženi za „provalu, posjedovanje oružja i pokušaj ubojstva". Za vrijeme dvosatne opsade čuvar Jugoslavenske misije ozlijeđen je iz vatrenog oružja. Navodno je Buconjić novinarima prije čitanja optužnice rekao: „Borit ćemo se sve dok ne ostvarimo svoj cilj, neovisnu državu Hrvatsku." *New York Times* je u svom članku citirao dužnosnika Ministarstva vanjskih poslova SAD-a koji je na Buconjićevu izjavu odgovorio: „Sjedinjene Države protive se hrvatskom zahtjevu za neovisnošću."
Buconjić je zadnji od njih trojice pušten iz zatvora nakon što je odslužio sedam godina kazne. Postojala je mogućnost da bude uvjetno pušten ranije, no kada je odbor za uvjetno puštanje iz zatvora zatražio da se suzdrži od daljnjih političkih aktivnosti kao uvjet za raniji otpust, Buconjić je to stoički odbio te proveo još godinu dana u zatvoru.
Slične nasilne aktivnosti događale su se i u Detroitu i okolici. Nekoliko ureda i radionica bili su meta bombaških napada u razdoblju između 1981. i 1986. godine. S izuzetkom trga *Hart Plaza* u Detroitu, za koji je policija smatrala da je napadnut kao jasna poruka organizatorima Jugoslavenskog festivala i dužnosnicima grada Detroita, vjerovalo se da su ostala mjesta koja su bila izložena bombaškim napadima bila u vlasništvu ljudi koji su na ovaj ili onaj način surađivali s jugoslavenskom vladom. Članak objavljen 28. kolovoza 1981. godine u *Detroit Free Pressu*, opisao je jednu od takvih zgrada kao putničku agenciju koja se ponajprije bavila organiziranjem letova između SAD-a i bivše Jugoslavije. Klijenti su bili pretežno emigranti iz bivše Jugoslavije. Putničke agencije koje su se bavile posjetiteljima iz bivše Jugoslavije te djelatnici aviokompanije *Jugoslavenski Aerotransport* (JAT) bili su ciljevi napada jer se vjerovalo da oni pružaju neslužbenu zaštitu jugoslavenskoj Udbi. U današnje je vrijeme, pogotovo od emitiranja popularne televizijske emisije *The Americans*, opće poznato da su mnoge vlade koristile

putničke agencije kao paravan za svoje „ilegalne agente" koji su djelovali u inozemstvu. Vrlo sam brzo naučio da se ne bih trebao raspitivati o tome tko bi mogao biti uključen u bombaške napade ili druge ozbiljne protuzakonite postupke. Koncept „želim znati samo nužno" bio mi je poznat još od vremena moje obuke za američku mornaricu. Postavljanje pitanja, primjerice tko i kako, može samo izazvati sumnju. Postojalo je uvjerenje da takva pitanja postavljaju samo ljudi koji na određeni način rade za američku ili jugoslavensku tajnu službu. Ako je netko bio previše znatiželjan uvijek ga se smatralo sumnjivim. Bio sam svjestan da su neki ljudi vjerovali da radim za američku vladu, jednostavno zato što sam rođen u Americi. Nisam znao je li netko koga poznajem bio uključen u ilegalne aktivnosti, a nisam to niti pitao, te sam na taj sam način zapravo izražavao svoje protivljenje takvim ilegalnim aktivnostima. Jedna je stvar djelovati u samoobrani, no bombaški napadi nikako se nisu mogli opravdati.

Moje neznanje o tome tko je bio uključen olakšalo mi je opovrgnuti bilo kakva saznanja o tome dok me ispitivao William Noonan, agent FBI-ja koji je radio u protuobavještajnom uredu u Detroitu. On me jednom prije toga pokušao nagovoriti da budem njihov povjerljivi doušnik. Odbio sam njegovu ponudu i rekao mu da ću na sljedeći susret doći s odvjetnikom.

Albansko-hrvatski savez i bombaški napadi u Detroitu privukli su pozornost barem jednog člana Senatskog odbora za vanjske poslove SAD-a. Osamdesetih godina prošlog stoljeća Senatski odbor za vanjske poslove objavio je izvješće o Jugoslaviji senatora Jessea Helmsa. U fusnotama izvješća spominju se Albansko-hrvatski savez i bombaški napadi u Detroitu. U izvješću koje su napisali dvojica pomoćnika na zahtjev senatora Helmsa navedeno je kako su Albansko-hrvatski savez i bombaški napadi siguran znak onoga što će u Jugoslaviji tek uslijediti. Bila je to naznaka, kao što su autori napisali, da različite etničke skupine u Jugoslaviji nisu zadovoljne jugoslavenskim komunističkim režimom te da su naša udruga u Detroitu i bombaški napadi uvertira u događaje koji će uslijediti u

Van s Yugom!

Jugoslaviji. Jugoslavija se zaista i raspala u roku od deset godina nakon sastavljanja tog izvješća.

Slučaj Pjetera Ivezaja

Jedna od situacija koja me ispunila izrazitim zadovoljstvom bila je moja uključenost u oslobađanje tridesetogodišnjeg američkog državljanina Pjetera Ivezaja iz jugoslavenskog zatvora 1986. godine. Dana 19. kolovoza 1986. godine jugoslavenska vlada uhitila je tog američkog Albanca kada se vratio u Jugoslaviju radi posjete članovima obitelji.

Jugoslavenska ga je vlada optužila za sudjelovanje u protujugoslavenskim prosvjedima u Washingtonu 1981. godine, kao što je navedeno u članku objavljenom u *Detroit Free Pressu* 11. listopada 1986. godine. Mnoge dnevne novine, uključujući *Lansing State Journal* 30. rujna 1986. godine, izvijestile su da su ga u zatvoru mučili i tukli. Osim toga, dužnosnici jugoslavenske vlade nisu dozvolili američkom veleposlaniku u Jugoslaviji da razgovara s njim. Ivezaj je proglašen krivim 6. listopada 1986. godine na sudu u Titogradu u Jugoslaviji. Osuđen je na sedam godina zatvora.

Izrazito kratka objava, u kojoj je opisano njegovo uhićenje, pojavila se u novinama *Detroit News* 30. rujna 1986. godine. Kontaktirao sam novinara koji je napisao tu kratku objavu te ga malo iskritizirao. Iskustvo me naučilo da je takav agresivan pristup često najbolji način za postupanje prema novinarima koji su uvijek oprezni kako ih netko ne bi iskoristio za svoje ciljeve. „Potpuno ste promašili bit kada je riječ o uhićenju Pjetera Ivezaja u Jugoslaviji", rekao sam. „A što je bit tog uhićenja?", upitao je novinar, braneći se. „Slušajte", nastavio sam, „sudjelovao je u prosvjedima u Washingtonu 1981. godine, a uhićen je u Jugoslaviji 1986. godine. Ivezaj je bio američki državljanin kada je prosvjedovao u Washingtonu. Morate postaviti dva pitanja. Kako je jugoslavenska policija u Crnoj Gori znala da je Ivezaj prosvjedovao u Washingtonu prije pet godina? Sljedeće pitanje glasi ima li Jugoslavija pravo uhićenja i pritvaranja američkih

ZA HRVATSKU MOJE BAKE

državljana koji na američkom tlu koriste svoje pravo slobode govora?"

Sudeći po tišini s druge strane telefonske linije bilo je jasno da sam privukao njegovu pozornost. Nakon kraće pauze upitao je „Dakle, kako su oni [u Jugoslaviji] znali?". Bilo je to pitanje koje sam čekao i vjerujem da je odgovor na njega doveo do velike razine publiciteta oko uhićenja Ivezaja jer je prisililo medije da njegov slučaj preispitaju iz druge perspektive. Objasnio sam novinaru ulogu jugoslavenske tajne policije u Americi i drugim zapadnim zemljama. Novinara sam uputio na izvješće Senatskog odbora za vanjske poslove iz 1979. godine, koje je objavljeno u *New York Timesu* 10. listopada 1979. godine. U tom je članku *New York Times* citirao senatsko izvješće navodeći da je „povjerljivi izvor obavijestio američku vladu da je cilj jugoslavenskih obavještajnih agenata [u Americi] infiltriranje protukomunističkih skupina emigranata i njihovo uništenje."

„Posjedujete li dokaze da je jugoslavenska vlada na takav način postupala prema emigranata ovdje, na području Detroita?", upitao je. Očekivao sam to pitanje te sam imao spreman odgovor. Dao sam mu ime čovjeka iz Windsora iz Ontarija, Ilije Jakšića, koji je također priveden u policiju na ispitivanje godinu dana ranije, kada je bio u posjeti rodbini u bivšoj Jugoslaviji. Agenti jugoslavenske tajne policije tražili su od Jakšića da špijunira hrvatske emigrante po povratku u svoj dom u Kanadu. Na moje veliko zadovoljstvo, jedan od prvih članaka koji je objavljen sljedećeg dana propitivao je način na koji je Jugoslavija znala da je Ivezaj sudjelovao u prosvjedima protiv Jugoslavije 1981. godine, što je dovelo do njegovog uhićenja 1986. godine. *Detroit News* je 2. listopada 1986. godine objavio uvodnik pod naslovom „Oslobodite Pjetera Ivezaja". Uvodnik je oštro osudio Jugoslaviju zbog uhićenja Ivezaja. Također se počelo postavljati pitanje na koji način režim zna imena ljudi koji su u SAD-u mirno prosvjedovali protiv Jugoslavije. U razdoblju od nekoliko godina razvili smo dobre odnose s izvjestiteljem *Detroit Newsa*, Armandom Gebertom, koji je 10. listopada 1986. godine objavio članak pod naslovom „Iseljenici u strahu od tajne policije svoje

Van s Yugom!

stare domovine". Gebert je također propitivao način na koji je jugoslavenska vlada bila upoznata sa sudjelovanjem Ivezaja u mirnim prosvjedima u SAD-u te kako je to saznanje dovelo do njegovog uhićenja i zatvaranja.

Političari poput bivšeg kongresmena Williama Broomfielda bili su uključeni u slučaj Ivezaja i prije nego sam se ja uključio. Bez obzira na to, mogu reći da je izvještavanje o tom slučaju poprimilo potpuno novu dimenziju nakon što su u prvi plan dospjele aktivnosti jugoslavenskih špijuna koji su djelovali u Americi. To je postala omiljena novinarska tema te se iz tiskanih medija proširila na lokalne televizijske i radijske postaje. Kada su dužnosnici poput kongresmena Broomfielda i američkog senatora Carla Levina shvatili da na taj način dobivaju pozitivan publicitet željeli su se još i više uključiti u taj slučaj. Povećani interes političara doveo je do povećanog interesa medija te sve glasnijih zahtjeva za oslobađanjem Ivezaja. U roku od nekoliko dana priča o Pjeteru Ivezaju postala je nacionalna i međunarodna vijest u SAD-u te su političari obećali da će učiniti sve što je u njihovoj moći kako bi Pjeter Ivezaj bio pušten iz zatvora. Današnjim rječnikom rečeno, priča o Pjeteru Ivezaju postala je viralna.

Jugoslavenska je vlada u potpunosti shvatila posljedice svoje loše odluke da uhite Ivezaja tek kada je američki kongresmen Broomfield održao obećanje i 9. listopada 1986. godine u američkom Kongresu predložio izmjenu zakona kojom bi se Jugoslaviji ukinuo status „države s trgovinskim povlasticama". Ta bi nova trgovinska ograničenja za jugoslavenske proizvode imala dramatičan učinak na uvoz automobila *Yugo* i drugih proizvoda u SAD. Cijela jugoslavenska ekonomija bi morala platiti cijenu za daljnje zadržavanje jednog američkog Albanca u zatvoru.

Odmah sljedećeg dana, 10. listopada 1986. godine, jugoslavenska je vlada popustila pod pritiskom SAD-a i iz zatvora oslobodila Ivezaja. Američki veleposlanik, John Scanlan, toga je dana kontaktirao članove Kongresa iz Michigana te ih obavijestio da je Ivezaj konačno pušten iz zatvora u Titogradu. *Detroit Free Press* je 11. listopada 1986. godine pitao kongresmena

Broomfielda je li pritisak Kongresa pridonio oslobađanju. Kongresmen Broomfield je odgovorio: „To je zasigurno tako."

Prvi susret s Franjom Tuđmanom

U svibnju 1988. godine Pero, Marko i ja susreli smo se s bivšim političkim zatvorenikom, koji je kratko prije toga pušten iz jugoslavenskog zatvora te koji je bio u posjetu Detroitu. Njegovo ime bilo je Franjo Tuđman. Dana 30. svibnja 1990. godine izabran je za hrvatskog predsjednika. Tuđman je u početku planirao jednostavno doći u Detroit i obratiti se Hrvatima u dvorani hrvatske katoličke crkve sv. Jeronima. Bili smo zabrinuti za njegovu osobnu sigurnost za vrijeme boravka u Detroitu i zbog mogućnosti kaznenog progona nakon povratka u Jugoslaviju. Zbog navedenih razloga pažljivo smo odabrali ljude koji će biti u privatnom kontaktu s njim, koji će ga voziti i koji će osigurati smještaj za njega i njegovu suprugu. Ljudi koje smo odabrali morali su biti pouzdani te smo ih morali poznavati, no nismo željeli da Tuđman bude viđen (ili slikan od strane Udbe) u društvu s bilo kojim radikalnijim Hrvatom. Da je Udba slikala Tuđmana kako stoji pored nekog od poznatijih radikalnih Hrvata na javnom predavanju, to bi, primjerice, bilo moguće objasniti. No, mi smo bili zabrinuti da će Jugoslavija kazneno progoniti Tuđmana ako bude viđen u privatnom društvu poznatijih radikalnijih osoba koje su željele raspad Jugoslavije.

Bilo nam je također važno u potpunosti iskoristiti prednosti publiciteta Tuđmanovog posjeta Detroitu. Organizacija *Amnesty International* uvrstila je Franju Tuđmana među „zatočenike savjesti" dok je bio u zatvoru u Lepoglavi. Odlučili smo da ću ja predstavnicima te organizacije predati plaketu u ime hrvatske zajednice. Dr. Tuđman je taj događaj i svoj govor spomenuo na 262. stranici svog osobnog dnevnika.

Tuđman je i dan prije, 4. srpnja 1988. godine, u dnevniku spomenuo večeru u domu Mirka Kovača. Vrlo mala skupina nas koja je organizirala njegov govor u Detroitu večerala je s njim u Kovačevu dvorištu. Prisutni smo bili Tuđman, njegova supruga Ankica, Mirkova supruga Ana, Marko Stipaničić, Pero Ivčec,

Van s Yugom!

Miro Komšić i ja. Tada nismo mogli ni sanjati da će se u roku od dvije godine nakon našeg susreta s njim te večeri režimi istočne Europe početi urušavati jedan po jedan i da će Franjo Tuđman postati prvi demokratski izabrani predsjednik Hrvatske. Tema izvješća Senatskog odbora za vanjske poslove, koje je prethodno spomenuto u ovom poglavlju, došla je na red nakon večere. Marko je počeo pričati dr. Tuđmanu o izvješću za koje je Marko vjerovao da ga je napisao senator Helms. Razlog zbog kojeg je Marko to spomenuo bila je želja da pokaže Tuđmanu kako su Hrvati u Detroitu toliko učinkoviti da su naši postupci privukli pažnju čak i Senatskog odbora za vanjske poslove. Znao sam da Marko nije u pravu jer sam ja bio taj koji je slučajno pronašao to izvješće. Dvojica Helmsovih pomoćnika napisali su izvješće, a ne Helms, no odlučio sam ne osramotiti Marka ispravljajući ga pred svima ostalima. Bio sam u šokiran kada mu se dr. Tuđman odmah usprotivio. „Ne!", naglasio je dr. Tuđman. „To nije bio senator Helms, već dvojica njegovih pomoćnika." Marko se okrenuo prema meni kako bi provjerio što je Tuđman rekao jer je znao da sam ja pronašao to izvješće. „Dr. Tuđman je u pravu", rekao sam. „Dvojica Helmsovih pomoćnika napisala su to izvješće." Bio sam krajnje zadivljen. „Kako je Tuđman mogao biti upoznat s tim slabo poznatim izvješćem u masi različitih izvješća koja su napisali razni američki senatori kao članovi odbora za vanjske poslove? ", pitao sam se sjedeći potpuno zapanjen. „Kako je uopće znao za to izvješće? Kako je bio tako siguran da su izvješće napisali pomoćnici senatora Helmsa, a ne on?" To što sam ja znao za to izvješće nije bilo neobično. Ja sam živio u Americi. Imao sam pristup velikoj javnoj knjižnici u jednom od najvećih američkih gradova. No, taj je čovjek živio u komunističkoj državi na drugom kontinentu. Bio sam zadivljen razinom njegova znanja. Taj razgovor otkrio je i ponešto o karakteru dr. Tuđmana. Bio je izrazito siguran u ono što je znao i u to kako je to saznao. Nije imao strpljenja za ljude koji, po njegovu mišljenju, nisu znali toliko koliko su mislili da znaju. Suočen s takvim snažnim i autoritativnim samopouzdanjem, čak je i Marko Stipaničić bio prisiljen tiho se povući. Događalo se izrazito rijetko da Marko

ZA HRVATSKU MOJE BAKE

odustane od verbalnog sukoba o politici, no toga dana sam naučio da je Franjo Tuđman nezaustavljiv kada smatra da je u pravu!

Bilo mi je jednostavno podržati Franju Tuđmana kada se kandidirao za predsjednika Hrvatske protiv mnogih drugih poznatih i kompetentnih protivnika. Bio sam svjedokom njegove osobne karizme i samopouzdanja koje je temeljeno na znanju i nevjerojatnoj usredotočenosti na detalje. Neke od hrvatskih tvrdolinijskih skupina bile su protiv Tuđmana upravo zbog razloga zbog kojih sam ga ja smatrao odličnim izborom. Budući da je bio bivši komunistički partizan bio je najbolji kandidat za provođenje tranzicije iz komunizma u demokraciju. Budući da se u Drugom svjetskom ratu borio kao jugoslavenski partizan te je poslije u JNA stekao čin generala majora, nitko ga nije mogao ozbiljno povezati s bilo kime iz vlade NDH-a. Osim toga, u Jugoslaviji su ga dva puta uhitili i zatvorili, najprije zbog „subverzivnog djelovanja" nakon njegovih prodemokratskih aktivnosti tijekom Hrvatskog proljeća 1972. godine i ponovno 1981. godine zbog širenja „neprijateljske propagande". Ta su uhićenja nama bila dodatni razlog da mu vjerujemo.

Već sam bio započeo s planiranjem jednog drugog projekta kada sam prvi put susreo dr. Tuđmana 1988. godine. Projekt je uključivao dokumentiranje zločina koje su jugoslavenski komunisti počinili nakon Drugog svjetskog rata. Odlučio sam da ću ga te večeri zamoliti za intervju o toj temi. Tuđman je za vrijeme večere rekao da je kao bivši partizan znao za pokolje. Objasnio sam mu da želim snimiti svjedočanstva onih koji su preživjeli Bleiburg. Većina Hrvata u dijaspori bila je upoznata s time, no situacija u Jugoslaviji bila je sasvim drukčija. Oni koji su u Jugoslaviji znali za to, nisu pričali o tome zbog straha od progona. Pred kraj večere pozvao sam ga sa strane te izravno pitao. Njegov je odgovor bio kratak i jasan: „Ne! Sada nije vrijeme." Iako sam se kasnije nekoliko puta susreo i razgovarao s Tuđmanom, nisam nažalost nikada imao priliku intervjuirati ga za film o Bleiburškoj tragediji i marševima smrti koje je organizirao Tito. Tuđman spominje naš susret i moj rad u svom dnevniku dana

Van s Yugom!

6. srpnja 1988. godine: „Palajić [sic] koji prikuplja, zapravo priprema rad o problemu žrtava."

No, kada je Tuđman postao predsjednik pružao je snažnu potporu svim događanjima kojima je cilj bio dodatno educiranje hrvatske javnosti o Bleiburškoj tragediji. U svibnju 1995. godine, na pedesetu obljetnicu Bleiburške tragedije, Tuđman je odobrio niz događanja u cijeloj Hrvatskoj i Hercegovini, koji je započeo predavanjima u zgradi Hrvatskog sabora. Bio sam pozvan da, zajedno s povjesničarom Nikolajem Tolstojem i još dvojicom Britanaca sudjelujem na turneji i držim govore o tome. Kada sam se 1988. godine obratio Tuđmanu, nisam mogao ni zamisliti da će moj projekt na kraju postati pravi dokumentarac te da ću jednoga dana imati priliku prikazati ga u Hrvatskom saboru.

ZA HRVATSKU MOJE BAKE

BUY AMERICAN SAY NO TO YUGO

Jedna od tisuća naljepnica za automobile koje smo podijelili, tekst na naljepnici glasi "Kupujte američko, recite ne Yugu"

Van s Yugom!

Policijsko izvješće od 1. prosinca 1983. godine

Policijsko izvješće od 15. studenog 1982. godine

ZA HRVATSKU MOJE BAKE

Protujugoslavenski prosvjed u Detroitu

Van s Yugom!

Albanci na vozilu pretvorenom u tenk prilikom uhićenja

Kongres HRS-a u Kaliforniji 1984. godine

ZA HRVATSKU MOJE BAKE

Petar Ivčec u pokušaju skidanja jugoslavenske zastave sa stupa

Van s Yugom!

Marko Stipaničić u gorljivom obraćanju hrvatskim i albanskim prosvjednicima (2 savezna agenta u masi ljudi)

ZA HRVATSKU MOJE BAKE

Many immigrants fear governments they fled

Gannett News Service

As national attention focuses on the plight of a Michigan man arrested while visiting his native Yugoslavia, many immigrants in the United States still fear the regimes they fled.

Croatians, Albanians and others with roots in Yugoslavia said fears that the old country is watching are very real. They claim agents of the Yugoslav communist secret police are active in Detroit.

Those worries were dramatized this week when a Sterling Heights, Mich., man who immigrated from Yugoslavia was convicted by a Yugoslav court, apparently for taking part in a peaceful demonstration in 1981. Albanian descendant Pjeter Ivezaj, 30, demonstrated in Washington against Yugoslavia's treatment of its Albanian minorities.

"It's nothing new," West Bloomfield, Mich., businessman Ekrem Bardha said of the Ivezaj case.

Bardha said, "It is incredible how lives are being interferred with and how our constitutional rights are threatened. ... There are Yugoslav agents in this country who keep records of former Yugoslav citizens who are outspoken dissidents against the Yugoslav government.

"Pjeter Ivezaj is an excellent example," said Bardha, who fled penniless from his native Albania in 1953. He believes such Yugoslav reprisals have increased in recent years.

Yugoslavia is a non-aligned communist nation dominated by Serbo-Croatian Christian Slavs but with many different nationalities. There are about 2 million Albanians within Yugoslavia. They mainly are Muslim, speak a non-Slavic language and often feel discriminated against.

Croatians, another Yugoslav ethnic group, also have run into trouble with the Yugoslav government. Some Detroit-area Croatians say Croatia, now a republic within the Yugoslav federation, should be an independent, non-communist country.

Michael Palaich, spokesman for the Croatian Inter-City Committee, said, "Croatians here and elsewhere in the country and the free world have long felt the pressures of Yugoslav agents."

El Paso Times, 11. listopada 1986., stranica 12

Van s Yugom!

Autor s Pjetrom Ivezajem (lijevo) nakon oslobađanja iz jugoslavenskog zatvora

Franjo Tuđman s predstavnicima organizacije Amnesty International, Detroit 1988. godine

4

Bleiburška tragedija

PRVI PUT sam čuo o zločinima koji je počinio Titov jugoslavenski režim od svoje bake, i to puno prije nego što sam čuo izraze Bleiburška tragedija i marševi smrti koji su uslijedili kasnije i koji se često nazivaju Križnim putem. Kada sam bio jako mali, baka mi je ispričala o članovima njezine obitelji koje su komunisti ubili nakon Drugog svjetskog rata. Još uvijek ne znam sve činjenice o njihovoj smrti, no sjećam se da su to bili njezini nećaci. U knjizi pod naslovom *Petrinjska knjiga žrtava* koju je 1995. godine objavila Matica Hrvatska Petrinja mogli bi se pronaći odgovori koji bi potkrijepili njezinu priču. Trojica muškaraca s prezimenom Vidović, što je djevojačko prezime moje bake, a koji su živjeli u malom selu Križ Hrastovački pokraj Petrinje, navedeni su na 168. stranici knjige. Dokumenti potvrđuju da su svu trojicu ubili partizani, dok je jedan od njih ubijen u marševima smrti koje su počinili Titovi koljači nakon Drugog svjetskog rata. Baka mi je ispričala kako su članove njezine

ZA HRVATSKU MOJE BAKE

obitelji ubili komunisti u svojim poslijeratnim pokoljima i to vješanjem na telefonske stupove. Pomiješani osjećaji užasa i nevjerice ostavili su dubok dojam na moj mladi um.

Prva knjiga koju sam pročitao o tom strašnom povijesnom događaju koji je postao poznat kao Bleiburška tragedija bila je *Operation Slaughterhouse: Eyewitness Accounts of Postwar Massacres in Yugoslavia* autora Johna Prcele i Stanka Guldescua objavljena 1970. godine. Knjiga sadrži brojna zastrašujuća svjedočanstva očevidaca koja dokumentiraju neljudsku brutalnost partizanskih snaga Josipa Broza Tita prema hrvatskim muškarcima, ženama i djeci.

Nakon toga je 1986. godine grof Nikolaj Tolstoj napisao knjigu pod naslovom *The Minister and the Massacres*. Pero Ivčec, Marko Stipaničić i ja otišli smo autom na prezentaciju knjige koju je gospodin Tolstoj, nedugo nakon objavljivanja knjige, održao na *Hillsdale College* u Hillsdaleu u Michiganu.

Iako se Tolstoj nije usredotočio isključivo na hrvatske žrtve i jugoslavenske ratne zločine, činilo se da je pronašao neke bivše britanske vojnike iz Drugog svjetskog rata iz Osme armije koji su bili spremni, nakon gotovo četrdeset godina, istupiti i govoriti o onome čemu su osobno svjedočili i o tome kako su zapravo bili suučesnici u ratnim zločinima jugoslavenskih partizana.

Budući da sam odrastao u Americi i da sam bio izložen dominantnoj anglosaksonskoj kulturi bilo mi je teško povjerovati da su Britanci bili sposobni činiti ono što je Tolstoj opisao u svojoj knjizi. Naivno sam mislio da su oni previše kulturni i da stoga nisu u stanju biti tako brutalni. Kao dječak gledao sam veliki broj britanskih dokumentaraca i zabavnih filmova koji su Britance prikazivali kao kulturan narod koji nije u stanju obmanjivati, a kamoli sudjelovati u masakru nad tisućama muškaraca, žena i djece. Vjerovao sam da su časni i civilizirani te da štite nevine. Oni su ipak bili pripadnici savezničkih snaga koje su nakon završetka Drugog svjetskog rata procesuirale ratne zločince. Moj je otac za vrijeme Drugog svjetskog rata bio stacioniran u Engleskoj kao pripadnik Američkih zračnih snaga. Kako je uopće

Bleiburška tragedija

moguće da su oni odgovorni za ratne zločine na kraju rata? Bio sam uvjeren da je britanska uključenost u te ratne zločine prikazana u knjigama *Operation Slaughterhouse* i *The Minister and The Massacres* bila pretjerana i želio sam otkriti istinu te samostalno, na objektivan način, istražiti tu temu.

Bez obzira što sam bio naivan glede mogućnosti da su britanski vojnici bili uključeni u Bleiburšku tragediju i u marševe smrti koji su uslijedili nakon toga, nisam bio naivan glede mogućnosti da su u to bili uključeni jugoslavenski partizani. Nisam uopće sumnjao da je komunistička vlada Jugoslavije bila u stanju počiniti takve zločine. Komunistički režimi širom svijeta bili su izrazito sposobni u opravdavanju ili jednostavno poricanju pokolja milijuna svojih građana. Započelo je s Lenjinom nakon sovjetske revolucije, a Staljin je tu tradiciju samo nastavio. Komunističke diktature koje su uslijedile u ostalim istočnoeuropskim državama poput Jugoslavije jednostavno su nastavile s praksom ubijanja. Nakon pokolja je uvijek slijedila ista vrsta poricanja te zabrana spominjanja tih zločina u povijesnim knjigama. Bio sam siguran da Jugoslavija nije bila iznimka u tom pogledu.

U tom trenutku mog političkog angažmana bilo mi je također jasno da potraga za istinom o jugoslavenskim masakrima nosi osobne rizike za moju obitelj i mene. Prije toga su mi već prijetili smrću i pucali na moju kuću zbog aktivnosti koje su bile znatno manje opasne od otkrivanja istine o masovnim ubojstvima. Bio sam dobro upoznat s izvješćem organizacije *Amnesty International* iz 1985. godine koje je dokumentiralo politička ubojstva koje je počinila jugoslavenska Udba pod naslovom „Jugoslavija, zatočenici savjesti ". No, važnost projekta natjerala me je da zanemarim osobne rizike.

Moje proučavanje Bleiburške tragedije započelo je negdje 1985. godine, dok je Jugoslavija još uvijek bila izrazito snažna. Mnogi jugoslavenski građani koji su osobno sudjelovali u masakrima još uvijek su bili duboko ukorijenjeni pripadnici tog režima. Ostali su uživali u pogodnostima, primjerice besplatnim stanovima i mirovinama, koje im je pružao jugoslavenski režim.

ZA HRVATSKU MOJE BAKE

Zbog toga nije postojala šansa da će neki od bivših partizana koji su sudjelovali u masakrima biti spremni razgovarati sa mnom. Nije također bilo nikakve šanse da 1985. godine u Jugoslaviji dođe do ekshumacije masovnih grobnica koje su se nalazile širom Jugoslavije. Taj je proces započeo tek nakon proglašenja hrvatske neovisnosti. Postojanje brojnih masovnih grobnica bila je općepoznata činjenica zahvaljujući svjedočanstvima preživjelih očevidaca koja su dokumentirana u knjizi *Operation Slaughterhouse*.

Moja prvotna ideja za projekt nije bila snimiti dokumentarac, već jednostavno video kamerom zabilježiti sjećanja hrvatskih vojnika i civila koji su preživjeli Bleiburg i nakon toga marševe smrti. Imao sam osjećaj da moram što prije započeti s projektom. Već je bilo prošlo četrdeset godina. Oni koji su preživjeli pokolj već su bili stari, a neki od njih su i preminuli. Znao sam da će zabilježena svjedočanstva očevidaca biti posebice važna u budućnosti nakon što svi očevidci preminu. Bez obzira na važnost pisanih svjedočanstava u knjigama *Operation Slaughterhouse* i *The Minister and the Massacres*, smatrao sam da će za buduće generacije biti od neprocjenjive vrijednosti vidjeti kako preživjeli vlastitim riječima prepričavaju svoja emocionalna iskustva.

Polazeći od navedenoga, najprije je trebalo potaknuti hrvatske zajednice širom svijeta na uključivanje u projekt, i to prikupljanjem sredstava. U početku sam bio u nezgodnoj poziciji jer sam molio donacije od Hrvata u Detroitu, Chicagu, Windsoru i Torontu. Kasnije sam svoje napore morao proširiti na hrvatsku dijasporu u Australiji i Južnoj Americi. Australija je bila posebno važna za prikupljanje sredstava zbog izrazito velike i aktivne hrvatske zajednice. Dvojica vrlo aktivnih i utjecajnih Hrvata u Australiji, Tomislav Beram i Fabian Lovoković, velikodušno su organizirali turneju u Sydneyu, Melbourneu, Canberri, Geelongu i Adelaideu. Tomislav Beram mi je za vrijeme mog boravka u Australiji dogovorio i razgovore s nekolicinom osoba koje su preživjele Bleiburšku tragediju. Tomislav i ja ostali smo dobri prijatelji te se povremeno vidimo u Hrvatskoj. Zauvijek sam

Bleiburška tragedija

zahvalan hrvatskoj dijaspori koja je pomogla da dokumentarni film ugleda svjetlo dana. Bez prikupljenih sredstava i njihove pomoći u dogovaranju razgovora s preživjelima, film nikada ne bi ni bio snimljen.

Dok sam prikupljao sredstva susreo sam Hrvate koji su preživjeli Bleiburg u svim gradovima koje sam posjetio te u Buenos Airesu u Argentini i jednog preživjelog u Londonu u Engleskoj. Nažalost, u tom sam procesu otkrio da je barem jedan Hrvat koji je živio u gradu Mississauga pored Toronta u Kanadi navodno osobno ubio stotine Hrvata u masovnoj grobnici Jazovka u Hrvatskoj. Smičiklas je bio bivši jugoslavenski partizan sa Žumberka. Očevidac ubojstava koji je živio u istom kanadskom gradu kao i Smičiklas prepoznao ga je kao osobu koja je posebice uživala pucajući Hrvatima u zatiljak prije bacanja u mali otvor koji je zapravo otvor Jazovke, velike špilje koja je prema procjenama duboka najmanje 43 metra. Svjedok, kojeg sam osobno poznavao, imao je devet ili deset godina kada je vidio Smičiklasa kako ubija muškarce i žene koje su kamionima dovozili do jame pored hrvatskog sela Sošice. Svjedok Janko Popović rekao je da je put koji vodi do otvara jame bio prepun osobnih dokumenta. Gospodin Popović rekao je da su svi u okolici Jazovke znali za ubojstva koja su se tamo dogodila 1945. godine. Zarobljenici su bacali osobne isprave iz kamiona dok su ih prevozili u smrt. Popović je smatrao da su žrtve to činile jer su se nadale da će njihove isprave, ako budu pronađene, pomoći članovima njihovih obitelji da pronađu mir jer u protivnom ne bi nikada saznali što im se dogodilo. Gospodin Popović se sjeća da je sa stabla promatrao Smičiklasa kako ubija svoje žrtve jednu za drugom. Pištolj bi mu se često pregrijao te nakon nekog vremena ne bi više radio. Tada bi svoje bespomoćne žrtve udarao čekićem u potiljak te njihova beživotna tijela bacao u jamu. Tužno je što je Smičiklas kasnije emigrirao u Kanadu gdje je slobodno šetao među ostalim Hrvatima u Mississaugi na različitim događanjima, primjerice roštiljadama, zabavama i svadbama. Hrvati iz Mississauge nikada nisu saznali da se među njima nalazi masovni ubojica.

ZA HRVATSKU MOJE BAKE

Iako je gospodin Popović zbog straha odbio da se njegova priča snimi, njegovo mi je svjedočanstvo potvrdilo važnost projekta. Poslužilo mi je kao dodatni poticaj za razgovore i intervjue s preživjelima.

Projekt je započeo snimanjem preživjelih Hrvata koji su živjeli u gradovima Windsor, Toronto i Chicago. Svi su gradovi bili dostupni autom iz Detroita. Jedan vikend, dok sam snimao u Torontu, saznao sam da će Nikolaj Tolstoj održati govor o svojoj knjizi *The Minister and the Massacres* u konferencijskoj dvorani u gradskoj vijećnici u Torontu. Bio je sretan splet okolnosti što je Tolstojev govor organizirao Ante Beljo.

Snimio sam to Tolstojevo predavanje na kojem je bilo prisutno manje od dvadeset ljudi. Nakon toga smo Beljo, Tolstoj i ja otišli na ručak u mali restoran u centru Toronta. Na tom smo ručku Tolstoj i ja razmijenili telefonske brojeve i kontakte. U tom trenutku nisam mogao znati koliko će taj prvi sastanak biti koristan za uspjeh mog projekta. Tolstoj će kasnije postati važan izvor za uspostavljanje kontakata s nekoliko britanskih vojnika koji se spominju u njegovoj knjizi te kasnije u mom dokumentarnom filmu.

U kolovozu 1988. godine sam, koristeći podatke koje sam dobio od Tolstoja, pismima uspostavio kontakt s većinom bivših časnika britanske Osme armije. Neki od britanskih očevidaca koje sam želio snimati su na početku oklijevali, no na kraju su me, zahvaljujući Tolstojevom posredovanju, primili u svoje domove.

Nigel Nicholson

Nigel Nicholson je u početku rekao da zna vrlo malo o prisilnim repatrijacijama Hrvata iz južne austrijske pokrajine Koruške. U pismima i telefonskom razgovoru naveo je da se na kraju Drugog svjetskog rata, dok je bio stacioniran u južnoj Austriji kao obavještajni časnik britanske Osme armije, uglavnom bavio Kozacima. Rekao sam mu da je to u redu i da bih ipak htio razgovarati s njim, ako on nema ništa protiv. Pozvao me u svoj poznati obiteljski dom, dvorac *Sissinghurst* u okolici Cranbrook Kenta u Engleskoj. Bivši britanski časnik, parlamentarni

Bleiburška tragedija

zastupnik i autor taj je dvorac oporučno ostavio britanskoj vladi u zamjenu za dopuštenje da u njemu živi do kraja života. Zauzvrat se Britanska nacionalna zaklada brinula za kuću, prostranu okućnicu i vrtove.

Kao obavještajni časnik britanske Osme armije, Nigel Nicholson je 1945. godine bio ključan za provedbu, a možda i za osmišljavanje, podlog plana za slanje desetaka tisuća Hrvata natrag u Jugoslaviju. Kao što je naveo u izvješću iz svibnja 1945. godine, Hrvate su poslali u „sigurnu smrt".

30,000 do 50,000 Hrvata za koje je on bio zadužen došlo je u južnu Austriju nakon što se 15. svibnja 1945. godine velika skupina od 200,000 hrvatskih vojnika i 500,000 civila predala na poljima u okolici Bleiburga.

Ta se velika skupina htjela predati generalu Scottu iz Petog korpusa britanske Osme armije kako bi izbjegla masovne pokolje za koje su Hrvati znali da će uslijediti ako budu prisiljeni predati se Titovim partizanima. General Scott nije prihvatio njihovu predaju te je umjesto toga dogovorio sastanak partizanskog generala Milana Baste i hrvatskih pregovarača generala Herenčića i profesora Danijela Crljena. Na tom je sastanku general Scott obavijestio hrvatske predstavnike da će britanski vojnici pod njegovim zapovjedništvom prisiliti hrvatske vojnike i civile na predaju komunistima ukoliko to Hrvati ne učine dobrovoljno. Takozvani „pregovori" zapečatili su sudbinu Hrvata. U roku od dva dana čitav kontingent muškaraca, žena i djece poslan je pješice natrag u Jugoslaviju, što je Hrvatima danas poznato pod nazivom Bleiburška tragedija i Križni put.

Kao obavještajni časnik, Nigel Nicholson imao je zaduženje skupiti 30,000 do 50,000 vojnika i civila koji su se nastavili kretati prema sjeveru, odnosno Austriji, nakon što je veći dio od 200,000 hrvatskih vojnika i 500,000 civila bio prisiljen vratiti se iz Bleiburga u Jugoslaviju. Britanci su zadržali vojnike koji su se odvojili od mase u različitim logorima sve dok ih nije bilo moguće prisilno vratiti Titovim partizanima. Upravo u tom trenutku uloga Nigela Nicholsona postaje zanimljiva.

ZA HRVATSKU MOJE BAKE

Hrvati su već prethodno, od 1941. godine nadalje, bili iskusili krvoločnu brutalnost komunističkih partizana pod Titovim vodstvom. Znali su iz vlastitog iskustva da partizani ubijaju i muče one koji im se predaju. Ukoliko je u selima koja su zauzimali partizani bilo žena, postojala je velika vjerojatnost da će ih najprije silovati i nakon toga ubiti. Starosna dob gotovo da i nije bila bitna. Partizani su ubijali i djecu i starce nakon što su osvojili neki hrvatski grad ili selo. Hrvati koji su bježali prema južnoj Austriji u svibnju 1945. došli su iz različitih dijelova Hrvatske, pa čak i iz Bosne i Hercegovine, pokušavajući na taj način izbjeći barbarske postupke jugoslavenskih partizana. Te će se scene pokolja, silovanja i masovnih grobnica ponoviti s još jednim naraštajem Srba za vrijeme Domovinskog rata od 1991. do 1995. godine.

Prilikom snimanja Nigel Nicholson je priznao da je britanska Osma armija bila u potpunosti svjesna da će muškarci, žene i djeca koji su došli u južnu Austriju u potrazi za sigurnošću odbiti vratiti se natrag u Jugoslaviju te svoju sudbinu staviti u ruke Titovih partizana. Zato su Britanci morali smisliti uvjerljivu priču kako bi ispraznili sve napučenije izbjegličke kampove duž južne austrijske granice. Stoga je osmišljena krvava prevara, na koju su Hrvati nažalost nasjeli.

Prema Nicholsonu i dokumentima iz tog razdoblja, Hrvatima je rečeno da će, ukoliko se dobrovoljno ukrcaju u vagone, koji su zapravo bili vagoni za stoku, biti odvedeni u Italiju gdje će dobiti zaštitu savezničkih snaga. Ta je prevara imala različite ciljeve. Kao prvo, Britanci će se riješiti problema koje predstavlja egzodus desetaka tisuća ljudi. Neće više morati koristiti britanske resurse kako bi nahranili i zaštitili ljude od pljačkaških partizanskih bandi. Kao drugo, bez obzira što su u svibnju 1945. godine većinom bježali civili, Tito, službeni saveznik Britanaca, zahtijevao je da ih Britanci vrate natrag u njegove ruke. Kao treće, a možda i najvažnije, ukrcavanje ljudi u stočne vagone na prevaru omogućilo je Britancima da izbjegnu korištenje sile. Uvjereni u lažnu priču, Hrvati su jednostavno postupili u skladu s britanskim zahtjevom, pokušavajući spasiti svoje živote i živote svoje djece. Službena izvješća o trenutnom stanju (SITREPS) koja je Nicholson još uvijek posjedovao te koja sam potajno fotografirao u njegovom domu, navode da je Britanska obavještajna služba bila zabrinuta da će prisiljavanje civila na ukrcaj u stočne vagone uporabom sile ili oružja utjecati na moral prosječnog britanskog vojnika koji će morati postupiti po naređenju svojih nadređenih.

U intervjuu je kapetan Nicholson objasnio da su Hrvati na kraju nasjeli na tu priču. Dobrovoljno su se ukrcali u stočne vagone za koje im je rečeno da će ih odvesti u Italiju. Prema Nicholsonu i izvješćima koje je predao u svibnju 1945. godine, u svaki je vagon ukrcano od osamdeset do devedeset ljudi. Nakon što su vagoni napunjeni nasamarenim Hrvatima, na vrata vagona postavljeni su lokoti. Nicholson je naveo da su partizanske snage koje su bile prisutne u tom području dobile uputu da se drže podalje od vlakova. Britanci su znali da bi prevara biti otkrivena ukoliko bi Hrvati primijetili vojnike s crvenom zvijezdom petokrakom na kapama. U tom bi slučaju Hrvati jednostavno odbili ukrcati se u vagone.

Hrvati su uglavnom vjerovali da ih vlakovi vode u Italiju sve dok nisu došli do postaje Rosenbach. Postaja Rosenbach bila je, i još uvijek je, zadnja postaja vlaka s austrijske strane granice prije nego vlakovi nastave dalje prema svom odredištu, tada Jugoslaviji. Nicholson je dalje objasnio da su se britanske trupe iskrcale tek nakon što su se vlakovi zaustavili u Rosenbachu i nakon što su Titovi partizani izašli iz svojih skrovišta na postaji. Mirno mi je rekao da su Hrvati tek u tom trenutku otkrili prevaru. Tada su konačno shvatili da su prevareni i nasamareni.

Izjavio je da su Hrvati kroz drvene rešetke vagona mogli vidjeti da su vlakovi predani u ruke partizana. Naveo je također da su se iz vagona čuli krici užasa nakon što su Hrvati ugledali crvene zvijezde petokrake te konačno shvatili da su im Britanci lagali o odredištu na koje ih šalju. Kapetan Nicholson je dalje ispričao da su mnogi Hrvati počinili samoubojstvo u stočnim vagonima već na samoj postaji Rosenbach. U vlakove s bespomoćnim teretom ukrcali su se partizani i kroz tunel Rosenbach nastavili prema Jugoslaviji, gdje ih je čekalo još jugoslavenskih partizana.

ZA HRVATSKU MOJE BAKE

I kao da sama ta prevara koju je izvela britanska Osma armija nije bilo dovoljno strašna sama po sebi, kapetan Nigel Nicholson je u svom intervjuu rekao da su on i svi uključeni Britanci znali da muškarce, žene i djecu šalju u „sigurnu smrt". Sjeća se da se barem jednom dogodila situacija da je netko uspio izbjeći pokolj na jugoslavenskoj strani granice te se vratiti natrag u ruke istih britanskih snaga koje su ga prethodno poslale u Jugoslaviju. Taj je čovjek izvijestio Nicholsona da partizani ubijaju sve koji su prešli granicu. „Što se dogodilo čovjeku koji je pobjegao i prenio vam tu informaciju? ", upitao sam. „Ponovno smo ga poslali natrag", smireno je objasnio Nicholson.

Colin Gunner

Još jedan britanski časnik koji se u svibnju 1945. godine kao pripadnik britanske Osme armije nalazio u južnoj Austriji bio je Colin Gunner. Kada sam ga intervjuirao u Banburyju u Engleskoj u kolovozu 1988. godine, Gunner je bio u jako lošem stanju. Živio je u maloj kamp kućici na farmi gdje je radio. Dok sam ga intervjuirao pušio je cigaretu za cigaretom i pio viski. Na početku razgovora bio je izrazito nepristupačan te je zauzeo obrambeni stav. Kako je priča tekla, primijetio sam da se počeo polako opuštati. Konzumiranje alkohola zasigurno je tome pridonijelo. Na kraju razgovora sam konačno shvatio da se on neće u potpunosti otvoriti sve dok kamera bude radila, bez obzira na količinu alkohola koju je konzumirao. Pretvarao sam se da sam isključio kameru te sam počeo spremati opremu. Misleći da je kamera isključena, njegovo se ponašanje istog trenutka promijenio. U samo nekoliko sati Gunner se iz ratobornog i lojalnog Britanca bez osjećaja grižnje savjesti pretvorio u starca koji se kaje dok ponovno proživljava stravične jugoslavenske zločine kojima je svjedočio prije četrdeset godina. Bilo mi je žao starog čovjeka koji je sjedio ispred mene i koji kao mladić nije pokazao nikakvo suosjećanje za tisuće Hrvata koje su on i njegovi suborci nasilno poslali preko mosta Lavamund u ruke partizanskih krvnika. Počeo je plakati i činilo se da je u tom trenutku napokon u potpunosti shvatio svoju ulogu u tom strašnom masakru.

Bleiburška tragedija

Kapetan Gunner prisjetio se svoje uloge u masovnom egzodusu Hrvata koji je započeo 15. svibnja 1945. godine. Za razliku od Nigela Nicholsona, Gunner je sudjelovao u prisilnoj repatrijaciji najveće skupine Hrvata koju su Britanci zaustavili na poljima Bleiburga. Službeni dokumenti britanske Osme armije koje sam pronašao u Britanskom arhivu u KEW Gardensu procjenjuju da je u egzodusu bilo 200,000 vojnika i 500,000 civila koji su tražili britansku zaštitu. Znamo da su te brojke prilično točne jer su procijenjene pomoću fotografija koje su snimili britanski avioni Spitfire. Gunner je izravno sudjelovao u Bleiburškoj tragediji. Sjeća se ne samo da je vidio kako su deseci tisuća odvedeni u smrt, nego je i svjedočio ubojstvima hrvatskih muškaraca, žena i djece dok su se još uvijek nalazili na austrijskoj strani granice.

Ogromnu masu ljudi koja se nalazila na Bleiburškom polju partizani su, nakon što je hrvatska vojska bila prisiljena predati se, podijelili u dvije skupine. Jedna je skupina poslana s Bleiburškog polja izravno na Dravogradski most. Druga skupina u kojoj su bili uglavnom vojnici, ali i nešto žena i djece, poslana je preko rijeke Drave na most u Lavamundu.

Kapetan Colin Gunner dobio je zapovijed da džipom zauzme položaj na sjevernoj strani mosta u Lavamundu kako bi se pobrinuo da partizani uspješno preko granice pošalju sve zarobljenike. Na pitanje koliko je vremena trebalo da tako velika skupina pješice pređe preko mosta Gunner je odgovorio: „Jedna noć, jedan dan i još jedna noć." Zatim sam ga pitao: „Možete li procijeniti koliko je ljudi bilo prisilno poslano preko mosta?" Nakon što je promislio, Gunner je odgovorio: „Tristo tisuća". Zanimljivo je napomenuti kako je Gunner procijenio broj bez da je imao pristup službenim britanskim procjenama. Ja sam dokument koji ukupni broj procjenjuje na 700,000 otkrio u Britanskom arhivu tek godinu dana kasnije. Ako brojku iz dokumenta od 700,000 podijelimo u dvije skupine smrti, onda je Colinova procjena broja ljudi koji su prošli pored njega u Lavamundu bila jezivo točna. Colin Gunner stajao je sa strane dok su partizani tukli i ubijali ljude. Sjeća se kako je sa svog položaja promatrao kako Hrvate ubijaju i bacaju u jarak ili u brzu Dravu. „Jeste li svjedočili ubojstvima civila?", pitao sam ga. Njegov je odgovor glasio: „S djecom u naručju!" Za vrijeme čitavog intervjua g. Gunner je inzistirao na tome da je on samo izvršavao zapovijedi kao vojnik niže razine. Smatrao sam taj odgovor ironičnim jer je to bila ista obrana koju su pokušavali koristiti nacisti kojima se sudilo na Savezničkom sudu za ratne zločine. Godinama kasnije čuo sam tu istu obranu od Borislava Heraka, srpskog vojnika i osuđenog ratnog zločinca, kojeg sam intervjuirao u Sarajevu u ožujku 1993. godine. Heraku je suđeno, priznao je krivnju te je prvobitno osuđen na smrt u Sarajevu u rujnu 1993. godine. Njegova je smrtna kazna ukinuta dvadeset godina kasnije, no on je također dao isti odgovor koji daju svi ratni zločinci: „Ja sam samo izvršavao zapovjedi".

Godine 1991. Gunner je napisao autobiografiju o služenju u britanskoj vojsci za vrijeme Drugog svjetskog rata pod naslovom *Front of the Line*. Njegovo sudjelovanje u Bleiburškoj tragediji u svibnju 1945. godine u toj se knjizi jedva spominje.

Gerald Draper

Gerald Draper bio je posljednji bivši britanski časnik kojeg sam intervjuirao u Engleskoj te godine. On je u neku ruku bio najvažniji svjedok kojeg sam intervjuirao. Iskreno govoreći, bio sam iznenađen da takva principijelna i časna osoba s takvim statusom postoji u Engleskoj. Prije intervjua s Draperom, situacija je bila takva da što sam više proučavao britansko sudjelovanje u Bleiburškoj tragediji i prisilnim repatrijacijama, to su britanski svjedoci zauzimali sve jači obrambeni stav te su bili sve manje spremni na suradnju. Postali su nepovjerljivi na sam spomen da su Britanci postupili nečasno u događajima u Austriji u svibnju i lipnju 1945. godine. Uz iznimku Drapera, svi su navodili čitav niz otežavajućih okolnosti zbog kojih britanska Osma armija nije imala puno izbora što učiniti. Govorili su da su učinili ono što su morali učiniti u izrazito teškim uvjetima. Gotovo svi koristili su klasičnu izliku izvršavanja zapovjedi. Posebice je to činio Nigel

Bleiburška tragedija

Nicholson koji je mene, a vjerujem i sam sebe, stalno podsjećao da je on izrazio svoje „protivljenje" svojim zapovjednicima, što je možda i učinio. No, ja sam ga podsjetio: „Ipak ste izvršili nezakonite i nemoralne zapovjedi". To mu se, naravno, nije svidjelo.

No pukovnik Gerald Draper bio je znatno drukčiji od ostalih koje sam intervjuirao. Gerald Draper nije sudjelovao ni u Bleiburškoj tragediji ni u prisilnoj repatrijaciji Hrvata. Bez obzira na to, znao je mnogo o ratnim zločinima i o tome što se smatra ratnim zločinom i zločinima protiv čovječnosti.

Gospodin Draper bio je tužitelj na Savezničkom sudu za ratne zločine, uključujući poznate Nirnbeške procese nakon Drugog svjetskog rata. Bio je i tužitelj za ratne zločine koji je saslušao Rudolfa Hössa, zapovjednika koncentracijskog logora Auschwitz, koji je proglašen krivim za zločine protiv čovječnosti i osuđen na kaznu smrti vješanjem u Auschwitzu. Osim što je bio stručnjak za ratne zločine i zločine protiv čovječnosti, Draper je do umirovljenja bio profesor prava na Ekonomskom fakultetu Sveučilišta u Londonu. Do kraja života, sve dok zbog zdravstvenih razloga više nije mogao putovati, bio je počasni govornik na godišnjem Memorijalu holokausta u Tel Avivu u Izraelu.

Nisam mogao zamisliti bolju osobu za dobivanje odgovora na sljedeća pitanja. Kao prvo, jesu li jugoslavenski partizani krivi za ratne zločine, zločine protiv mira ili zločine protiv čovječnosti, ukoliko su počinili zločine za koje ih se optužuje? Kao drugo, jesu li Britanci krivi za ratne zločine ili zločine protiv čovječnosti zbog toga što su odbili zaštititi stotine tisuća Hrvata koji su pobjegli pred komunističkim snagama u Jugoslaviji i koji su tražili zaštitu od britanske Osme armije? Kao treće, bivši britanski vojnici priznali su da su 1945. godine znali da muškarce, žene i djecu šalju u „sigurnu smrt" kada su ih poslali natrag u Jugoslaviju koja je bila pod partizanskom kontrolom. Jesu li pojedinačni britanski vojnici koji su „izvršavali naredbe" krivi za ratne zločine ili za zločine protiv čovječnosti zato što su

ZA HRVATSKU MOJE BAKE

proveli prevaru na način da su zaključali tisuće Hrvata u stočne vagone te ih isporučili na klanje?

Odgovor bivšeg tužitelja iz Nirnberških procesa i dalje me, toliko godina kasnije, zapanjuje. Profesor Draper inzistirao je na tome da britanski časnici koji su sudjelovali u odbijanju pružanja zaštite Hrvatima u Bleiburgu, primjerice general Scott, te britanski časnici koji su sudjelovali u prisilnim repatrijacijama, primjerice kapetan Nicholson i kapetan Gunner, mogu biti procesuirani za ratne zločine. Inzistirao je na tome da je vojnik obvezan izvršavati isključivo zapovjedi koje su u skladu sa zakonom te da se zapovjedi koje su dovele do prethodno opisanih ubojstava ne mogu po svojoj prirodi smatrati zakonitima. Dodao je također kako u Engleskoj ne postoji politička volja za procesuiranjem britanskih državljana za zločine koji su počinili van teritorija Velike Britanije prije više od četrdeset godina.

Zanimljivo je ovdje napomenuti kako su svi britanski časnici uz izuzetak Drapera na neki način priznali da su im predrasude prema Hrvatima kao „istočnim Europljanima" olakšale slanje Hrvata u sigurnu smrt. Kada sam kapetana Gunnera pitao kako je doživljavao ljude koji su pješice poslani u smrt, odgovorio je da su oni „bili stranci". General bojnik H.E.N. Bredin, čiji iskaz nisam koristio u filmu, odgovorio je, priznajući još otvorenije, da su Britanci bili pod utjecajem „rasizma" kada su organizirali prisilne repatrijacije Hrvata i drugih istočnih Europljana.

Britanska je vlada (neslužbeno) priznala svoje sudjelovanje u Bleiburškoj tragediji i prisilnim repatrijacijama, i to ne samo Hrvata, već i Srba i Slovenaca. Nekoliko mojih intervjua s preživjelima i s tri prethodno navedena bivša britanska časnika može se pronaći u arhivima Britanskog imperijalnog ratnog muzeja u Londonu. No, oni još uvijek moraju priznati svoju ulogu u „zločinu". Ipak, ukoliko objektivno sagledamo postupke pripadnika Petog korpusa britanske Osme armije, jedino što možemo zaključiti je isto ono što je zaključio bivši istražitelj ratnih zločina počinjenih u Drugom svjetskom ratu Gerald Draper: britanski zapovjednici koji su imali zapovjedne ovlasti mogu biti optuženi za ratne zločine i zločine protiv čovječnosti u južnoj Austriji u svibnju i lipnju 1945. godine.

Dokumenti

Treći su stup projekta bili dokumenti koji će biti potrebni kao potvrda izjava preživjelih Hrvata i bivših pripadnika britanske Osme armije. Tri glavna službena izvora dokumenata bili su Imperijalni ratni muzej u Londonu, Britanski nacionalni arhiv u KEW Gardensu i Ministarstvo obrane Velike Britanije. Te sam arhive obišao u sklopu dva odvojena putovanja u Englesku, prvi puta u kolovozu 1988. godine i drugi puta u svibnju 1989. godine.

Tolstoj je proučavao arhive dok je pisao svoje djelo *The Minister and the Massacres*. Njegova knjiga bavi se općenitom temom prisilnih repatrijacija koje su proveli Britanci. Skupine koje su bile prisilno vraćene u svoje domovine bili su Kozaci, Srbi, Slovenci i Hrvati. Ja sam se želio u potpunosti usredotočiti na prisilne repatrijacije Hrvata iz Bleiburga.

U Britanskom nacionalnom arhivu pohranjena je ogromna količina materijala o toj temi. Istraživači su do sada uspjeli tek zagrepsti po površini onoga što je dostupno u arhivima. Izvješće o trenutnom stanju (SITREP) je vjerojatno jedan od najvažnijih dokumenata koji sam pronašao i za koji vjerujem da nije bio prethodno objavljen. U tom izvješću iz svibnja 1945. godine procjenjuje se brojčano stanje Hrvata u egzodusu, onih koji su došli iz Hrvatske u južnu Austriju u svibnju 1945. godine. Bilo je važno pronaći dokument koji ne predstavlja hrvatski izvor i u kojem se procjenjuje broj ljudi u egzodusu. Kao prvo, zato jer Hrvati u to vrijeme nisu nikako mogli znati koliko je vojnika i civila bilo u egzodusu. Dok sam intervjuirao preživjele Hrvate puno sam ih puta pitao: „Što mislite koliko je ljudi bilo u egzodusu?". Odgovor je uvijek bio isti, bez obzira je li bila riječ o egzodusu ili o marševima smrti koji su uslijedili kasnije: „To nije bilo moguće procijeniti jer nisam mogao vidjeti ni kraj ni početak kolone ." Čak i kada sam Colina Gunnera pitao može li procijeniti koliko je ljudi prošlo pored njega kroz Lavamund, njegova je procjena glasila 300,000. Kao drugo, čak i da je bilo moguće procijeniti, nitko ne bi prihvatio hrvatsku procjenu kao objektivnu i pouzdanu. Stoga sam bio izrazito zadovoljan kada sam otkrio dokument britanske Osme armije koji je broj ljudi u egzodusu procijenio na 200,000 vojnika i 500,000 civila. U tom su se dokumentu koristile fotografije koje su iz zraka snimili britanski zrakoplovi Spitfire kako bi se potkrijepile britanske procjene. To potvrđuje priče nekoliko preživjelih Hrvata koji su naveli da su vidjeli zrakoplove Spitfire kako lete iznad njih i fotografiraju Hrvate u poljima Bleiburga. Mislio sam da su preživjeli s Bleiburga pretjerivali kada su mi spominjali da su ih britanski piloti fotografirali iz zraka. Međutim, ti su dokumenti zajedno s izvješćima koje sam pronašao u Imperijalnom ratnom muzeju dokazali da su Hrvate zaista slikali iz zrakoplova, baš kao što su o tome svjedočili preživjeli. Općepoznato je da su fotografije odličan način za procjenjivanje broja okupljenih ljudi.

Bilježnica koju je Nigel Nicholson čuvao četrdeset godina nakon tog događaja također je bila izuzetno važna. Bivši obavještajni časnik britanske Osme armije dopustio mi je uvid u tu bilježnicu nakon što sam ga intervjuirao u njegovom dvorcu *Sissinghurst*. Stavio je bilježnicu ispred mene na radni stol u njegovom domu te otišao u odvojenu zgradu, u kojoj je imao ured na drugom katu. Bio sam zapanjen onime što sam pročitao na izlizanim i oštećenim stranicama te stare bilježnice. Neki od zapisa u bilježnici iz svibnja i lipnja 1945. godine bili su pisani njegovim rukopisom. Ostale su stranice bile pisane pisaćom mašinom te su korištene za službena izvješća o trenutnom stanju (SITREP) koja je on prosljeđivao zapovjednom lancu Osme armije.

Iz tih se dokumenata može iščitati cijeli koncept osmišljene prevare. Oni uklanjaju svaku sumnju o tome jesu li Britanci koristili odvratnu zavjeru kako bi Hrvate ukrcali u stočne vagone koji su ih odveli u smrt. U dokumentima se navodi da su vrata vagona bila zaključena lokotima kako Hrvati ne bi mogli pobjeći. Nicholson je napisao i da su od partizana tražili da se drže po strani kako ih Hrvati ne bi primijetili sve dok vlakovi ne dođu do tunela Rosenbach u južnoj Austriji. Partizanima je bilo

Bleiburška tragedija

dopušteno ukrcati se na vlak tek u Rosenbachu, što im je omogućilo da u djelo provedu zadnju fazu prevare. Previše je zapisa u toj bilježnici da bih ih sve mogao navesti ovdje, no dovoljno je reći da su toliko detaljni i točni kao što se može očekivati od obavještajnog časnika.

    Znajući da je vrijeme koje imam na raspolaganju bilo ograničeno počeo sam snimati stranice izvješća o trenutnom stanju istom kamerom koju sam nekoliko trenutaka prije toga koristio u intervjuu. Bila je sretna okolnost što sam to odlučio snimiti dok sam još uvijek imao pristup bilježnici. Po povratku u Ameriku pisao sam gospodinu Nicholsonu i zamolio ga da kopira stranice bilježnice te mi ih pošalje o mom trošku. Nicholson je to odbio uz objašnjenje da su stranice tipkane tako da nije moguće napraviti čitljive kopije te da stoga nema previše smisla kopirati ih. No, u tom je trenutku već bilo prekasno. Ono što je on napisao na tim stranicama i što je snimljeno zauvijek će služiti kao dokument o britanskoj umiješanosti u prisilnu repatrijaciju muškaraca, žena i djece u sigurnu smrti uz korištenje krvave prevare.

    Kao što sam već prethodno naveo, moja prvotna ideja za projekt bila je usredotočiti se na intervjuiranje preživjelih Hrvata i britanskih sudionika te prikupljanje što većeg broja dokumenata, fotografija i povijesnih video zapisa. No, povijesni događaji koji su započeli širom Istočne Europe 1989. godine promijenili su tijek projekta. Vjetrovi slobode koji su započeli u Poljskoj konačno su stigli i do granica Hrvatske. Čak su i Hrvati počeli vjerovati da se Hrvatska može osloboditi okova komunističke Jugoslavije.

    Postajalo mi je sve jasnije da se Hrvatska neće moći osloniti na vlade zapadnih zemalja u trenutku kada će Hrvati početi tražiti svoju slobodu. Među Hrvatima koji su bili izravno uključeni u pokret za slobodu postojalo je uvjerenje da zapadne zemlje nikada neće dobrovoljno podržati raspad Jugoslavije. Zapadne su zemlje smatrale da Jugoslavija ispunjava svoju svrhu i to još od vremena kada su Sporazum u Jalti potpisali Roosevelt, Churchill i Staljin. Položaj Jugoslavije kao geopolitičke tampon zone dodatno je učvršćen kada se Tito odvojio od sovjetskog

ZA HRVATSKU MOJE BAKE

utjecaja 1948. godine te osnovao Pokret nesvrstanih. Jednostavno rečeno, zapad je i dalje vjerovao da ima koristi od postojanja Jugoslavije. Čak i inače protukomunistički predsjednik SAD-a Ronald Reagan otvoreno je podržavao Jugoslaviju u obliku vojne pomoći i obuke jer je smatrao da je ona izvan dosega sovjetskog utjecaja. Ta se podrška najbolje može ilustrirati na primjeru obraćanja tadašnjeg pomoćnika tajnika za europske poslove Lawrencea Eagleburgera Odboru za vanjske poslove dana 10. lipnja 1981. godine: „Snažno podržavamo jugoslavensku neovisnost, političko jedinstvo i teritorijalni integritet." Nastavio je: „Surađujemo s jugoslavenskim vojnim vlastima u sklopu manjeg programa posjeta, razmjene oružja i obuke."

Bez obzira na podršku koju su zapadne zemlje pružale Jugoslaviji, Hrvatska se ubrzo pridružila ostalim istočnoeuropskim zemljama u oslobađanju od okova komunizma. Bio sam duboko uvjeren da u trenutku kada započne proces odvajanja od Jugoslavije povratak neće biti moguć bez da Hrvatska doživi isti genocid koji je iskusila nakon 1945. godine. Bio sam također uvjeren da će se povijest uskoro ponoviti, kao što je to uvijek slučaj.

Zaključio sam da je najbolji način za izbjegavanje krvoprolića istih razmjera u budućnosti educiranje Hrvata u domovini o tome što se dogodilo prethodnoj generaciji Hrvata koja se predala u svibnju i lipnju 1945. godine. Iako nisam imao nikakvog iskustva u snimanju dokumentarnih filmova, odlučio sam da je najbolji način za otkrivanje te strašne povijesti ispričati priču u obliku dugometražnog dokumentarnog filma.

Bila je to povijest koju je jugoslavenski režim uspješno sakrivao od većine hrvatskih građana do 1991. godine. Čak i danas postoje mnogi bivši tvrdolinijski komunisti, koji se sada nazivaju antifašistima, koji zbog neke vrste kognitivne disonancije odbijaju povjerovati da je vlada Jugoslavije koju su oni toliko voljeli i koju su toliko voljeli njihovi roditelji ikada bila sposobna počiniti pokolj tih razmjera. Smatrao sam također važnim da svi potencijalni politički vođe koji su se počeli pojavljivati u Hrvatskoj, od kojih su većina bili bivši politički zatvorenici, budu svjesni opasnosti, ukoliko to već nije bio slučaj. Bilo je potrebno da shvate da nakon proglašenja neovisnosti više nema povratka, nema povlačenja i nema predaje. Bilo je potrebno da budu svjesni da će proglašenjem hrvatske neovisnosti prijeći Rubikon.

Godine 1991. cjeloviti dokumentarni film uz popratno pismo u kojem sam naveo svoje mišljenje došao je u ruke mnogih potencijalnih političkih vođa u Hrvatskoj, kao što su Franjo Tuđman, Gojko Šušak, Ante Beljo, Dobroslav Paraga, Marko Veselica i Zvonimir Čičak.

Uzimajući u obzir sve što se dogodilo u hrvatskom Domovinskom ratu te u ratu u Bosni i Hercegovini, jasno je da su moji prvotni dojmovi bili točni i opravdani. Različite vladine i nevladine organizacije koje su imale svoje predstavnike na terenu za vrijeme ratova za neovisnost u Hrvatskoj i BiH zabilježile su i dokumentirale metode koje su koristili Jugoslavenska narodna armija i srpski četnici. Jugoslavija, četvrta najjača vojna sila u Europi, ubila je tisuće svojih građana te ih pobacala u masovne grobnice širom Hrvatske i Bosne i Hercegovine na isti način kako su to učinili nakon Drugog svjetskog rata. Pored toga, žene u Hrvatskoj i Bosni i Hercegovini tretirane su kao oruđe rata i objekti silovanja od strane tog istog jugoslavenskog režima koji je desetljećima u svakoj prilici propagirao parolu „bratstvo i jedinstvo". Iako se broj ratnih žrtava u Hrvatskoj za vrijeme stravičnog rata od 1991. do 1995. godine procjenjuje na otprilike 20,000, a u Bosni i Hercegovini na 200,000, te bi brojke zasigurno bile puno veće da Hrvatska i Bosna i Hercegovina nisu uspjele ostvariti svoje težnje za nezavisnošću. Predaja Hrvata i Bošnjaka zacijelo bi dovela do još većeg masakra nakon završetka rata. Moguće je da bi broj stradalih i umrlih bio i veći od broja nakon Drugog svjetskog rata i predaje na Bleiburgu.

Nakon što sam završio dokumentarac u trajanju od 90 minuta, odlučio sam prokrijumčariti petstotinjak kazeta VHS u tadašnju Jugoslaviju. Nije to bila odluka koju sam lako donio. Hrvatski su građani bili procesirani te osuđivani na duge zatvorske kazne i za obično unošenje hrvatskih emigrantskih novina u Jugoslaviju. Strani državljani poput Julie Bušić bili su uhapšeni i

ZA HRVATSKU MOJE BAKE

zatvoreni zbog bacanja protujugoslavenskih letaka s nebodera na Trgu bana Jelačića 29. studenog 1970. godine. Velika masa ljudi koja se te večeri okupila na Trgu bana Jelačića kako bi proslavila komunistički Dan Republike bila je iznenađena letcima koji su bačeni s vrha nebodera. Osjećao sam nelagodu razmišljajući kako moja budućnost neće biti nimalo ugodna ako me uhvate kako krijumčarim stotine video kazeta koje dokumentiraju jednu od najbolje čuvanih tajni Jugoslavije. Imajući u vidu ogroman rizik, u svibnju 1991. godine u noći sam prešao jugoslavensku granicu vlakom iz Klagenfurta iz Austrije prema Zagrebu, noseći četiri velika kofera puna video kazeta.

Dana 19. svibnja 1991. godine Hrvatska je održala referendum za neovisnost. Moj je cilj bio doći u Hrvatsku s kazetama prije tog povijesnog događaja. Kada sam prelazio granicu Jugoslavenska armija još uvijek je bila izuzetno prisutna na jugoslavenskoj granici. Vlak se s austrijske strane granice zaustavio na graničnom prijelazu Rosenbach. Tamo sam sreo jugoslavenskog vojnika s crvenom zvijezdom petokrakom na kapi i uniformi. Austrijska policija izašla je iz vlaka te su se ukrcali jugoslavenski vojnici koji su nas pratiti na ostatku puta u bivšu Jugoslaviju. Na tom istom graničnom prijelazu su se prije četrdeset i šest godina u vlakove koji su Hrvate prevozili u smrt ukrcali jugoslavenski partizani. Kratko nakon napuštanja Austrije i prije ulaska u Jugoslaviju vojnik je ušao u moj kupe. Uz uobičajeni neljubazni stav prema civilima, vojnik je najprije pogledao u mene, a nakon toga u četiri komada prtljage uredno posložene na polici iznad mog sjedala. „Što imate u tim torbama?", upitao me na srpskom. Iako sam razumio njegovo pitanje, odgovorio sam: „I only speak English" (Govorim samo engleski). Ponovio je pitanja, ovoga puta na engleskom. „Što imate u tim torbama?" „Odjeću", odgovorio sam. Ispitivački me pogledao kao da pokušava shvatiti zašto ovaj tridesetsedmogodišnjak sa sobom nosi četiri velika kofera. Brzo sam mu dao moju američku putovnicu, nadajući se da će mu to odvratiti pozornost s kofera. U tom trenutku svoje političke zrelosti znao sam da su šanse da će me ignorirati znatno veće kada

Bleiburška tragedija

utvrdi da sam Amerikanac. Na osnovi putovanja u Hrvatsku 1978. godine znao sam da se granični čuvari koji idu vlakom u tom smjeru uglavnom bave građanima Jugoslavije koji krijumčare robu iz inozemstva. Budući da sam Amerikanac, male su šanse da krijumčarim odjeću ili drugu robu sa zapada. Dok je pregledavao moju putovnicu, pitao sam se što ću učiniti ako zatraži da otvorim jedan od kofera. Srećom, jednostavno mi je vratio putovnicu bez riječi i izašao iz mog kupea. Osjetio sam olakšanje, sve dok nije došao službenik granične kontrole i ponovno zatražio moju putovnicu. Ovoga puta nije ga zanimalo što imam u koferima te mi je jednostavno lupio žig i vratio putovnicu. Bio je to moj prvi pokušaj krijumčarenja, no ne i posljednji.

Čim sam stigao u Zagreb potražio sam Antu Belju, koji je u to vrijeme bio tajnik Hrvatske demokratske zajednice. Bio je upoznat s filmom koji sam snimio te me pitao želim li film prikazati u najprestižnijem zagrebačkom muzeju, u Muzeju Mimara. Cijelo sam se vrijeme pitao što bi moji baka i djed mislili da vide unuka kojeg su kao dijete držali u naručju kako premijerno prikazuje svoj film u glavnom gradu države koju su tako dobro poznavali u svojoj mladosti.

Film je prikazan u salonu lijevo od ulaza pred publikom od nekih sedamdeset pet do sto ljudi. Bio sam nervozan jer sam znao da su jugoslavenski agenti u civilu još uvijek aktivni u gradu. Ante Beljo je pak bio gospodin Smireni. On je zapravo uvijek bio gospodin Smireni. Bez obzira je li to bilo prije mnogo godina kada smo Tolstoja vozili po Torontu tražeći restoran u kojem ćemo ručati ili kasnije kada smo prelazili rijeku Savu iz Hrvatske u Bosnu za vrijeme rata, nikad nisam vidio Belju uzrujanog ili uznemirenog. Njegov smireni pristup ulijevao mi je povjerenje. Za vrijeme prikazivanja filma bilo je očekivanih upadica i prekida, što mi je potvrdilo da su neki od prisutnih u publici imali skrivene namjere. Uglavnom iz pozadine salona, čula su se dobacivanja projugoslavenskih huškača: „Laži! Laži!". Bez obzira na to, prikazivanje filma dobro je prošlo i bilo je popraćeno pristojnim pljeskom prije nego su se ponovno upalila svjetla. Ipak smo u svibnju 1991. godine još uvijek bili u Jugoslaviji. Vraćajući se

ZA HRVATSKU MOJE BAKE

pješice natrag u hotel Palace gdje sam odsjeo, prošao sam pored nekoliko jugoslavenskih vojnika koji su stajali na ulazima uz ulicu s puškama na ramenu. Referendum za Hrvatsku koji je održan 19. svibnja 1991. godine odvijao se za nekoliko dana te se u gradu osjećala nervoza. Hrvatska se pripremala za glasovanje o vlastitoj neovisnoj državi nakon stoljeća koja je provela pod stranim vladarima. Rat za neovisnost uslijedit će za samo nekoliko mjeseci. Život u Hrvatskoj nikada više neće biti isti kao prije.

Koliko je meni poznato, Franjo Tuđman nikada nije razgovarao s nekim od povjesničara ili filmaša o tome što je kao bivši jugoslavenski general znao o Bleiburškoj tragediji. No, kao što sam već objasnio u prethodnom poglavlju, Tuđman je bio prvi dužnosnik koji je koristio državne resurse pokušavajući educirati hrvatsku javnost o tome što se zaista dogodilo na Bleiburgu. On je bio pozadinska pokretačka snaga za organiziranje komemoracije povodom pedesete obljetnice Bleiburške tragedije. Bilo je teško vjerovati da je od mog prvog susreta s njim u Detroitu i govorničke turneje koju je organizirao u svibnju 1995. godine prošlo samo sedam godina. Prema Tuđmanovim naputcima, Ante Beljo me pozvao na govorničku turneju po Hrvatskoj i Hercegovini zajedno s Nikolajem Tolstojem, Antom Beljom i nekolicinom Britanaca koji su zbog prigovora savjesti radili u raznim repatrijacijskim logorima koje je britanska vojska koristila u južnoj Austriji u proljeće 1945. godine.

Govornička turneja započela je u Zagrebu u zgradi Hrvatskog sabora. Ono što sam toga dana rekao dok sam stajao za govornicom u zgradi Sabora, izazvalo je određeno nezadovoljstvo među britanskim sudionicima. Nakon godina proučavanja i provođenja intervjua o britanskom suučesništvu u prisilnim repatrijacijama muškaraca, žena i djece, sa sigurnošću sam izjavio: „Britanci ne samo da su zakrvarili ruke, već imaju krvi do laktova". Prihvativši sudjelovanje, Britanci su stekli dojam da će naglasak biti na ratnim zločinima koje su počinili partizani. Suvišno je reći da im se nije svidjela osuda njihovih sunarodnjaka koji su bili krivi kao suučesnici u ratnim zločinima Titovih partizana. Izrazito burnu reakciju izazvalo je to što sam imenom i prezimenom spomenuo Nigela Nicholsona. Gerald Draper, tužitelj na Savezničkom sudu za ratne zločine počinjene u Drugom svjetskom ratu, rekao je to isto u odgovoru na hipotetsko pitanje. Kada sam rekao da mu treba suditi kao ratnom zločincu zbog uloge koju je kao obavještajni časnik britanske Osme armije odigrao u prisilnim repatrijacijama, samo sam imenovao jednog od počinitelja. Jedan od britanskih sudionika, John Corsellis, zaprijetio je da će napustiti govorničku turneju u znak protesta protiv onoga što sam rekao. Tolstoj i Beljo ipak su ga uspjeli nagovoriti da ostane. Nakon tog događanja u zgradi Sabora, autobusima su nas odveli u Ured predsjednika na susret i ručak s predsjednikom Tuđmanom.

John Corsellis, koji je zbog prigovora savjesti bio raspoređen u izbjegličke kampove u Viktringu u svibnju i lipnju 1945., se u autobusu na putu prema Uredu predsjednika još uvijek ljutio na mene. Nakon što me optužio da radim za hrvatsku obavještajnu službu, rekao je: „Ja sam za Imperijalni ratni muzej transkribirao intervjue koje ste Vi snimili s Nigelom Nicholsonom." Glasno je govorio: „Znam da Vam je Nicholson ispričao o situaciji u kojoj je spasio tisuće civila od repatrijacije. On [Nicholson] je također bio izrazito važan za objavljivanje većine tih informacija u javnosti." Pokušao sam mu mirno objasniti razloge zbog kojih sam to rekao o Nicholsonu: „Da, sve je to točno. Ako ste pak slušali moje intervjue i razgovore s njim, vjerojatno se sjećate da je on priznao da je sudjelovao u slanju desetaka tisuća Hrvata u sigurnu smrt. Osim toga, činjenica da je pomogao u otkrivanju istine može jedino utjecati na visinu kazne ukoliko mu se sudi i dokaže krivnja. To ni na koji način ne utječe na to treba li on biti optužen za ratne zločine ili ne." Corsellis nije slušao ništa od onoga što sam govorio te me je nastavio kritizirati cijelo vrijeme dok smo se vozili autobusom. Na kraju, kada smo već bili blizu ulaza u Ured predsjednika, nisam više mogao slušati njegov anglosaksonski ispad bijesa. Okrenuo sam se i izrazito grubo mu uzvratio: „Slušajte, ono što morate znati je da sada niste u Engleskoj. Nalazite se u Hrvatskoj, i nemojte to zaboraviti."

ZA HRVATSKU MOJE BAKE

Nakon toga nismo više razmijenili niti jednu jedinu riječ sve do kraja turneje po Hrvatskoj.
Danas je u Hrvatskoj teško pronaći nekoga tko nije čuo za Bleiburg. Komemoracije Bleiburške tragedije organiziraju se svake godine u svibnju u malom austrijskom gradu koji će zauvijek biti povezan s tragičnim događajima iz 1945. godine. Manje komemoracije održavaju se u različitim mjestima u Sloveniji i Hrvatskoj, primjerice u Macelju, gdje su žrtve marševa smrti i lokalni civili ubijeni i pobacani u masovne grobnice. Te se masovne grobnice nalaze u prirodnim jamama širom Hrvatske i Slovenije. U nekim su mjestima uobičajene godišnje procesije do različitih masovnih grobnica, gdje se služi katolička sv. misa na kojoj se osuđuju i fašizam i komunizam kao sustavi koji ne poštuju božje dostojanstvo svakog pojedinca.
Nakon više od nekoliko desetljeća, još uvijek postoji interes za intervjuima koje sam vodio s preživjelim Hrvatima i časnicima britanske vojske. Filmaši i povjesničari redovito me kontaktiraju u vezi originalnih intervjua od prije trideset godina. Bilo mi je izrazito zadovoljstvo kada su me kontaktirati s televizije Laudato TV iz Hrvatske i tražili dopuštenje za korištenje primarnih izvora koje još uvijek posjedujem.
Laudato TV producirala je film *Magnum Crimen* koji se bavi Bleiburškim masakrima i marševima smrti. Film je jedinstven zato što su ga producirali hrvatski filmaši koji žive u Republici Hrvatskoj. Uz moje izvorne intervjue, mlada hrvatska filmašica Nada Prkačin koristila je nove snimke koje je prikupila na različitim mjestima iskapanja u cijeloj Hrvatskoj. Prkačin je također koristila različite povjesničare, hrvatske političare i one koji su preživjeli Bleiburg i žive u Hrvatskoj kako bi ispričali tragičnu priču iz jedinstvene hrvatske perspektive. Bio sam oduševljen što su mladi hrvatski filmaši koji žive u Hrvatskoj nastavili tragati za istinom jer se nove činjenice o Bleiburgu i marševima smrti stalno otkrivaju.
Važno je znati da je hrvatska neovisnost u trenutku premijere moga filma te večeri u svibnju 1991. godine bila izrazito upitna i neizvjesna. Dugačak i krvav rat već se nazirao. Iako u tom

Bleiburška tragedija

trenutku možda nije bilo jasno da je rat neizbježan, bio sam uvjeren da neuspjeh stvaranja vlastite nacionalne države nije bio opcija nakon što Hrvatska proglasi neovisnost. Ako Hrvatska želi izbjeći genocid znatno većih razmjera od onog koji je iskusila nakon završetka Drugog svjetskog rata, ona mora najprije osigurati svoju slobodu.

ZA HRVATSKU MOJE BAKE

Michael Palaich
44890 Kemp
Utica, Mich 48087
U S A

Imperial War Museum
Lambeth Road
London SE1 6HZ

Telephone 01-735 8922
Fax 01-587 5134

PS/FILM/TS
17 July 1989

Dear Mr Palaich

With reference to your interview material - video recordings and transcripts - of those involved in the repatriation of Croatians in 1945 and deposited with us.

This material remains your copyright and will only be made available for reference purposes within the Museum. If any other use is requested then they will be referred to you and nothing will be released without the Museum first obtaining your permission in writing. If copies of the material are released with your permission, then the Museum reserves the right to charge the user an appropriate access fee.

Yours sincerely,

Paul Sargent
Deputy Sargent
Department of Film

Intervjui s preživjelima pohranjeni u Britanskom imperijalnom ratnom muzeju

Bleiburška tragedija

Memorijalni spomenik hrvatskim žrtvama u Bleiburgu u Austriji

Most preko rijeke Drave u Lavamundu u Austriji

ZA HRVATSKU MOJE BAKE

Kapetan Colin Gunner, pripadnik britanske Osme armije, koji je svjedočio ubojstvima Hrvata koji su se predali u svibnju 1945. godine

5

Rat dolazi u Hrvatsku

NOVINARI, POLITIČARI I DIPLOMATI napisali su brojne knjige o raspadu Jugoslavije. Neke su bolje, a neke lošije. Budući da je ovo moj osobni prikaz događaja, odlučio sam ne osvrnuti se na sve čimbenike koji su doveli do propasti jugoslavenskog režima i ponajprije se usredotočiti na moje osobno iskustvo.
  Izgleda da je raspad Jugoslavije bio neočekivan za mnoge političare i novinare. Razlog tome postaje jasniji kada se u obzir uzmu predrasude koje su postojale desetljećima prije nego se režim raspao.
  Kao što sam već prethodno naveo, čak je i antikomunistički američki predsjednik Ronald Reagan činio ustupke Jugoslaviji zbog njenog geopolitičkog položaja u svijetu. Reagan jednostavno nije doživljavao Jugoslaviju kao prijetnju jer ju nije smatrao dijelom „međunarodnog komunističkog bloka" poput Sovjetskog saveza i njegovih marionetskih država. Amerika, a vjerujem i većina vlada zapadnih zemalja, doživljavala je Jugoslaviju kao neovisnu komunističku državu od Titovog razlaza sa Staljinom 1948. godine.

ZA HRVATSKU MOJE BAKE

Staljin je pozvao Tita u Moskvu 1948. godine, no Tito je odbio, vjerujući da je to samo izlika za njegovo ubojstvo. U znak odmazde, Tito je započeo s progonima prostaljinistički orijentiranih neprijatelja u Jugoslaviji, zatvarajući one za koje je vjerovao da su lojalni Staljinu. Zapadne zemlje, a posebice Sjedinjene Američke Države, vidjele su u tome priliku za uspostavljanje tampon zone između zapada i Sovjetskog saveza te su poticale Titov raskol sa Staljinom.

Zapadnim se vladama ideja da Jugoslavija bude tampon zona sa Sovjetskim savezom jako svidjela, no još se više svidjela novinarima i pripadnicima akademske zajednice na zapadu. Mi koji smo znali kakvo je pravo stanje u Jugoslaviji patili smo zbog novinskih članaka u kojima se Jugoslaviju desetljećima prikazivalo u jako lijepom svjetlu. Dovoljno je pregledati arhive bilo koji zapadnih novina, posebice nakon 1948. godine, kako bi se pronašlo oduševljene članke i reportaže u kojima se Jugoslaviju opisuje kao puno slobodniju državu u odnosu na njene tiranske komunističke susjede. Raspjevane grupe u narodnim nošnjama pozdravljale su novinare čim bi stigli na jugoslavensko tlo, što je novinare oduševljavalo. U novinskim se člancima objašnjavalo građanima zapadnih zemalja da svi građani Jugoslavije vole svoga vođu Josipa Broza Tita. Naravno, u svojim su člancima novinari priznali da je on „autoritativan", pa možda čak i neka vrsta „diktatora", no objašnjavali su kako je to nužno da bi se narode među kojima vlada „krvna osveta" spriječilo u nastavljanju „stoljećima starih etničkih sukoba". Pisali su da Tito radi na očuvanju mira i da ga „jugoslavenski narod" zbog toga obožava. Često su pisali i da vlasnici dućana u Jugoslaviji svoju privrženost Titu izražavaju isticanjem Titovih slika u izlozima svojih dućana. To im je bio dovoljan dokaz da ljudi obožavaju svog diktatora.

Oni, naravno, nisu nikada saznali ništa, niti su željeli saznati išta o ubojstvima Hrvata i drugih unutarnjih neprijatelja nakon Drugog svjetskog rata. Nikada nisu pokušali saznati ništa o političkim zatvorima u Lepoglavi, na Golom otoku ili u Staroj Gradišci, gdje se zatvorenike tuklo, izgladnjivalo i ubijalo. Ljudi su završavali u jednom od tih zloglasnih zatvora zbog sitnica, kao

Rat dolazi u Hrvatsku

što su pričanje viceva o Titu u javnosti ili pjevanje hrvatskih domoljubnih pjesama.
 Kada su građani Hrvatske 19. svibnja 1991. godine na referendumu pod nazivom „Referendum za Hrvatsku " proglasili svoju neovisnost od Jugoslavije, bio je to trenutak ushićenja za one koji su se desetljećima borili za hrvatsku neovisnost. To je u isto vrijeme bio i trenutak prožet neizvjesnošću. Jugoslavija je desetljećima gradila svoj međunarodni ugled među političarima, novinarima i pripadnicima akademske zajednice, a jugoslavenski su predstavnici uspostavili osobne i političke odnose sa svim srodnim organizacijama. S druge pak strane, borci za hrvatsku slobodu bili su uspješno obilježeni kao fašisti i teroristi od strane Jugoslavije i uz pomoć zapadnih novinara. Dio krivnje za takav ugled snose i sami Hrvati. No, velika većina Hrvata koja je zahtijevala veću slobodu od Jugoslavije bili su jednostavno ljudi koji su htjeli ostvariti svoja neotuđiva ljudska prava. Htjeli su isto pravo na samoodređenje koje su imali drugi ljudi. Htjeli su imati pravo izjasniti se Hrvatima i govoriti svoj vlastiti jezik, bez da ih se pritom obilježi kao „državne neprijatelje". Željeli su svoje vlastite sudove, svoje vlastite suce i svoje vlastite policijske snage. I na kraju krajeva, željeli su svoju vlastitu vojsku koja će ih braniti, bez da moraju moliti za pomoć strane vlade.
 Mi koji smo se godinama borili protiv jugoslavenske propagandne mašinerije znali smo da će pobjeda u informativnom ratu možda biti jednako važna kao i pobjeda u krvavom ratu na koji će Hrvatska biti prisiljena. Znali smo da će Jugoslavija pokrenuti svoje ogromne političke i propagandne resurse u paralelnom informativnom ratu protiv Hrvatske. Njihov propagandni rat vodila je njihova središnja novinska agencija, Telegrafska agencija nove Jugoslavije, TANJUG u svojim uredima širom svijeta. Uz TANJUG, jugoslavenske obavještajne agencije angažirale su pomoć srpskih građana u dijaspori kako bi oni utjecali na zapadne političare u zemljama u kojima su živjeli i boravili. Dvije takve organizacije u Americi bile su SERBNET sa sjedištem u Chicagu i Kongres srpskog jedinstva sa sjedištem u području zaljeva San Francisco. Jugoslaveni i Srbi uključeni u

propagandni rat protiv Hrvatske pokazali su se agilnim protivnicima.

Većini ljudi na zapadu uskoro je postalo jasno da Srbi i Jugoslaveni nemaju opravdanja za genocidnu agresiju prema svojim susjedima. Njihovi preventivni napadi širom Hrvatske kako bi se „zaštitila srpska manjina" bili su najobičnija strategija zauzimanja teritorija, koja će ponovo biti na djelu desetljećima kasnije, kada su je Rusi primijenili na Krim. U trenutku kada je ta strategija postala očita i zapadnim političarima i novinarima, Srbi su je promijenili.

Propagandni dio jugoslavenske ratne mašinerije započeo je ratove, odnosno jugoslavensko-srpsku agresiju, nazivati „građanskim ratovima" ili „ratovima koji se temelje na stoljećima starim etničkim sukobima". Jugoslavenski glasnogovornici nerado su priznavali: „Da, to je strašan i krvavi rat, ali to je ipak rat za kojeg su svi podjednako krivi." Inzistirali su na tome da su svi „zakrvavili ruke". Logika njihove strategije bila je ta, da ako nema počinitelja genocida, onda ne može biti ni žrtava. Učinkovito su koristili tu promjenu strategije kako bi ublažili sve veću količinu bijesa i nezadovoljstva zbog njihovih genocidnih postupaka.

Uz pripreme za propagandni rat, bilo je potrebno pomoći Hrvatskoj da se obrani od vojne agresije Jugoslavenske narodne armije. Stručnjaci su tvrdili da je u vrijeme hrvatskog referenduma za neovisnost JNA bila četvrta najveća vojna sila u Europi.

Slanje oružja

Nedavno me prijatelj pitao kako sam uspio steći povjerenje različitih političkih skupina koje su bile uključene u pokret za slobodu Hrvatske. Nikada prije nisam razmišljao o tome, no mislim da je odgovor jednostavan. Bio sam učinkovit, nisam postavljao pitanja i nisam puno pričao.

Primjerice, iako sam osobno upoznat s nekim aspektima krijumčarenja oružja i opreme za noćno gledanje u Hrvatsku, ostale detalje znam samo površno. Možda znam kako je oružje došlo iz SAD-a u Kanadu, ali ne znam ime djelatnika na odjelu

Rat dolazi u Hrvatsku

prtljage u zračnoj luci Pearson u Torontu koji je za nas oružje ukrcavao u zrakoplove. Također ne mogu sa sigurnošću reći tko je bio zadužen za organiziranje naše suradnje s hrvatskim ministrom unutarnjih poslova prije raspada Jugoslavije. Riječ je o tome da sam odavno naučio ne postavljati previše pitanja. Na samom početku sam zauzeo stav da trebam i želim znati podatke samo o onim akcijama u koje sam bio uključen. U mlađim danima za vrijeme obavještajne obuke, dok sam služio u američkoj mornarici, mi smo to nazivali „znam samo ono što je potrebno". Ta mi je disciplina uz zdravu dozu paranoje dobro služila svih ovih godina. Nikada o spornim aktivnostima nisam razgovarao telefonom, osim ako mi je cilj bio širiti lažne informacije agencijama za koje sam vjerovao da prisluškuju moje razgovore. Nikada nisam pričao o niti jednoj ozbiljnoj temi kod kuće zbog straha da se negdje u mom domu nalaze uređaji za prisluškivanje. Umjesto toga koristio sam šetnje po kvartu, iako sam uvijek bio svjestan da se i takvi razgovori mogu nadzirati pomoću paraboličnih mikrofona. Današnji uređaji za prisluškivanje su tako sofisticirani i neupadljivi da ih većina ljudi ne bi prepoznala, čak i da ih vidi. Prošla su vremena u kojima su tehničari morali ući u vaš dom kako bi ugradili elektroničke uređaje za prisluškivanje privatnih razgovora unutar kuće. Jednom kada se uređaji za prisluškivanje postave, oni se, kada se ne koriste, mogu deaktivirati na daljinu, zbog čega ih je nemoguće otkriti starom metodom traženja.

Osim što nisam bio upoznat sa svim detaljima aktivnosti u koje sam bio uključen, nisam znao i još uvijek ne znam sve detalje o drugim operacijama krijumčarenja oružja koje su se odvijale širom svijeta kako bi Hrvatska dobila priliku izboriti pobjedu u ratu. Jedna od najhrabrijih operacija krijumčarenja u koju nisam bio uključen, a koju su izveli Hrvati, uključivala je prijenos tisuća tona naoružanja iz Argentine u Hrvatsku u razdoblju od 1991. do 1995. godine. *New York Times* je 5. srpnja 2001. godine izvijestio da je uspješna operacija krijumčarenja dovela čak i do podizanja optužnice protiv bivšeg argentinskog predsjednika Carlosa Menema 2001. godine. Optužen je za

ZA HRVATSKU MOJE BAKE

kršenje embarga Ujedinjenih naroda na izvoz oružja u republike bivše Jugoslavije. Ja se nikada nisam raspitivao o toj operaciji te imam samo određene pretpostavke o tome tko je od mojih prijatelja bio uključen.

Operacija krijumčarenja oružja i opreme za noćno gledanje u koju sam bio uključen prije 1991. godine bila je relativno mala u odnosu na pošiljke iz Argentine. Bila je to samo jedna manja operacija uz čitav niz većih koje su se istovremeno organizirale širom svijeta. O jednoj neuspješnoj epizodi u Njemačkoj koja je završila loše za mene bit će riječ nešto kasnije.

Ubrzo nakon što su Hrvati izglasali neovisnost 19. svibnja 1991. godine oružje je počelo stizati u glavni grad Hrvatske preko zagrebačke zračne luke. Morate znati da se to odvijalo čak i dok su Jugoslavenska narodna armija i carinska uprava još uvijek imale kontrolu nad zračnom lukom. Iako je Hrvatska proglasila svoju neovisnost, u ratu za tu neovisnost tek je trebalo pobijediti. Jugoslavenski režim još je uvijek kontrolirao sve aspekte jugoslavenske savezne vlade, što je uključivalo i zračne luke. Postojala je naravno suradnja između nas koji smo slali oružje i onih u Hrvatskoj koji su ga spremno dočekivali. Preuzimanje oružja moglo je biti uspješno isključivo ako se na neki način uspjelo zaobići kontrolu prtljage u zagrebačkoj zračnoj luci. To se odvijalo tako da se oružje iskrcavalo iz zrakoplova u suradnji s Ministarstvom unutarnjih poslova. Opći dogovor za njihovu pomoć bio je da MUP ima pravo zadržati po jedan komad za svaka tri komada oružja koja prođu preko zagrebačke zračne luke. To je nama bilo prihvatljivo jer smo znali da će svaki komad oružja, bez obzira tko ga koristi, biti korišten protiv JNA-a u borbi za hrvatsku neovisnost. Tu vrstu zapljene MUP-a smatrali smo donacijom za našu „stvar". Ta se praksa u znatno većem opsegu nastavila i kasnije, kada su vlade stranih država, primjerice Saudijske Arabije, oružje namijenjeno Bosni i Hercegovini slale preko Hrvatske. Prema podacima objavljenim u članku *Washington Posta* 2. veljače 1996. godine te su se pošiljke dostavljale uz „obaviještenost i prešutnu suradnju SAD-a".

Rat dolazi u Hrvatsku

U našem slučaju, jedan je od načina bio da netko u odjelu prtljage u zračnoj luci u Torontu ukrca oružje u zrakoplov za Zagreb, bez da prođe uobičajenu službenu proceduru. Na torbama se nalazila identifikacijska oznaka koju su mogli prepoznati samo službenici MUP-a u Zagrebu kada bi torbe stigle. Imali smo upravo takvu osobu koja je radila u odjelu za prtljagu u zračnoj luci Pearson u Torontu. Čovjek je bio Hrvat te je, bez obzira na visoki rizik, bio spreman na taj način pomoći svojoj zemlji. Oružje smo kupovali za gotovinu u SAD-u. Izložbe oružja bile su i još uvijek su vrlo popularne među zaljubljenicima oružja u Americi. Tu proizvođači i distributeri izlažu svoje proizvode te se kupnja katkada može obaviti bez uobičajene popratne papirologije.

Jedan od ranih načina prijenosa pušaka iz SAD-a u Kanadu s kojim sam upoznat bio je izrazito opasan. Taj je način uključivao stavljanje oružja u prtljažnik automobila te prelaženje granice koja odvaja Detroit od Kanade. Iz Detroita postoje dva granična prijelaza, jedan kroz tunel ispod rijeke Detroit i drugi preko mosta Ambassador. Riječ je o službenim graničnim prijelazima sa službenicima savezne carinske uprave sa svake strane granice. Moguće je prijeći granicu nekoliko puta bez da vas pritom zaustave sumnjičavi carinski djelatnici radi rutinske provjere vozila. S druge strane, može se dogoditi da carinski djelatnici u isto vrijeme zaustave nekoliko vozila radi kontrole. Osim toga, Kanada ima izrazito stroge zakone o oružju. Biti uhvaćen prtljažnika punog pušaka AR-15 ili AK-47 znači dugu zatvorsku kaznu. Ta opasna praksa ni u kojem slučaju nije preporučljiva, posebice ako se radi o ljudima koji ne mogu ostati mirni pod pritiskom. Problem je što u takvim situacijama ne postoji način da osoba nauči kontrolirati prirodne reakcije tijela na stres i strah. Pojedinci mogu naučiti učinkovito lagati. Pojedinci mogu čak predvidjeti svako ispitivačko pitanje koje carinski djelatnik može postaviti. Ali ne postoji brz i jednostavan način učenja kako kontrolirati biološke reakcije tijela koje nastaju kada se polako približavate kontroli na granici, vozeći prtljažnik pun pušaka čiji je krajnji cilj Europa. Bez prethodnog iskustva koje sam stekao odgovarajući na pitanja agenata FBI-a ili

ZA HRVATSKU MOJE BAKE

krijumčarenjem kovčega punih video kazeta preko jugoslavenske granice samo nekoliko mjeseci prije toga, siguran sam da ne bih bio uspješan u prikrivanju nervoze dok sam ulazio u Kanadu s oružjem. I kao da to nije bilo dovoljno opasno samo po sebi, jednom prilikom su neke od pušaka bile automatske strojnice. Bilo je ilegalno posjedovati tu vrstu oružja čak i u SAD-u, gdje su zakoni o oružju znatno liberalniji. Osobe koje su bile proglašene krivima za posjedovanje automatskih pušaka čekale su duge zatvorske kazne. Svi smo zaključili da je previše rizično nastaviti krijumčariti oružje za Hrvatsku na taj način. Svima nam je bilo jasno da će nas u jednom trenutku sreća jednostavno napustiti.

Otkrili smo manje opasan način krijumčarenja u Kanadu. Nova metoda uključivala je krijumčarenje čamcima iz Detroita u Windsor preko rijeke Detroit. Desetljećima prije toga, za vrijeme prohibicije, krijumčari alkoholom krijumčarili su preko te iste rijeke iz Kanade u Detroit koristeći brze motorne čamce. Mi smo koristili nešto drukčiju varijantu te metode. S obje strane rijeke iznajmili smo motorne čamce od ovlaštenih kompanija. Te su kompanije redovito iznajmljivale čamce sportskim ribičima, koje se često moglo vidjeti kako pecaju uz rijeku. Svaki je čamac bio označen slovima i brojkama koji su označavali kojoj strani rijeke čamac pripada. Bilo bi previše sumnjivo da krijumčari unajme čamac u Detroitu i iskrcaju robu na kanadskoj strani koristeći isti čamac. Budući je to međunarodna granica, rijekom često patroliraju brodovi obalne straže i policije čija je zadaća sprječavanje krijumčarenja.

Zbog toga su uvijek bile prisutne dvije skupine Hrvata, koji su bili odjeveni kao ribiči i potpuno opremljeni tradicionalnom opremom za pecanje. Jedna bi skupina iznajmila čamac na kanadskoj strani granice, a druga na američkoj. Na dogovorenom mjestu, primjerice na poznatom otoku Belle u Detroitu, i nakon što bi određeno vrijeme zaista pecali, čamci bi prošli jedan pored drugoga te bi se predmeti namijenjeni za Hrvatsku prebacili iz čamca koji je unajmljen u Detroitu u kanadski čamac. Nakon daljnjeg pecanja oba bi se čamca vratila

Rat dolazi u Hrvatsku

na svoje izvorne lokacije, a prokrijumčareni predmeti nastavili bi svoj put u Hrvatsku preko zračne luke u Torontu.

Jednom je prilikom hrvatsko Ministarstvo obrane izričito zatražilo dvije vrste opreme za noćno gledanje. Kao prvo, zatražili su takozvane „naočale za noćno gledanje treće generacije". Takve su naočale danas uobičajene u filmovima, no 1991. godine bile su vrlo rijetke. Bile su izrazito skupe te je bilo zabranjeno izvoziti ih iz SAD-a bez posebne dozvole. Kao drugo, zatražili su optiku za noćno gledanje koja se može ugraditi na snajpersku pušku, što omogućuje da se neprijatelja identificira i pogodi u potpunom mraku. Jednom prilikom je uz zahtjev stiglo nekih sedamdeset pet tisuća dolara u gotovini. Sjećam se tog svežnja novčanica jer je svaka prva novčanica u svežnju na sebi imala natpis na arapskom. Iako sam bio znatiželjan zašto je Hrvatska slala novčanice s arapskim natpisima nisam, kao i obično, postavljao pitanja. S tim smo novcem kupili najviše što smo mogli. Oprema za noćno gledanje je nakon toga čamcima, kao što je prethodno opisano, prokrijumčarena u Kanadu te zrakoplovom poslana u Zagreb, odakle ju je MUP proslijedio Hrvatskoj vojsci u nastajanju. Kasnije smo bili jako zadovoljni jer smo saznali da su hrvatski vojnici uspješno koristili optiku za snajperske puške i naočale u obrani hrvatskih gradova Osijeka i Vukovara.

1. rujna 1991. godine sve su operacije krijumčarenja naglo bile obustavljene. Toga je dana hrvatsko-kanadski poslovni čovjek iz Toronta, Anton Kikaš, pokušao s unajmljenim zrakoplovom u kojem je bilo 18 tona oružja tajno sletjeti u zagrebačku zračnu luku. Nije iznenađujuće što je jugoslavenska tajna policija unaprijed saznala za tu operaciju te pratila zrakoplov i puno prije nego je stigao u zračni prostor Jugoslavije. Gospodin Kikaš je odmah uhićen te je proveo tri mjeseca u zatvoru prije nego je hrvatska vlada uspjela dogovoriti razmjenu zarobljenika, u kojoj je Kikaš bio razmijenjen za visoko rangiranog generala Jugoslavenske narodne armije, Milana Aksentijevića, koji je bio pritvoren u Hrvatskoj.

Odgovor jugoslavenskog režima na taj fijasko bio je zatvaranje zagrebačke zračne luke za sve civilne letove. Iako smo

ZA HRVATSKU MOJE BAKE

se solidarizirali s gospodinom Kikašem i njegovim uhićenjem, kao što su to učinili svi domoljubni Hrvati, zatvaranje Kikaša i zatvaranje zračne luke nisu se mogli dogoditi u gorem trenutku. Sve do ponovnog otvaranja zračne luke u Zagrebu, jedini način za dopremanje oružja u Hrvatsku bio je preko susjednih zemalja.

Nisam dobro poznavao Antona Kikaša. Zapravo, samo sam ga jednom sreo prije uhićenja i to na sastanku u odvjetničkom uredu u jednom neboderu na Manhattanu u New Yorku. Moj dobar prijatelj Ante Čuvalo sazvao je sastanak. Bilo je prisutno desetak ljudi koji su predstavljali različite hrvatske domoljubne političke organizacije. Kikaša su predstavili kao hrvatskog poslovnog čovjeka iz Toronta, no on je bio jedini od prisutnih koji, prema mojim saznanjima, nije bio otvoreno aktivan u hrvatskoj politici. Pretpostavio sam da je dobar Hrvat, inače ga Čuvalo ne bi bio ni pozvao na taj sastanak. U isto vrijeme sam bio uvjeren da je Kikaš pozvan jer je bio poznat kao imućan poslovni čovjek. Vjerojatno je postojala nada da će on financirati planove koji se dogovore toga dana. No, to su sve bile samo moje pretpostavke. Budući da sam naučio ne postavljati pitanja, nikada se nisam raspitivao o razlogu zašto je on pozvan na taj sastanak u New Yorku. Iskreno govoreći, vrlo sam malo komunicirao s Kikašem prije, za vrijeme i nakon sastanka. Znao sam da je povijest pokazala da su imućni ljudi nužni dio svake uspješne revolucije, ali se osobno nisam osjećao ugodno u njihovom društvu. Po mom mišljenju, Kikaš je jednostavno trebao financirati tu operaciju te njezino provođenje povjeriti ljudima s iskustvom u tom području. Vjerujem da je Kikaš imao dobre namjere, ali je bio previše naivan, misleći da će uspjeti sletjeti s angolskim zrakoplovom 707 punim oružja u zračnu luku koja je bila pod devedeset pet postotnom kontrolom neprijatelja. Bili smo uspješni u unošenju malih količina oružja i opreme preko zračne luke jer smo pritom imali posla sa samo pet posto ovlaštenih djelatnika nad kojima smo imali kontrolu. Ali Kikašu je bilo nemoguće proletjeti ispod jugoslavenskih radara s Boeingom 707 punim oružja.

U svakom slučaju, nakon 1. rujna 1991. godine međunarodna zračna luka Zagreb bila je zatvorena, što je imalo

Rat dolazi u Hrvatsku

ogroman utjecaj na sve pošiljke oružja za Hrvatsku. To je utjecalo i na Hrvate i na strance koji su se željeli boriti za neovisnu Hrvatsku, odnosno na način na koji su nakon toga morali ulaziti u zemlju.

Kada smo Pero Ivčec, Marko Stipaničić, Ante Pranić, Božo Čačić i ja osjetili dužnost otputovati u Hrvatsku 21. listopada 1991. godine kako bismo Hrvatskoj izravnije pomogli u ratu za neovisnost, morali smo najprije letjeti u neku drugu europsku zemlju i nakon toga autobusom otići u Hrvatsku, prenoseći oružje iz Sjeverne Amerike. Od petorice nas koji smo tog dana u listopadu putovali s oružjem, trojica su bila uhićena u Londonu. Mene su uhitili u Frankfurtu nakon što sam se iskrcao s leta broj 51 iz Detroita kompanije Northwest Airlines. Ante Pranić je bio jedini koji je uspio doći u Hrvatsku s oružjem. Mi ostali stigli smo u Hrvatsku praznih ruku. Ja sam, pak, bio jedini koji će snositi dugoročne posljedice zbog krijumčarenja oružja u Europu. Njemačka policija uhitila me 22. listopada 1991. godine na osnovi optužnice za krijumčarenje oružja, što je uzrokovalo čitav niz pravnih postupaka koje je američka vlada kasnije poduzela protiv mene. Sljedećih sedam i pol godina proveo sam suočavajući se s posljedicama tog uhićenja.

Fotografija njemačke policije: jedna od oduzetih pušaka s noćnom optikom

6

Uhićenje u Njemačkoj

„ŠTO IMATE za prijaviti?", upitao me njemački carinik dok sam se približavao šalteru. „Imam dvije lovačke puške i streljivo", glasio je moj naivno arogantni odgovor. Bio sam toliko siguran da imam zakonsko pravo unošenja oružja u Njemačku da nisam niti pokušao sakriti činjenicu da su u mojoj prtljazi puške u originalnim pakiranjima sa zaštitnom spužvom. „Što?", ponovo je upitao. Ovoga puta je s obzirom na njegov glas i način ponašanja bilo jasno da me neće tek tako pustiti da prođem carinu. Bez obzira na to pokušao sam zadržati mirnoću i samouvjereno sam ponovio: „Dvije puške i streljivo." „Otvorite!", nervozno je povikao te sam ga poslušao. Siguran sam da se u zračnoj luci u tom trenutku nisu oglasili alarmi, no nastala je ogromna strka. Alarmi su se polako počeli javljati jedino u mojoj glavi. Carinski službenik na njemačkom je dozivao pomoć. Ostali putnici oko mene počeli su me zaprepašteno gledati kao da sam opasan luđak.

Iznenada su se pojavili nadređeni službenik i nekoliko službenika u civilu. Skupili su sve moje stvari i odveli me u

ZA HRVATSKU MOJE BAKE

obližnju prostoriju. Otvarali su jedan po jedan dio moje prtljage i vadili sve što je bilo unutra. „Zasto unosite te stvari?", upitali su. „Idem u lov." „Idete u lov u maskirnim uniformama?", pitali su dalje. Iznenadio me njihov interes za maskirnu odoru. Očekivao sam da će mi postaviti više pitanja o oružju i streljivu. „Da", odgovorio sam. Američki lovci često koriste maskirne odore za lov. Tada su promijenili smjer ispitivanja. „S kim putujete? Koliko vas je ovdje?" Objasnio sam da sam sam. To je dovelo do sljedećih pitanja: „Gdje cete ici u lov u Njemackoj? Tko ce Vas pokupiti u zracnoj luci? Kako on izgleda?" U tom mi je trenutku postalo jasno da me neće tako brzo pustiti. Odlučio sam zaštiti svog prijatelja Antu, nadajući se da on neće biti uhićen. Odgovorima sam ih pokušao navesti na krivi trag. „Putujem sam", ponovio sam. „Trebao bih ići u lov u Njemačkoj s ovim puškama, ali ne znam ni gdje ni s kim. Netko bi me trebao dočekati na terminalu držeći u rukama papir s mojim imenom. Vozač koji zna moje ime bi me trebao odvesti u lovački dom. To je sve što znam." Nakon što sam to rekao, dvojica carinika u civilu otrčali su u nepoznatom smjeru. Pretpostavljam da su otišli tražiti nekoga tko drži moje ime napisano na listu papira. Vratili su se nekih dvadeset minuta kasnije, izrazito ljuti i zadihani. Nakon što su pretražili terminal, nisu našli nikoga tko drži papir s mojim imenom. Počeli su agresivnije kopati po mojoj prtljazi. „Idete u lov s balistickom kacigom?", upitali su. „Zasto Vam treba nocna optika za lov? Zasto Vam trebaju naocale za nocno gledanje? Bajunete! I s bajunetama idete u lov?", upitao je sarkastično. Shvatio kako moja objašnjenja zvuče smiješno.

 Vjerojatno su pozvali nekog od američkih vojnika da dođe pogledati puške i razgovarati sa mnom jer su se uskoro iza šaltera pojavila dvojica mladih dočasnika Američkih zračnih snaga. „Što se događa?", upitali su. „Ne znam. Upravo sam došao u Njemačku kako bih malo išao u lov, a ovi ovdje me tretiraju poput terorista jer imam nešto maskirne odjeće. Možete li im samo objasniti da u Americi lovci nose maskirnu odjeću te da to nije odora?"

Uhićenje u Njemačkoj

Objasnili su da su stacionirani u jednoj od obližnjih baza i da nemaju puno veze s takvim stvarima. „Nijemci su samo htjeli da pogledamo Vaše oružje i razgovaramo s Vama." Tada su otišli. Nakon tih razgovora carinici u civilu stavili su mi lisice te me posjeli na zadnje sjedalo malog europskog policijskog vozila. Moju su prtljagu stavili u prtljažnik i odveli me u drugi ured koji se također nalazio u zračnoj luci. Smjestili su me u mali pritvor s drvenom klupom i jednom dekom. Sjedio sam tamo satima na hladnoći, nadajući se da ću dobiti još deka.

Kada su se carinici konačno vratili, izvukli su me iz ćelije i smjestili na stolicu ispred njihova stola u susjednom uredu. Ispred sebe su imali moj adresar. Listajući ga, jedan od njih je rekao: „Mi nismo glupi. Mi znamo zasto ste ovdje." To nije bilo iznenađujuće jer bi svatko tko barem nešto zna o ratnim vremenima u Hrvatskoj 1991. godine bio prepoznao neka od imena u tom adresaru, kao što su Franjo Tuđman, Gojko Šušak i Dobroslav Paraga. Bilo mi je jasno da oni znaju zašto putujem kroz Njemačku. Znali su da putujem kako bih se pridružio Hrvatskoj u ratu. Ono što u tom trenutku nikako nisam mogao znati bilo je što će oni učiniti sa mnom. U vrijeme uhićenja bio sam uvjeren da će me zadržati u njemačkom zatvoru i suditi mi zbog krijumčarenja oružja. Zamišljao sam da će taj proces trajati mjesecima. Imajući to na umu, odlučio sam da im neću dobrovoljno dati nikakve daljnje informacije koje bi im pomogle da podignu optužnicu protiv mene. Tada je jedan od službenika uzeo moju pušku AR-15 te počeo na nju postavljati noćnu optiku. „Vama treba ta nocna optika za lov?", upitali su. „A ova bajuneta, ona Vam također treba?", pitali su, postavljajući bajunetu na pušku. Odgovorio sam sliježući ramenima. „A cemu sluze ove stvari?" Upitali su držeći u rukama neke metalne dijelove. „To su rezervni dijelovi za pisaću mašinu koje me prijatelj zamolio da mu donesem", odgovorio sam. To su zapravo bili znatno opasniji dijelovi oružja za koje sam znao da bi me mogli dovesti u još ozbiljnije probleme ukoliko se otkrije njihova svrha. Ti su se dijelovi koristili za pretvaranje poluautomatske puške AR-15 i karabina M1A1 u automatske strojnice. Budući da su pitanja

ZA HRVATSKU MOJE BAKE

postala puno detaljnija, odbio sam išta više reći. Moj odgovor na svako sljedeće pitanje bio je isti: „Ne želim ništa više reći bez prisustva odvjetnika". Svako moje odbijanje činilo ih je sve nervoznijima. Međutim, tada sam već bio svjestan da je najbolja strategija preživljavanja ništa ne govoriti. Naučio sam ne bojati se policijskog ispitivanja. Nakon otprilike pola sata doveli su prevoditeljicu da im pomogne u ispitivanju. Prevoditeljica je bila mlada i zgodna, a ja sam u to vrijeme bio prilično atraktivan tridesetsedmogodišnjak. Pokušavajući si olakšati nezavidnu situaciju u kojoj sam se nalazio, počeo sam lagano koketirati s njom dok smo razgovarali. Započela je izrazito profesionalno, postavljajući mi pitanja na engleskom prema uputama carinika, koji su postajali sve ljući jer sam i dalje odbijao odgovarati. Na kraju, dok su policajci međusobno razgovarali, prevoditeljica mi je tiho na engleskom rekla: „Znate, ne morate ništa reći bez prisustva odvjetnika, ako ne želite". Tada su carinici počeli vikati na nju na njemačkom. Ne razumijem njemački, no uspio sam shvatiti da su joj govorili da je njezin jedini posao postavljati pitanja koja joj oni kažu i ništa drugo. Nije mi smjela ništa reći te su je poslali van iz sobe. U tom trenutku je ispitivanje završilo. Mene su vratili natrag u pritvor na duže vrijeme.

    Nakon što su me drugi puta izvukli iz ćelije, primijetio sam da se njihov način ponašanja promijenio. Ispred njih se nalazio komad papira s dužim natipkanim tekstom. Rekli su mi da potpišem. „Sve je na njemačkom", rekao sam. „Ja ne razumijem njemački. Kako to mogu potpisati? „Morate to potpisati jer vas inace ne mozemo pustiti. Koliko novaca imate za jamcevinu?", upitali su. Kod sebe sam imao nekih šest tisuća američkih dolara, no većina tog iznosa nije bila moja. Veći dio bila je donacija za skupinu s kojom sam se trebao naći u Frankfurtu. Bio sam siguran da im ne želim dati sav novac i rekao sam im da imam samo tri tisuće američkih dolara. U tom sam trenutku još uvijek bio iznenađen što oni nisu znali što imam u džepovima jer me nisu pretražili prilikom uhićenja. Imao sam dovoljno iskustva s policijskim postupcima uhićenja u SAD-u i znao sam da bi pretres cijelog tijela bila prva stvar koju bi učinili. Složili su se da će uzeti

Uhićenje u Njemačkoj

tri tisuće dolara ako potpišem dokument, za koji su rekli da je popis optužbi i nalog za dolazak na sud. Iako tada još uvijek nisam znao za što sam optužen i slažem li se s optužbama, potpisao sam dokument, nadajući se da ću u nekom kasnijem trenutku sve objasniti Nijemcima.

Nakon što sam potpisao dokument i predao novac službenicima koji su me uhitili, donijeli su mi moje torbe koje su prethodno zaplijenili. Jedan od službenika me odveo do vozila. Stavili su torbe u vozilo i odveli me natrag do glavnog terminala zračne luke. Izašao sam iz vozila, ponovno dobio svoje torbe i rukovao se sa službenikom. „Hvala Vam što ste tako profesionalni.", rekao sam. Odgovorio je: „To je tocno, mi smo profesionalci. Mi nismo glupi. Znamo zasto ste ovdje." „U svakom slučaju, hvala Vam još jednom", odgovorio sam i brzo se udaljio prije nego se on predomisli.

Uz iznenađujuće oslobađanje iz pritvora, bio sam suočen s još jednom dilemom. Što ako me prate? Kako ću se naći s mojim prijateljima? Nisam mogao znati jesu li Marko, Pero i Božo uspjeli doći do Njemačke. Osim toga, nisam znao gdje je Ante Pranić i je li uspio doći na sigurno nakon mog uhićenja. Odlučio sam da je najsigurnije što mogu učiniti hodati po terminalu kako bih provjerio je li me promatraju. Mislim da sam hodao uokolo nekoliko sati, zaustavljajući se da vidim je li me prate, imajući pritom cijelo vrijeme na umu da policija možda prati moje kretanje pomoću video nadzora u zračnoj luci. Nakon nekoliko sati ukrcao sam se na vlak i ponovno pokušao otkriti je li me prate. Prošao sam kroz različite gradove, sišao s vlaka u malom gradu i uzeo taksi do lokalnog hotela. Moj je plan bio obaviti nekoliko poziva u SAD u nadi da će i ostali nazvati kući kako bi provjerili gdje sam ja i dogovorili mjesto susreta negdje u Njemačkoj. U nemušto kodiranoj poruci rekao sam osobi u SAD-u da nazove obitelji ostalih te im objasni da sam stigao u Njemačku i da sam ponovno slobodan nakon uhićenja, no bez jednog dijela oružja i streljiva. Ta pomalo prozirna poruka glasila je: „Ptica je sigurno sletjela, no pritom je izgubila nešto perja."

ZA HRVATSKU MOJE BAKE

Bio sam zahvalan što su i ostali dečki imali istu ideju te kontaktirali svoje u Kanadi kako bi provjerili ima li poruka od Ante ili mene. Ante se prvi pojavio u hotelu izvan Frankfurta u kojem sam odsjeo. Bio sam jako sretan što ga vidim. Dočekao me njegov veliki osmijeh kada sam mu otvorio vrata svoje sobe. Bio sam sretan što je Ante sigurno i sretno doputovao u Njemačku sa svim oružjem i streljivom. Doveo je i prijatelja Ivana Vidovića koji je živio u Karlsruheu. Ante je navodno nazvao Ivana kada je izašao iz zračne luke. Ivan ga je tu večer odveo u svoj dom. Nas trojica sjedili smo u hotelskoj sobi dok je Ante prepričavao svoja iskustva iz zračne luke od prethodnog dana kada su mene uhitili. Slušajući Antinu priču, postalo mi je jasno da je zbog mog uhićenja došlo do velike pomutnje u zračnoj luci. Rekao je da je iz unutrašnjosti terminala vidio kako policajci trče gore-dolje, kao da nešto traže. Ipak je uspio zadržati mirnoću i nazvati svog prijatelja Ivana da ga pokupi iz zračne luke kako bi što prije otišao od tamo.

Ante je bio izrazito nenametljiv. Razumljivo je da nije pobudio sumnju carinika ili policije koja je trčala uokolo po terminalu zračne luke. Imao je već pedeset i nešto godina kada smo se odlučili na to putovanje. Bio je visok oko metar i sedamdeset, sitne građe i imao je kovrčavu sijedu kosu. Iako malen rastom, imao je ogromno srce. Veliki dio svog teško zarađenog novca donirao je za različite hrvatske aktivnosti i projekte. Bio mi je gotovo poput oca sve dok nije preminuo od karcinoma 1995. godine. Upoznao sam ga kad sam ga intervjuirao u sklopu snimanja dokumentarnog filma o Bleiburgu.

Ispričao mi je nezamisliv događaj kojem je svjedočio dok je živio u Banja Luci za vrijeme Drugog svjetskog rata. Njegov otac i stariji brat nisu bili kod kuće, već su se borili na hrvatskoj strani. Njegova majka i trudna bratova supruga ostale su kod kuće s Antom koji je tada imao samo devet godina. Toga dana, koji se tako živo urezao u Antino sjećanje, nekoliko muškaraca koje je opisao kao četnike provalilo je kroz ulazna vrata njihovog doma. Ante se instinktivno zavukao ispod kreveta, dok su muškarci grubim glasom pitali: „Gdje su muškarci?" „Oni se bore u ratu",

Uhićenje u Njemačkoj

odgovorile su žene. „Na čijoj strani?", upitali su muškarci. „S Hrvatima", odgovorile su. „Zašto se ne bore s četnicima?", bili su uporni muškarci. „Zato jer su Hrvati, zbog istog razloga zbog kojeg se vi borite na srpskoj strani." Tog trenutka provalnici su zgrabili Antinu majku, odsjekli joj glavu i bacili je na pod. Ante je sve prestravljeno promatrao skrivajući se ispod kreveta. Slijedeća je na red došla njegova šogorica. „Gdje je tvoj suprug?", upitali su je. „Rekla sam vam, on je u ratu!" odgovorila je. Dok je Ante prestravljeno promatrao, provalnici su ubili bratovu suprugu, izvadili nerođeno dijete iz njezine utrobe, pritom se smijući i govoreći: „Pogledajte kako plače ustaška beba!"

Bilo mi je jasno da je Antin odlazak u rat 1991. godine u jednakoj mjeri bio motiviran odmazdom za ono što se dogodilo njegovoj obitelji u Drugom svjetskom ratu i željom za hrvatskom neovisnošću. Bio je odlučan boriti se u ratu za Hrvatsku bez obzira na dobar život koji je vodio u Chicagu nakon što je emigrirao u Ameriku. Usprkos mojim brojnim pokušajima i uvjeravanjima da ostane doma sa suprugom Anom, bio je odlučan u namjeri da ode s nama. „Idem s vama ili bez vas", glasio je njegov odgovor.

Nekoliko sati nakon što sam se našao s Antom, u hotelsku sobu me nazvao Pero Ivčec. Pero mi je ispričao da su Marka, Božu i njega zaustavili u zračnoj luci Heathrow, da su im oduzeli oružje, da su njih pustili bez podizanja optužnice i da se sada nalaze negdje u okolici Frankfurta. Dali smo im upute kako doći do hotela i oni su stigli tog istog dana.

Kada smo se konačno svi okupili u Frankfurtu, Ivan nas je pokupio u hotelu i odveo u svoj obiteljski stan u Karlsruhu. Tamo smo proveli sljedećih nekoliko dana, nadajući se da će se situacija smiriti. Nakon što smo stigli u Ivanov stan, detaljno sam pregledao svoje torbe da vidim što mi je ostalo, a što je njemačka policija zaplijenila. Naravno, nedostajale su puška AR-15, puška M1A1, noćna optika za snajper koju sam želio odnijeti u Hrvatsku te dobar dio streljiva. Iznenadilo me što sam pronašao dva para naočala za noćno gledanje, od kojih svaki vrijedi po 6500 dolara, bajunete, optiku za puške, maskirnu odjeću, čizme i kacige. Bilo mi je veliko olakšanje kada sam pronašao dva naizgled obična

ZA HRVATSKU MOJE BAKE

predmeta koja su me s pravne strane najviše zabrinjavala. Bili su to setovi za pretvaranje u automatske puške, za koje sam cariniku koji nije ništa posumnjao objasnio da su rezervni dijelovi za pisaću mašinu. Znao sam da imam razloga za zabrinutost zbog zaplijenjenog oružja i streljiva koje će biti korišteno kao dokaz protiv mene na sudu, bez obzira hoće li se suđenje održati u Njemačkoj ili Americi. Stoga je barem djelomična utjeha bila što se ti setovi neće moći koristiti kao dokaz na budućem suđenju.

Ivan je nama petorici dopustio da spavamo na podu njegovog stana, uz značajan osobni rizik za njega i njegovu obitelj. Shvatili smo koliko je on riskirao, kada je njegova kćer jedne večeri izašla iz stana i otišla u grad. Vratila se vrlo brzo i uzbuđeno nam ispričala novosti: „Policija je svuda po gradu." Nikada prije nije vidjela toliko policajaca u svom kvartu. Proveli smo sljedećih nekoliko dana stisnuti u Ivanovom stanu, čekajući da se situacija malo smiri. Kada su se stvari malo slegle, Ivan nas je odvezao do lokalnog autobusnog kolodvora, s kojeg smo konačno krenuli prema Zagrebu. Iako smo svi osim Ante ostali bez oružja, nadali smo se da ćemo ipak na neki način moći doprinijeti hrvatskoj borbi za neovisnost.

Uhićenje u Njemačkoj

Ante Pranić i autor u sjedištu stranke HSP

Dostava hrane i ostalih potrepština iz Hrvatske u Bosnu pomoću pontona

7

Manipulacija i subverzija

KRENULI SMO za Zagreb s autobusnog kolodvora u Njemačkoj 16. listopada 1991. godine autobusom koji je bio napola pun. S obzirom na okolnosti bilo je iznenađujuće da je bilo i toliko putnika koji su željeli ići u Hrvatsku u to najopasnije vrijeme rata. Nitko nije mogao sa sigurnošću reći da je Zagreb tada bio siguran od srpske okupacije. U Zagrebu su u to vrijeme česte bile zračne uzbune. Stanovnici su dobili upute da se sklone u podrume svaki puta kada je postojala opasnost od bombardiranja iz zraka ili opasnost od granatiranja. Glavni grad Hrvatske već je bio pretrpio nekoliko napada iz zraka. Povremeno su se vodile borbe u okolici grada, pa čak i u zapovjedništvu Jugoslavenske narodne armije u središtu grada. Zagreb u to vrijeme zasigurno nije bio najopasniji hrvatski grad, no nije bio ni sigurno utočište. Cijenio sam putnike u autobusu koji su se odlučili pridružiti svojim obiteljima u tako opasnim vremenima.

ZA HRVATSKU MOJE BAKE

Za razliku od Marka, mi ostali pokušavali smo se što manje isticati u autobusu. Nismo razgovarali s ostalim putnicima i zasigurno nismo govorili da idemo u Hrvatsku da bismo se borili u Domovinskom ratu. Marko je, pak, svima koje je sreo počeo pričati da mi idemo u Zagrebu da bismo se borili u Domovinskom ratu. To je izazvalo manje rasprave među nama jer smo ga nekoliko puta zamolili da se suzdrži i ne govori svima o našim namjerama. Nismo poznavali nikoga od putnika, niti smo išta znali o njihovim stavovima i pogledima. Sjećam se da se Ante za vrijeme putovanja nekoliko puta okrenuo te pitao Marka: „Hoćeš žvaku?". To je zapravo bila Antina primjedba i jasna poruka da bi Marko trebao na drukčiji način zabaviti svoj jezik, a ne pričati s ostalim putnicima.

Kada smo stigli na hrvatski teritorij, postalo je jasno da je Hrvatska zemlja u ratu. Prvi znak bilo je potpuno zamračenje cijeloga grada. Ulice bez osvjetljenja izgledale su jezivo dok smo prolazili autobusom. Domovi također nisu bili osvijetljeni. Kroz prozore nije dopiralo svijetlo, što bi inače bio slučaj. Ulazeći u Zagreb preko rijeke Save, vidjeli smo zamke za tenkove koje su bile strateški raspoređene preko cijelog mosta. Zamke za tenkove su nešto što se inače viđa u filmovima: tri čelične grede I-profila koje su međusobno zavarene kako bi spriječile tenkove u pokušaju prelaženja mosta. Iz daleka su zamke izgledale poput ogromnih figura iz dječjih igara, a autobus ih je bio prisiljen zaobići. Pritom je prolazio pored skupina hrvatskih vojnika koji su zapravo bili kontrolne točke na mostu. Nazvati nekoga „hrvatskim vojnikom" u tim početnim danima rata zapravo je značilo da je to svatko tko je bio voljan boriti se na hrvatskoj strani. Novi „vojnik" dobrovoljac bio je sretan ako je imao vlastitu pušku.

Apsurdnost korištenja termina „vojnik" u tom razdoblju postala je još jasnija kada smo došli na Zagrebački glavni autobusni kolodvor oko jedan sat poslije ponoći. Muškarci koji su se ponašali poput vojnika mogli su se vidjeti oko autobusnog kolodvora i na ulicama. Bili su odjeveni u različite kombinacije nečega što je služilo kao odora u tim prvim mjesecima rata. Neki od vojnika nosili su maskirne hlače. Drugi su pak nosili maskirne jakne s tapericama. Ne sjećam se da sam bilo kojeg vojnika vidio s vojnom kapom. Dobrovoljci su u velikoj većini slučajeva na nogama nosili tenisice. Neki od novo regrutiranih vojnika nosili su neku vrstu marame oko glave poput Ramba iz filma Sylvestera Stallonea iz 1982. godine. Neki od njih imali su puške AK-47, no većina je bila bez puške ili su preko ramena nosili staru lovačku pušku. To su zasigurno bile lovačke puške članova obitelji koje su ti mladi ljudi dobili kako bi branili svoju domovinu protiv cijele Jugoslavenske narodne armije. Gledajući kroz prozor autobusa, razmišljao sam: „Moj Bože, kako će se oni boriti protiv četvrte najveće vojne sile u Europi u tenisicama i s lovačkim puškama?". Još su mi se dvije stvari trajno urezale u pamćenje. Prvo, neki od njih imali su taj izgubljeni prazni pogled, za koji sam čuo da ga imaju veterani Vijetnamskog rata u Americi. Teško je opisati taj pogled, ako ga niste doživjeli. Bio je to pogled neobrijanog mladog lica za koji se činilo da gleda kroz tebe, a ne u tebe, kao da se ne može usredotočiti na predmete koji su mu blizu. Bilo je jasno da su ti mladi ljudi već proveli određeno vrijeme na frontu. U mnogim slučajevima front se nalazio samo nekoliko kilometara dalje od Zagreba. Kasnije sam saznao da su ti mladi ljudi ponekad slani da zauzmu neku, navodno, stratešku praznu kuću na frontu s kalašnjikovim i jednim spremnikom metaka. Iako su bili tako loše opremljeni, od njih se tražilo da brane grad od nadolazećeg, dobro naoružanog neprijatelja sve dok im ne stigne zamjena. Bilo je teško zamisliti kako su to radili, no to mi je pomoglo shvatiti izgubljen pogled nekoga tko je iskusio pakao rata braneći svoju domovinu u takvim nadrealnim okolnostima.

Druga stvar koja je privukla moju pozornost bio je broj hrvatskih branitelja koji su nosili krunicu oko vrata. U sljedećih nekoliko tjedana to je za mene dobilo dodatno značenje kada sam vidio kako hrvatski branitelji maršširaju na front kako bi se borili protiv vojnika koji su na svojim odorama nosili taj poznati simbol državne religije ateizma - crvenu komunističku zvijezdu petokraku. Bojne crte rata nisu mogle biti jasnije određene od simbola koje su nosili vojnici suprotstavljenih vojski.

ZA HRVATSKU MOJE BAKE

Mora da smo bili zanimljiv prizor dok smo od autobusnog kolodvora mračnim ulicama bez osvjetljenja hodali prema tadašnjem hotelu Astoria u Petrinjskoj ulici. Jedina povremena svjetla koja smo vidjeli bila su svjetla automobila koji su prolazili i čija su prednja svjetla iz sigurnosnih razloga bila prekrivena trakom, uz mali otvor ostavljen za osvjetljenje. Iako nam je većina oružja zaplijenjena kada smo stigli u Europu, još uvijek smo imali torbe pune odora, opreme za čišćenje pušaka, čizama, kaciga, optike i, što je najbolje, dva para naočala za noćno gledanje za koje smo bili sigurni da će nam biti od koristi u ratu. Prilikom prijave u hotel Astoria pozdravili su nas nasmijani djelatnici recepcije koji su uzeli naše strane putovnice. Odmah su znali razlog zbog kojega smo u Hrvatskoj. U godinama koje su slijedile razvio sam s njima dobar odnos. To je značilo da su mi na zamolbu čuvali torbe na recepciji nekoliko dana dok sam ja obavljao različite poslove po Hrvatskoj i kasnije po Bosni i Hercegovini. Često su u tim torbama bile ručne granate. Iako oni nikada nisu priznali da su pregledavali sadržaj torbi, vjerujem da su to činili. To sam shvatio nakon Domovinskog rata, kada sam se vratio u hotel Astoria u posjet. Nasmijao sam se kada me Ivan, jedan od djelatnika kojega sam poznavao iz ratnih vremena, sa smiješkom i na lošem engleskom upitao: „Imate li sada nešto „bum bum" stvari?"

Uspostavljanje kontakta

Prva stvar koju smo odmah željeli obaviti bila je stupiti u kontakt s poznanicima iz prethodnih godina. Njihova imena bila su Josip Jurčević, Davor Butković i Pavle Vranjican. Upoznali smo ih dok su putovali Sjevernom Amerikom promovirajući kratki dokumentarni film koji su snimili o svom otkriću, prirodnoj špilji Jazovka koju su Titovi partizani i tajna policija koristili za odlaganje tijela stotina, ako ne i tisuća, hrvatskih vojnika i civila nakon Drugog svjetskog rata.

S Davorom Butkovićem kojeg su zvali Žu bio sam u kontaktu i nakon tog prvog susreta. Žu je skraćeno od *Žuti*, što se odnosilo na njegovu svjetlo crvenu kosu i bradu, po čemu se

Manipulacija i subverzija

razlikovao od ostalih Hrvata. Žu me bio nazvao nekoliko tjedana prije našeg dolaska u Hrvatsku kako bi me pitao mogu li za njih organizirati još jednu turneju. Osjetio sam u njegovom glasu da je bio vrlo nervozan zbog ostanka u Hrvatskoj dok su ju napadale i okupirale jugoslavensko-srpske snage. Osjetio sam da je samo tražio priliku za bijeg iz Hrvatske. Budući da je bio potpuno bez novaca, plaćeno putovanje bila mu je jedina preostala opcija. Moj je odgovor glasio da je u tom trenutku nemoguće da se hrvatska dijaspora usredotoči na bilo što osim na prikupljanje sredstava za obranu Hrvatske. Svaki prikupljeni dolar, a skupljeni su milijuni, slao se u Hrvatsku u svrhu organiziranja obrane. Objasnio sam mu i da ću ja uskoro doći u Hrvatsku te da su svi moji napori usmjereni na to.

    Bilo je neobično to što sam ja, Hrvat rođen u Americi, bolje poznavao Zagreb od mojih suputnika koji su rođeni u Hrvatskoj. Bio sam u Zagrebu na premijeri svoga filma i na dan referenduma o neovisnosti u svibnju te iste godine te sam još uvijek imao osjećaj o tome kako grad otprilike izgleda. Božo, Pero, Marko i Ante napustili su Hrvatsku u mladosti i činilo mi se da grad uopće ne poznaju.

    Prve kontakte po dolasku uspostavili smo sa Žuom i Pavlom. Josip Jurčević nije bio prisutan na našem prvom susretu u Zagrebu. To je bilo malo razočaravajuće jer je prilikom susreta s njima u Kanadi bilo jasno da je on vođa te skupine. On je kasnije postao vrlo aktivan u hrvatskoj politici i napisao je knjigu o Bleiburgu. Iako Jurčević nije bilo na tom prvom susretu, susreli smo se nekoliko puta u sljedećih nekoliko godina. Ovoga puta bili smo sa Žuom i Pavlom. Pokazali su se dobrim domaćinima i spremnima pomoći nam da se smjestimo. Nekome je na sastanku slučajno izletjelo da još uvijek imamo dva para naočala za noćno gledanje. Odmah smo primijetili da je to pobudilo njihov interes. Nisu znali da su ta dva mala predmeta 1991. godine vrijedila otprilike 13,000 dolara, no znali su da su jako vrijedni. Dogovorili smo se da ćemo ih čuvati na tajnom mjestu. Ipak je to bilo ratno vrijeme, a oni su nam bili samo poznanici.

ZA HRVATSKU MOJE BAKE

Žu i Pavle su nas uskoro povezali s vojnikom po nadimku Pika, koji je za sebe rekao da je tjelohranitelj Tomislava Merčepa. Neobično je što se ja Pike sjećam kao konobara koji je prije rata radio u restoranu Korčula u centru Zagreba. Svaki je Hrvat za vrijeme rata znao za Merčepa. Još je važnije što su za njega znale i srpske paravojne snage. Zbog toga je Jugoslavenska armija, na čijem su čelu bili Srbi, raspisala nagradu za njegovu glavu. Njegovo je ime imalo takvu težinu i izazivalo takav strah da su često glasine da u selo dolaze Merčep i njegovi ljudi bile dovoljne da srpske snage pobjegnu prije njihovog dolaska.

Nas petorica susreli smo se s Merčepovim ljudima nekoliko puta. Bili smo uvjereni da se želimo priključiti upravo njegovoj jedinici. Došli smo kako bismo se borili u ratu i bili smo sigurni da ćemo dobiti priliku pridružiti se Merčepovoj grupi. Svi Merčepovi ljudi uvjeravali su nas da će nam Merčep dopustiti da mu se pridružimo tek nakon što osobno razgovara s nama. Na sastanku u restoranu Pula zamolili smo ih da nam dogovore susret s Merčepom. I tako smo nekoliko dana nakon dolaska u Hrvatsku imali dogovoren razgovor s jednim od vodećih vojnih zapovjednika u Hrvatskoj.

Merčep se oporavljao od ozljede u zagrebačkoj bolnici Rebro. Vjerujem da je bio pogođen u ruku ili rame. Nakon što smo nas petorica ušli u bolnicu, uputili su nas u njegovu bolničku sobu. Ispred njegove sobe, držeći u krilu pušku AK-47 sjedio je Pika, naš novi poznanik i Merčepov tjelohranitelj. Otišao je u sobu i vratio se nakon par minuta. Rekao nam je da je sve u redu i da možemo ući. Tu smo ugledali njega, Tomislava Merčepa, u privatnoj sobi ležeći u krevetu s lijevom rukom u povezu.

U privatnom životu prije rata Merčep je bio inženjer koji je živio u Vukovaru. Otišao je u rat zbog osjećaja domoljubne dužnosti da zaštiti svoj narod. 1991. godine uhitila ga je hrvatska policija, no kasnije je pušten. Njegovo je uhićenje u to vrijeme bilo povezano s prebacivanjem oružja i eksploziva drugom hrvatskom ratnom heroju Branimiru Glavašu 1990. godine. Uhićenje je možda bilo povezano i s miniranjem srpskih kuća na području Vukovara i Osijeka. Važno je znati da je u vrijeme njegovog uhićenja Hrvatska još uvijek bila pod kontrolom jugoslavenske vlade. Ubrzo nakon puštanja iz zatvora Merčep je došao u Zagreb. Dobio je radno mjesto kao službenik u Ministarstvu unutarnjih poslova nakon što se pridružio vodećoj političkoj stranci, Hrvatskoj demokratskoj zajednici. Osim toga, postao je zapovjednik hrvatskih branitelja koji su najpoznatiji po svojim vojnim akcijama u Gospiću, Pakracu i okolici. Tužno je što je nekoliko njegovih ljudi kasnije optuženo i osuđeno za ratne zločine nad srpskim civilnim stanovništvom na području Pakraca na sudu u Haagu. Merčepu se sudili na Županijskom sudu u Zagrebu. Proglašen je krivim 2017. godine. Nakon što mu je odbijena žalba, osuđen je na sedam godina zatvora zbog toga što nije spriječio ubojstvo 43 srpskih civila u Pakracu koje su počinile vojne jedinice pod njegovim zapovjedništvom.

Dok smo stajali u njegovoj bolničkoj sobi u listopadu 1991. godine, sve što smo znali bilo je da ga njegovi ljudi poštuju, a da ga se neprijatelji boje. Svi smo smatrali da je čast što uopće imamo mogućnost da nas odaberu za njegovu jedinicu.

Merčep je bio samozatajni tridesetdevetogodišnjak kada sam ga upoznao. Bio je samo dvije godine stariji od mene. Iako je ležao u bolničkom krevetu, primijetio sam da nije jako visok. Tiho je govorio i pritom neobično tiho kašljao. Njegovo kontrolirano čišćenje grla postajalo je sve izraženije kada bi nasilje postalo predmet razgovora. Njegov način govora podsjećao me na Hymana Rotha iz filma *Kum II*. Na bolničkom stoliću pored njega nalazila se kutija s natpisom Smith & Wesson. U kutiji je bio potpuno novi 38-kalibarski pištolj s aluminijskim kućištem. Merčep ga je izvadio i objasnio da je to poklon od prijatelja. Dobro sam poznavao taj pištolj jer sam isti takav imao doma u Detroitu. Bio je to isti pištolj koji sam često nosio sa sobom za vrijeme prosvjeda protiv Jugoslavije. To je prilično čest pištolj u Americi, ali znao sam da se dosta rijetko može naći u Hrvatskoj.

Merčepa je jako zanimala naša priča i postavio nam je puno pitanja pokušavajući steći dojam zašto smo u Hrvatskoj i zašto smo spremni boriti se za hrvatsku slobodu. Mene je smatrao mladim Amerikancem koji će biti izrazito koristan zbog uvjerenja da Amerikanci često igraju video igrice, iako sam ja tada imao trideset i sedam godina i nikada u životu nisam igrao video igre. On je navodno imao nekakve projektile na navođenje kojima se upravljalo pomoću komandne palice slične onoj koja se koristi u video igrama. Nakon otprilike pola sata Merčep nam je dopustio da se pridružimo njegovoj jedinici. Rekao je da sve dogovorimo s njegovim tjelohraniteljem Pikom. Ipak nas je prije odlaska upozorio: „Prvi puta kada pogriješite ili zakasnite, smatrat ću to pogreškom. Drugi puta smatrat ću da je to namjerno te ću vas ukloniti." Znali smo što znači ta ne previše suptilna prijetnja i prihvatili smo postavljene uvjete. Svi smo to dobro zapamtili. S ovim čovjekom si ne možemo dopustiti pogreške. Pozdravili smo se, otišli iz bolničke sobe i dogovorili da će Žu biti veza između Pike i nas. Dogovorili smo se da će nas nekoliko dana kasnije Pika odvesti iz Zagreba do Pakraca, gdje je bila stacionirana Merčepova jedinica.

Stan u Ulici Račkog

U prvih nekoliko dana našeg boravka u Zagrebu pronašli smo stabilniji smještaj u prilično velikom stanu u ulici Račkog, koji smo koristili kao neku vrstu „sigurne kuće". Iz stana se vidjela muslimanska džamija koju su komunisti konfiscirali nakon Drugog svjetskog rata i pretvorili u takozvani Muzej revolucije. Stan je pripadao bogatom hrvatskom emigrantu koji je živio u Kaliforniji i bio povezan s Hrvatskom republikanskom strankom. U stanu je besplatno kao gost vlasnika živio Mario Ostojić, član Hrvatske republikanske stranke iz Buenos Airesa. Poznavao sam Marija od 1989. godine, kada mi je za potrebe mog dokumentarnog filma pomogao uspostaviti kontakte s onima koji su preživjeli Bleiburg i živjeli u Buenos Airesu. Bio je toliko velikodušan da mi je dozvolio da stanujem s njim i njegovim roditeljima u njihovom domu u Buenos Airesu. Vidio sam ga nekoliko puta u Torontu i barem još jednom u Buenos Airesu. Pero i Marko također su ga poznavali s jednog od prethodnih susreta u Torontu.

Manipulacija i subverzija

Marijevo putovanje u Zagreb, smještaj i sve njegove prvotne kontakte s dužnosnicima hrvatske vlade organizirao je dr. Ivo Korsky. Korsky je dobro poznavao Marija i imao je povjerenja u njegove sposobnosti.

Kao što je to slučaj s mnogim Hrvatima koji žive u Buenos Airesu, Marijevi roditelji pobjegli su iz Jugoslavije nakon Drugog svjetskog rata kako bi izbjegli sigurnu smrt pod Titom. Mario je bio pet godina mlađi i otprilike pet centimetara niži od mene. Kada smo se prvi puta sreli 1989. godine, iznenadile su me njegova duga kosa i gusta brada. Izgledao je poput nekog tko želi imitirati izgled argentinskog revolucionara Che Guevare. Pomislio sam da je to neobičan izgled za zakletog protivnika komunizma i pitao sam se koji bi mogli biti njegovi razlozi za odabir takvog imidža koji se vrlo lako može krivo protumačiti. Da stvari budu još gore, 1991. godine takva brada i frizura postale su zaštitni znak srpskih četničkih snage koje su bile poznate po ubijanju i silovanju civila u Hrvatskoj i kasnije u Bosni i Hercegovini. Mora da su mnogi Marija zbog izgleda krivo zamijenili za četnička. Iznenadilo me kada sam vidio da je u Zagrebu 1991. godine imao istu bradu i dugu kosu. U svakom slučaju, Mario je već bio živio u Zagrebu gotovo godinu dana kada smo mi stigli u listopadu 1991. godine. Marijev politički mentor Ivo Korsky bio je vrlo blizak s mnogim ljudima u novoj hrvatskoj vladi, uključujući i nedavno izabranog hrvatskog predsjednika Franju Tuđmana, s kojim je Korsky bio na ti. Mario je mnoge od kontakata koje mu je omogućio Korsky iskoristio za stvaranje svojih dodatnih kontakata. Puka je slučajnost da su sjedište HDZ-a i sjedište Ureda za nacionalnu sigurnost (UNS) bili samo nekoliko ulica udaljeni od stana u Ulici Račkoga u kojem smo tada stanovali.

Nekoliko dana nakon dolaska u stan počele su trzavice između Marija i nas ostalih. Kao prvo, Mario se promijenio otkada sam ga zadnji puta vidio. Svi smo smatrali da se prema nama ponaša distancirano i s visoka. S godinama sam uvidio da je to bio rezultat ratnog stresa. Pero, Božo i Marko, koji su bili članovi Hrvatske republikanske stranke puno prije Marija, bili su primorani spavati na podu s nama ostalima koji nismo bili članovi. To je bilo posebno uznemirujuće jer je postojala velika spavaća soba s nekoliko pomoćnih kreveta koje su koristili Marijevi prijatelji iz Buenos Airesa. Njegovi prijatelji također su bili Hrvati, no nisu bili članovi stranke - niti su bili aktivni u protujugoslavenskim aktivnostima. Budući da nisam bio član Hrvatske republikanske stranke, nisam se protivio tome da spavam na podu, no Pero, Marko i Božo smatrali su da im godine vjernog članstva daju prednost pred Marijevim prijateljima iz Argentine.

Žuka

Još jedan gost u stanu u Ulici Račkog bio je bivši argentinski vojni časnik po imenu Rodolfo Barrios Saavedra, čiji je ratno ime bio Žuka. Žuka je bio bivši kapetan u argentinskoj vojsci i imao je sumnjivu prošlost. Uz obuku u argentinskoj vojsci dodatnu je vojnu obuku stekao u vojnoj školi *School of the Americas* u Fort Benningu u saveznoj državi Georgia u SAD-u. Rekao nam je da je bivši pripadnik zloglasne skupine *Carapintadas* (obojana lica). Bila je to vojna skupina čiji je cilj bila borba protiv komunista u Srednjoj Americi, no interno je sudjelovao i u takozvanom argentinskom „prljavom ratu" protiv protivnika vlade, posebice ljevičara i komunista koji su djelovali u Argentini 1980-ih. Ime su dobili po tome što su imali naviku na lica nanositi crnu masnu boju prije „vojnih akcija". Mohammed Alí Seineldín bio je vođa skupine *Carapintadas* za vrijeme tri pobune protiv argentinskog vodstva. Posljednji pokušaj puča od strane Seineldina i njegove skupine s ciljem svrgavanja argentinskog predsjednika Carlosa Menema bio je u prosincu 1990. godine. Pokušaj puča doveo je do smrti četrnaestero ljudi te je bio neuspješan. Seineldín je završio u zatvoru, a Rodolfo Barrios Saavedra je bio prisiljen s obitelji pobjeći u Urugvaj.

Barrios mi je osobno pokazao ozljede koje je zadobio u borbama protiv ljevičara u Argentini i Srednjoj Americi, što je uključivalo najmanje pet rana od metaka koje su bile jasno vidljive na različitim dijelovima njegova tijela. Hrvatska vlada pozvala je

Manipulacija i subverzija

Barriosa u Hrvatsku kako bi pomogao u obučavanju mlade hrvatske vojske. Sigurno je da su Marijevi kontakti u Argentini pomogli u ostvarivanju Barriosovog dolaska u Hrvatsku i omogućili mu da pruži vojnu pomoć, najprije obučavajući vojnike u Splitu i kasnije kada je preuzeo vojno zapovjedništvo u Livnu od danas poznatog generala Ante Gotovine.

Žuka je nekoliko dana nakon dolaska u Hrvatsku krajem listopada 1991. godine dobio zapovijed od Hrvatskog vojnog zapovjedništva. Određeno je da će obučavati hrvatske vojnike u Splitu i okolici. Ta nova situacija, uz logističke probleme s Merčepovim ljudima, uzrokovala je nesuglasice među našom malom skupinom dobrovoljaca.

Budući da su nas već primili u Merčepovu jedinicu, čekali smo da nas obavijeste kada će nas pokupiti i odvesti u Pakrac, gdje su u to vrijeme bile smještene Merčepove jedinice. Nakon što smo čekali više od tjedan dana, Žu nas je konačno obavijestio o razlozima čekanja. Prema onome što nam je ispričao, Pika je bio uhapšen ispred glavnog kolodvora u Zagrebu i odveden u policijski pritvor. Optužili su ga za ubojstvo čovjeka koji je bio pripadnik Jugoslavenske kontraobavještajne službe. Iako je on bio jedan od Merčepovih osobnih čuvara, a Merčep je bio u Ministarstvu unutarnjih poslova, nismo znali hoće li i kada Pika biti pušten iz pritvora.

Imali smo mogućnost ostati i pričekati da nas pokupi netko drugi iz Merčepove jedinice ili se pridružiti Žukinoj jedinici i otići s njim u Split. Moj je izbor bio pričekati u Zagrebu dok nam se ne jave kako bismo se konačno pridružili Merčepovoj jedinici, što je i bio naš prvotni plan. Ostala četvorica razmišljali su drukčije, pa smo na kraju otišli različitim putevima.

Budući da je Marko Stipaničić rođen u Senju, odlučio je autobusom otići u Senj. Sljedećeg dana priključio se vojnoj jedinici u tom gradu. Ante Pranić odlučio se pridružiti Hrvatskim obrambenim snagama, koje su u to vrijeme bile paravojne jedinice pod vodstvom Dobroslava Parage. Paraga je ujedno bio i predsjednik Hrvatske stranke prava. Ante je dobro poznavao Paragu, a i ja sam ga također poznavao. Ante je sljedećeg dana

ZA HRVATSKU MOJE BAKE

otišao do Parage u zgradu nasuprot željezničkog kolodvora koju je Paraga zauzeo i koja mu je ujedno služila kao zapovjedništvo. Zgrada je prikladno dobila ime po ocu hrvatskog domoljublja Anti Starčeviću. Pero Ivčec i Božo Čačić odlučili su se pridružiti novoj Žukinoj jedinici. Otputovali su s njim u Split u sljedećih nekoliko dana.

Drago Pilsel, kojeg sam poznavao od 1989. godine iz Buenos Airesa, iako je malo ljudi izvan Hrvatske ikada čulo za njega, bio je jedan od Argentinaca koji su koristili pomoćne krevete u stanu u Zagrebu, kada je došao Žuka. Budući da je uvijek bio oportunist, čini se da je Pilsel shvatio da će mu biti korisno ako sa Žukom, novim zapovjednikom, koji je govorio samo španjolski i engleski, ode u Split kao njegov prevoditelj. Pilsel, samoprozvani „borac za ljudska prava", koliko je meni poznato, nikada nije javno objavio da je otputovao u Split sa Žukom kako bi radio kao prevoditelj za bivšeg pripadnika skupine *Obojana lica* i sunarodnjaka Argentinca. Petar Ivčec, koji je također bio pod Žukinim zapovjedništvom, tvrdi da je Pilsel nakon samo nekoliko mjeseci napustio svoju funkciju prevoditelja i to nakon nekoliko razmirica sa Žukinim vojnicima zbog toga što je svoj autoritet krivo shvaćao. Možemo samo nagađati je li to odbacivanje od strane časnih, domoljubnih hrvatskih vojnika 1991. godine dovelo do toga da Pilsel započne svoju karijeru osvetnika, zlobno napadajući sve ono što je drago i sveto hrvatskim domoljubima. Možemo samo suosjećati s dubokom boli Pilselove majke zbog gubitka sina Branka, koji je herojski poginuo u Domovinskom ratu, dok je njen drugi sin postao *persona non grata* za hrvatske domoljube.

Žuka je nastavio časno služiti u Hrvatskoj vojsci za vrijeme Domovinskog rata. Na kraju je kao zapovjednik Livna zamijenio Antu Gotovinu i odigrao izrazito važnu ulogu u povratku svih hrvatskih okupiranih teritorija 1995. godine. Bez obzira na njegovu mutnu prošlosti u Argentini, Hrvati koji su služili pod njegovim zapovjedništvom vole ga i dan danas.

No vratimo se natrag na događaje u Zagrebu u listopadu 1991. godine. Ja sam još uvijek čekao da se pridružim Merčepu.

Manipulacija i subverzija

Ostao sam u kontaktu sa Žuom, pokušavajući saznati gdje se nalazi Pika. I dok sam čekao, dani su prolazili, a zajedno s njima i rat. Umorio sam se od čekanja i postao nemiran. I dalje planirajući da na kraju odem u Pakrac, odlučio sam barem biti produktivan dokumentirajući rat u obliku fotografija, stavljajući pritom naglasak na prikupljanje dokaza da Srbi i JNA namjerno gađaju civilne ciljeve prilikom bombardiranja hrvatskih gradova. Vjerovao sam da bi takva dokumentacija mogla biti korisna nakon rata na budućim suđenjima za ratne zločine. Bilo mi je jasno da za pristup različitim lokacijama trebam neku vrstu novinarske akreditacije.

Ante Beljo

U tom trenutku odlučio sam ponovno kontaktirati mog prijatelja Antu Belju kojeg sam, kao što sam objasnio u prethodnim poglavljima, poznavao iz emigracije te od kada smo dogovarali prikazivanje mog dokumentarnog filma *Bleiburška tragedija* u Muzeju Mimara u Zagrebu.

Ante je bio više nego koristan. Obavio je nekoliko telefonskih poziva u Ured za strane novinare koji se nalazio u hotelu Intercontinental. Dobio sam novinarsku akreditaciju za tadašnje Ministarstvo informiranja i kasnije Hrvatski informativni centar. Ta mi je novinarska akreditacija omogućila da budem prisutan na raznim konferencijama za tisak u Hrvatskoj. No, još je važnije što sam imao pristup službenim hrvatskim događajima i zgradama u čitavoj zemlji. Na osnovi toga imao sam ovlaštenje za fotografiranje događaja, kada bi me zaustavila policija. Policija me je rutinski zaustavljala i tražila isprave. Novinarska akreditacija u kojoj je Ministarstvo informiranja bilo navedeno kao moj poslodavac uvijek mi je pritom pomogla.

Slučajno sam pronašao nišu koju sam smatrao savršenom za mene, dok sam čekao da me pokupe Merčepovi dečki. Strani novinari koji nisu znali ništa o Hrvatskoj ili o ratu stizali su svakoga dana kako bi izvještavali o ratu. Njihova prva postaja bio je zagrebački hotel Intercontinental, gdje su dobivali novinarske akreditacije od vladinog Ureda za strane novinare. Bez akreditacije nisu mogli raditi u Hrvatskoj. Moj je cilj bio upoznati što više njih dok čekaju na izdavanje akreditacije. Bilo ih je lako prepoznati. Svi su govorili engleski, što je bila sretna okolnost za mene jer je moje znanje hrvatskog bilo skromno. Prišao bih im i započeo neobvezan razgovor: Koliko ste već ovdje? Jeste li ikada prije bili u Hrvatskoj? Što znate o ratu? Shvatio sam da su svi novinari s kojima sam razgovarao o ratu u Hrvatskoj znali iznenađujuće malo. Da su svoj posao zaista ozbiljno shvaćali, mogli su pročitati kratku povijest Hrvatske ili bivše Jugoslavije. Naravno, problem u to vrijeme bio je što su većinu informacija, koje su novinari možda i pročitali, napisali i distribuirali jugoslavenska vlada u Beogradu ili neki od vladinih ulizica i simpatizera.

    Naravno, oni su znali da sam Amerikanac jer sam govorio engleski s američkim naglaskom. Identifikacijska oznaka koju sam nosio sadržavala je moju sliku, moje ime i prezime te riječ PRESS velikim slovima. Novinari nisu nikada detaljnije pogledali i vidjeli da sam ujedno i dopisnik Ministarstva informiranja. Imao sam sreće što sam i prije rata imao dosta doticaja i susreta s novinarima. To prethodno iskustvo omogućilo mi je dragocjen uvid u njihov uobičajen način razmišljanja. Znao sam i da novinari u određenom trenutku mogu obraditi samo ograničenu količinu informacija. Pogreška koju su mnogi radili u obraćanju informativnim medijima bila je zasipanje medija s previše informacija u isto vrijeme. U početku mog aktivističkog djelovanja često sam stajao sa strane i gledao kako novinari zbunjeno promatraju i slušaju beskrajno dugo povijesno predavanje nekog dobronamjernog hrvatskog ili albanskog govornika.

    Meni se činilo da je najbolji pristup tretirati novinare kao neinformirane i intelektualno lijene ljude, kakvi su uglavnom i bili. Moj je pristup bio ponuditi im drukčiji pogled na stvari, kako bi oni mogli ispasti inteligentni u svojim člancima ili razgovorima s kolegama. Bilo je ipak potrebno mudro djelovati. Postojala je mogućnost da ih se preplaši i odbije zbog agresivnog pristupa. U isto vrijeme bilo je potrebno promijeniti njihov način razmišljanja

Manipulacija i subverzija

i fokus kako bi rat promatrali iz drukčije perspektive. Ako su bili iz Amerike ili Velike Britanije, upućivao sam ih na proučavanje arhiva *New York Timesa* ili *London Timesa* kako bi dobili širi povijesni pogled na Hrvatsku. Srpska, odnosno jugoslavenska propagandna mašinerija voljela je isticati Hrvatsku i njezinu ulogu u Drugom svjetskom ratu. Zato sam smatrao korisnim i učinkovitim uputiti novinare na povijesne arhive u njihovim zemljama iz razdoblja prije Drugog svjetskog rata. Znao sam što piše u tim starim člancima *New York Timesa* i *London Timesa*, od kojih su neki bili čak iz 1918. godine, jer sam ih pročitao.

Jedan od prijedloga koji mi se činio posebno uvjerljivim bilo je pismo Alberta Einsteina u kojem je osudio jugoslavensku vladu nakon ubojstva hrvatskog domoljuba i znanstvenika Milana Šuflaja u središtu Zagreba 18. veljače 1931. godine. Dana 6. svibnja 1931. godine *New York Times* objavio je pismo naslovljeno na Ligu za ljudska prava, koje su potpisali Einstein i Heinrich Mann. U zajedničkoj izjavi njih su dvojica pozvali na prosvjed zbog „strašne brutalnosti jugoslavenske vlade prema Hrvatima". U njihovom prosvjednom pismu stajalo je: „Ubojstvo kao političko oružje ne smije se tolerirati, a politički ubojice ne smiju biti nacionalni heroji." Einsteinova osuda Jugoslavije iz 1931. godine bila je izrazito uvjerljiva 1991. godine zbog nekoliko razloga. Prvo, autor pisma bio je Albert Einstein, kojeg se teško može nazvati hrvatskim nacionalistom. Drugo, ubojstvo Šuflaja i praksa ubijanja protivnika od strane jugoslavenske vlade potječu iz razdoblja davno prije Domovinskog rata koji se vodio od 1991. do 1995. godine te prije Drugog svjetskog rata. To je bio dodatni dokaz hrvatskog stajališta da hrvatska želja za oslobođenjem od bilo koje vrste Jugoslavije nije fenomen novijeg doba. Fenomen novijeg doba zasigurno nije bilo ni to da jugoslavenska vlada koristi ubojstva u borbi protiv svojih političkih protivnika.

Ukoliko su novinari pokazali otvorenost za takav pristup istraživanju, uputio bih ih i na članke u njihovim novinama u kojima je dokumentirano ubojstvo hrvatskog vođe Stjepana Radića u jugoslavenskom parlamentu 20. lipnja 1928. godine. To dodatno, na osnovi povijesnih činjenica, potvrđuje kako ni

ZA HRVATSKU MOJE BAKE

hrvatska težnja za slobodom, ni jugoslavensko ugnjetavanje nisu ništa novo.

„Ne morate informacije koje dobivate od hrvatske vlade uzimati kao činjenice", rekao bih. „Dovoljno je da pogledajte u *naše* vlastite arhive počevši od 1918. godine pa sve do današnjih dana. Ovi ljudi koji su sada u ratu bore se za svoje živote. Oni se bore za iste one stvari za koje smo se mi Amerikanci i svi ostali slobodoljubivi ljudi borili: slobodu govora, samoodređenje, slobodu vjeroispovijesti, pravo na biranje svojih zastupnika i predstavnika. I da, oni se bore unutar granica svoje zemlje. Niti jedan srpski vojnik nije ubijen unutar granica Srbije. To je obrambeni rat koji se u potpunosti vodi unutar granica Hrvatske." Budući da sam znao da novinari nikako ne vole da ih se optuži da razmišljaju pojednostavljeno, koristio sam to protiv njih kada god sam mogao. „To je pojednostavljen pogled na ovaj rat", često sam govorio. „Kada sam tek stigao i ja sam razmišljao poput Vas. No, što više toga naučite, to će Vam biti jasnije da je Vaš pogled pojednostavljen, a možda čak i rasistički." Često sam znao koristiti i sljedeće rečenice: „Nemate potpunu sliku" ili „Vi taj rat promatrate kao stranac." Tada bih nastavio objašnjavajući im kako bi na stvari trebali gledati iz drukčije perspektive.

Jednom sam prilikom malo pretjerao te me razotkrio novinar jedne izraelske radio stanice. Rekao je da je u Hrvatskoj kako bi situaciju doživio osobno. Njegov je plan bio kasnije otputovati u Beograd da vidi kako stvari izgledaju iz srpske perspektive. Razumljivo je što je bio ponajprije usredotočen na razdoblje hrvatske povijesti od 1941. do 1945. godine, kada su Hrvati bili saveznici Nijemaca za vrijeme Drugog svjetskog rata. Mislim da sam malo previše inzistirao nagovarajući ga da prouči hrvatsku povijest prije i nakon Drugog svjetskog rata. „Znate da su mnogi od ovih koji se danas bore u hrvatskim snagama zapravo djeca i unuci istih onih antifašističkih partizana koji su se borili protiv Hitlera. To što su Hrvati, ne znači da su njihovi očevi bili na strani Nijemaca za vrijeme Drugog svjetskog rata. Tito je zapravo nakon rata istrijebio većinu onih koji su stali na stranu nacista. Ne možemo osuditi sve Hrvate kao da su genetski krivi za nešto. To bi u isto vrijeme bilo i primitivno i rasistički." Nakon što je novinar strpljivo odslušao moj uobičajeni monolog, odgovorio mi je u obliku sljedećeg savjeta: „Ako želite biti uspješni u budućnosti, pokušajte biti malo objektivniji kada razgovarate o tome." U to vrijeme Hrvatska je bila puna stranih agenata iz različitih zemalja. Obavještajne agencije uvijek su koristile profesiju novinara kao krinku za svoje tajne aktivnosti. Vjerujem da su većina takozvanih „novinara" koje sam susreo zapravo bili strani obavještajni agenti koji su koristili krinku „novinara". Vjerujem da je to bio slučaj i s čovjekom srednjih godina koji je predstavljao radijsku postaju iz Tel Aviva. Budući da sam bio svjestan da je moja krinka otkrivena, odgovorio sam izravno i grubo. „Ja ne mogu biti objektivniji o ubojstvima hrvatskih civila, silovanjima hrvatskih žena, etničkom čišćenju hrvatskih sela i korištenju hrvatskih civila kao talaca nego što su to Židovi kada govore o holokaustu. Morate znati da hrvatska povijest ne počinje i ne završava s Drugim svjetskim ratom." Znao sam da sam pretjerao, no nadao sam se da je taj novinar ipak stekao drukčiji pogled na Hrvate i njihov rat za neovisnost.

 Druga izvrsna lokacija za razgovore s novinarima bili su barovi i restorani. Budući da u Hrvatskoj tijekom rata nije bilo turista, u hotelima su ponajprije bili smješteni izbjeglice, novinari i diplomati. Bilo je lako zaključiti tko su novinari. Voljeli su provoditi vrijeme u barovima, razmjenjujući glasine i iskustva, ponajprije glasine. Poštovanje koje sam imao za novinare izgubio sam davno prije Domovinskog rata. Time ne želim reći da svi novinari imaju mane, da su pristrani i da im nedostaje osnovna intelektualna znatiželja. John Burns, koji je pisao za *New York Times*, i Roy Gutman, koji je dobio Pulitzerovu nagradu, su dvojica novinara koji se ističu kao primjer onoga čemu bi svi novinari trebali težiti.

 Tipični novinari koje sam upoznao stavili bi novce na hrpu, iako su radili za konkurentske novine i agencije, i otišli u područja izvan Zagreba koja su bila jako oštećena u bombardiranju srpskih snaga. Njihova omiljena destinacija za te dnevne izlete bio je Karlovac jer je tamo uvijek bilo dovoljno

ZA HRVATSKU MOJE BAKE

oštećenih zgrada koje mogu fotografirati za svoje novine, a ujedno je Karlovac bio i dovoljno blizu Zagreba da se u rano poslijepodne mogu vratiti natrag u hotelski bar i nastaviti svoje alkoholom potpomognute sesije. Tada su razmjenjivali iskustva i glasine koje su čuli. Ukoliko je među njima slučajno bio novinar koji je zalutao čak do Slavonije, on je bio u središtu pozornosti. Smatrali su ga stručnjakom samo zato što se uputio u nešto udaljenija područja od ostalih novinara koji su sjedili za šankom i pili do kasno u noć.

Jedne je večeri nekoliko američkih, kanadskih i britanskih novinara sjedilo u kineskom restoranu hotela Astoria i glasno raspravljalo o tome kako su hrvatski vojnici užasni i kako su političari korumpirani. To je bila druga zajednička značajka zapadnih novinara tijekom rata. Prvo, uvijek su bili previše glasni. Drugo, dok su pametovali o ratu nisu u potpunosti razumjeli da se nalaze u ratnoj zoni daleko od kuće. Nakon što su završili s lažnim optužbama protiv generala Branimira Glavaša za prodaju oružja tim istim Srbima koji su napadali Osijek i susjedna sela, kao da JNA nije imala dovoljno oružja, počeli su optuživati Dobroslava Paragu za neko nedjelo za koje su vjerovali da ga je on počinio. No, novinari nisu primijetili da su ušla trojica vojnika s oznakama Hrvatskih obrambenih snaga na ramenima. Kao što sam prethodno naveo, HOS je bila paravojna skupina koju je organizirao taj isti Dobroslav Paraga, kojeg su ti novinari osuđivali. Većina pripadnika HOS-a voljela je Paragu. Mnogi mladi Hrvati razumiju i govore engleski. Na nesreću tih novinara te večeri, ti su vojnici sve razumjeli. U samim početcima rata u Hrvatskoj bilo je uobičajeno da hrvatski vojnici šetaju gradom ili sjede u barovima i kafićima s napunjenim puškama. Ti su vojnici imali kalašnjikove naslonjene na stol za kojim su sjedili. Nakon što su neko vrijeme slušali monolog najglasnijeg novinara „stručnjaka" (čije je prezime bilo Akerman) kako kritizira Hrvatsku, jedan od pripadnika HOS-a počeo je novinarima psovati majku i prijetiti da će ih ubiti. Takve se verbalne prijetnje u uobičajenim okolnostima ne shvaćaju osobito ozbiljno, no ja sam u jednom trenutku shvatio da sjedim između pripadnika HOS-a i novinara te čuo poznati zvuk repetiranja puške AK-47.

Manipulacija i subverzija

Budući da se nisam želio naći usred unakrsne vatre, okrenuo sam se u smjeru repetirane puške i jednostavno rekao vojniku na hrvatskom: „Pazi na moju glavu!" Rekao sam to s osmijehom, pokušavajući malo primiriti opasnu situaciju, no činilo se da nije pomoglo. Vojnik je postajao sve ljući, a novinar sve manje svjestan opasnosti koja mu je prijetila. Ja sam se već bio pomaknuo na sigurnije mjesto u baru, izvan izravnog dosega pucnjave, kada je Ivan, djelatnik recepcije, ušao iz lobija u restoran. S recepcije je vidio i čuo u kojem se smjeru stvari razvijaju te nazvao zapovjedništvo HOS-a, smješteno samo nekoliko ulica dalje. U roku od nekoliko minuta pojavila se skupina vojnika HOS-a s oznakama vojne policije i diplomatski odvela sve vojnike iz restorana. Siguran sam da novinari nikada nisu shvatili koliko je malo nedostajalo da budu ubijeni te večeri.

Tada sam još uvijek bio u nekoj vrsti limba, čekajući obavijest kako ću se pridružiti Merčepovoj jedinici. Zato sam i dalje pokušavao što više pridonijeti, objašnjavajući novinarima situaciju i pretvarajući se da sam novinar, zahvaljujući novinarskoj akreditaciji koju sam imao. No kako su tjedni odmicali, postajao sam sve frustriraniji jer sam čekao nekoga tko se možda nikada neće pojaviti. Davor Butković Žu, koji je još uvijek imao ulogu posrednika, pokazao se manje pouzdanim nego sam prvotno mislio. Počeo sam se preispitivati. Možda sam pogriješio što nisam otišao s Perom, Božom i Žukom u Split kada sam imao priliku. No, kako je Ante Pranić još uvijek bio u Zagrebu i radio u zgradi HOS-a, odlučio sam slijediti njegov primjer i pridružiti se Paraginim snagama.

Dobroslav Paraga

Dobroslav Paraga je bivši politički zatvorenik, kojeg je jugoslavenski režim 1980. godine zatvorio na četiri godine u dva najozloglašenija jugoslavenska zatvora za političke zatvorenike Lepoglavu i Goli Otok. Međunarodna organizacija za ljudska prava *Amnesty International* uvrstila ga je dva puta među „zatočenike savjesti". Pušten je 1988. godine nakon služenja kraće zatvorske kazne od šest mjeseci. Jugoslavenska vlada mu je

ZA HRVATSKU MOJE BAKE

prvotno uskratila dopuštenje za izlazak iz zemlje. Uz pomoć njemačke vlade ipak je dobio dopuštenje otputovati na zapad, gdje se susreo s političarima i novinarima vezano za brojne primjere kršenja ljudskih prava u komunističkoj Jugoslaviji. Paragu sam upoznao u svibnju 1989. godine u Mississaugi, predgrađu Toronta u kojem živi velik broj Hrvata. Pero, Marko i ja otišli smo autom iz Detroita u Toronto kako bi sudjelovali na prosvjedima protiv Jugoslavije i zahtijevali oslobađanje slovenskog novinara Janeza Janše iz jednog od jugoslavenskih zatvora. Janša je radio za slovenske novine *Mladina*. U obiteljskom domu političkog aktivista dr. Josipa Gamulina imao sam zadovoljstvo upoznati Dobroslava Paragu i dvojicu novinara *Mladine*. Jedan od tih novinara kasnije je ubijen dok je iz Sarajeva izvještavao o ratu. U to vrijeme Paragino mjesto boravka uvijek je bilo obavijeno velom tajne. Kružile su glasine o tome što mu se dogodilo nakon što je dobio dopuštenje da napusti Jugoslaviju. Takve vrste glasina bile su česte u hrvatskoj dijaspori, gdje nikada nije nedostajalo „stručnjaka" koji su svi imali svoje teorije. S obzirom na glasine, sjećam se da sam bio iznenađen kad sam ga vidio kako izlazi iz sobe u stražnjem dijelu kuće te ulazi u dnevnu sobu gdje smo sjedili.

  Prilikom prvog susreta stekao sam dojam da je Paraga introvert. Bio je ugodan i pristojan, uz dozu staromodne uglađenosti u ophođenju. Zbog nekog sam razloga bio iznenađen što je Paraga viši nego što sam očekivao, nekih 190 cm. Zbog okruglog lica i guste crne kose izgledao je težim nego što je vjerojatno bio. Paraga je bio dobro poznat svim domoljubnim Hrvatima u dijaspori. Smatrali su ga pravim hrvatskim junakom zbog osobnih žrtava koje je podnio boreći se protiv jugoslavenskog režima. Toga dana zasigurno je bio oprezan u svojim kontaktima s novim poznanicima iz hrvatske dijaspore. Bilo je opće poznato da se Udba uvukla u mnoge zajednice. Oprez je, s obzirom na okolnosti, bio mudar pristup.

  Sreli smo se još nekoliko puta, dok je on putovao Europom i Sjevernom Amerikom, razgovarajući s različitim zapadnim političarima. Njegova politička turneja uključivala je

Manipulacija i subverzija

Washington DC, gdje nije samo obavijestio američke senatore i kongresmene o jugoslavenskoj brutalnosti, nego je i lobirao kako bi oni promijenili svoj stav o američko-jugoslavenskim odnosima. Ponovno smo se sreli u svibnju 1991. godine u Zagrebu na predstavljanju mog filma *Bleiburška tragedija*. Bio sam u Hrvatskoj za vrijeme povijesnog referenduma koji je Hrvatima konačno omogućio da glasaju o oslobađanju od jugoslavenske dominacije. Već smo bili razgovarali o mom filmu prilikom našeg prvog susretu u Mississaugi dvije godine ranije, kada sam tek prikupljao materijal. Paragu je dovršen film u svibnju 1991. godine jako zanimao. Dogovorili smo se da se nađemo ispod sata na Kvaternikovom trgu u Zagrebu, gdje me je pokupio i odveo u svoju obiteljsku kuću u blizini. Izgledalo je kao da je tamo bila čitava njegova obitelj. Bili su vrlo pristojni i gostoljubivi prema meni. Gledali smo dokumentarac na njihovom televizoru. Paraga bi komentirao kada bi prepoznao nekoga od preživjelih svjedoka, poput našeg zajedničkog prijatelja Ante Pranića. Smatrao je izuzetnim što sam u filmu imao bivše časnike britanske Osme armije koji se sjećaju ubojstava Hrvata koja su počinili Titovih partizani.

Nakon što smo nas petorica stigli u Zagreb u listopadu 1991. godine, nastavio sam održavati kontakte s Paragom. Ostala trojica nisu pokazala interes za to, no Ante i ja smo često znali svratiti u njegov ured, čak i prije nego je Ante postao službeni dragovoljac Paraginog HOS-a. Paraga je u potpunosti zauzeo Starčevićev dom koji se nalazio nasuprot željezničkog kolodvora u Zagrebu. Zgrada je dobila ime po utemeljitelju hrvatskog domoljublja i izvorne Stranke prava. Nalazila se na vrhunskoj lokaciji. Paragin ured na uglu trećeg kata imao je pogled na Trg kralja Tomislava i spomenik prvom hrvatskom kralju. Kada sam došao u njegov ured u listopadu 1991. godine, napredovao je od čelnika Hrvatske stranke prava do vođe HOS-a.

Naoružani HOS-ovi vojnici uobičajeno su bili smješteni na ulazima u zgradu i na stubištu. Dvojica čuvara provjeravala su osobne iskaznice. Sljedeći čuvar nalazio se na kraju hodnika na prvom katu pored stubišta odmah uz ulaz. Naoružani vojnici bili

ZA HRVATSKU MOJE BAKE

su i na vrhu stuba na svakom katu, sve do ureda Dobroslava Parage na trećem katu. Ulaz u njegov ured također su čuvali naoružani vojnici. U početku smo i Ante i ja morali proći provjeru čitavog niza naoružanih vojnika kako bi vidjeli Paragu. Kasnije, nakon što se Ante pridružio HOS-u, postao sam tako čest gost da su me njegovi čuvari već poznavali te smo se pozdravljali dok sam se stubama penjao prema njegovom uredu.

Zato sam, kada sam konačno odlučio da ću se pridružiti HOS-u, bio siguran da ću bez problema dobiti Paraginu suglasnost. Nadao sam se da će me Paraga priključiti maloj tijesno povezanoj skupini britanskih dragovoljaca, koji su svi bili profesionalni vojnici i prošli izvrsnu obuku britanske vojske u područjima za koja su bili stručni. Prilično smo se dobro upoznali uz povremeno pivo u barovima u blizini sjedišta HOS-a. Jednom prilikom nam se pridružio još jedan Amerikanac hrvatskog podrijetla iz Chicaga po imenu Robert, koji je također bio dragovoljac HOS-a. Neki bi te Britance mogli nazvati plaćenicima jer su dobivali malu naknadu za njihovu pomoć u obučavanju HOS-ovih snaga, koje, poput ostalih hrvatskih vojnika u jesen 1991. godine, nisu prošle nikakvu vojnu obuku. Shvatio sam da su svi oni bivši pripadnici Britanske kraljevske mornarice ili specijalnih zračnih snaga koji su došli u Hrvatsku nakon što su vidjeli zločine koji su Srbi počinili nad hrvatskim civilima. Činili su mi se iskrenima kada su rekli da jednostavno nisu mogli podnijeti da stoje po strani i gledaju krvave scene koje su se svakoga dana prikazivale na britanskoj televiziji. Rekli su da su jednostavno morali stati na stranu Hrvata i ponuditi svoju vojnu stručnost. U toj skupini petorice dobrovoljaca bili su snajperisti te stručnjaci za eksploziv i postavljanje zamki. Razgovarao sam s njima o mojoj želji da im se pridružim. Svi su bili suglasni, pod uvjetom da Paraga dâ svoje odobrenje.

Mislim da je bio 21. studeni 1991. godine, kada sam se popeo stubištem kako bih razgovarao s Paragom i dobio potrebno odobrenje da se pridružim HOS-ovim snagama. Naš je susret prošao u prijateljskom ozračju kao i inače. Nakon što smo razmijenili nekoliko uobičajenih rečenica, spomenuo sam mu

Manipulacija i subverzija

zbog čega sam došao. Paraga je bio uvjeren da, budući da znam malo hrvatski, mogu biti koristan britanskim vojnicima. Osim toga, nije trebao brinuti zbog moje lojalnosti jer je znao da sam član pokreta za slobodu Hrvatske već godinama i to prije nego je rat počeo. Nakon što sam dobio Paragino dopuštenje da se pridružim HOS-u i maloj skupini Britanaca, dogovorili smo da ću sljedećeg dana doći u sjedište HOS-a s opremom i spreman za odlazak na front. Još uvijek sam kod sebe imao opremu koju sam imao i prilikom uhićenja u Njemačkoj, izuzev oružja. To me nije brinulo jer sam znao da HOS ima sasvim dovoljno pušaka AK-47, kineskih pušaka SK, ručnih bombi i raketnih granata. Već sam bio stekao naviku uvijek sa sobom nositi ručne bombe kada sam putovao u područja Hrvatske koja su bila blizu prve linije fronta, poput Karlovca, Siska i Osijeka. No, trebao sam postati sumnjičav kada je, neposredno prije nego sam otišao razgovarati s Paragom, specijalna policija izvršila pretres lokacije na kojoj je Paraga skladištio dio oružja i streljiva. U to je vrijeme, prije nego je tamo bio izgrađen moderni trgovački centar, to bio prljavi, mračni pothodnik koji je vodio od Starčevićevog parka do željezničkog kolodvora. U pothodniku su se nalazili drugorazredni, neugledni restorani i barovi u koje je zalazila ista vrsta ljudi koja se obično noću mota oko željezničkih kolodvora i u drugim većim gradovima. U skladištu iza jednog od tih barova nalazilo se mjesto gdje je HOS obično skladištio svoje oružje i streljivo. Tu je lokaciju pretresla policija.

  Večer prije nego sam se trebao javiti za svoj prvi dan u HOS-u proveo sam pakirajući ranac na isti način kao što sam to bio učinio mjesec dana prije toga, kada sam očekivao odlazak u Pakrac s Merčepovim snagama. Rano ujutro, obučen u odoru, nosio sam ranac prema sjedištu HOS-a, no nešto nije bilo u redu. Ispred zgrade HOS-a, na pločniku i u zgradi po hodnicima bilo je neobično puno pripadnika HOS-a. Među vojnicima koji su stajali na ulazu bilo je i nekoliko britanskih dobrovoljaca.

  „Što se dešava?", upitao sam. „Nisi čuo? Uhitili su Paragu danas ujutro, dok je bio na putu prema sjedištu." Stajao sam u nevjerici. „Tko ga je uhitio?", upitao sam. „Tuđmanove specijalne

ZA HRVATSKU MOJE BAKE

jedinice su ga uhitile te je optužen za nešto. Nismo sigurni za što je optužen." I tako sam stajao tamo na hodniku sa svojim torbama, spreman da konačno učinim ono zbog čega sam prvotno došao u Hrvatsku i saznao da me ponovno u tome nešto spriječilo. Objasnio sam Britancima da sam dan prije bio ovdje i da mi je Paraga dao dopuštenje da se pridružim njihovoj maloj skupini. „Evo me ovdje s torbama i spreman sam za polazak!" „Žao mi je", odgovorio je Britanac, „ali ne možemo te povesti dok se ne čujemo izravno s gospodinom Paragom." „Zar vam on to nije rekao jučer, nakon što sam otišao iz njegovog ureda?" „Ne, nije nam ništa rekao", glasio je njihov odgovor. Potpuno razočaran, i to po drugi puta, psovao sam dok sam se vukao natrag u hotel Astoria sa svojim torbama. Kasnije sam saznao da je hrvatska vlada Paragu optužila za „veleizdaju". Optužbe su na kraju odbačene.

Nikad nisam ni pomislio da ću se suočiti s tako mnogo prepreka, kada smo počeli razgovarati o tome da se kao dragovoljci pridružimo Domovinskom ratu. Najprije su Nijemci uzeli moje oružje. Nakon toga je uhićen Pika te su propale naše nade da ćemo se pridružiti Merčepovoj jedinici. Sada, upravo ovog jutra kada sam došao u sjedište HOS-a, Paraga je uhićen. Imao sam osjećaj da gubim kontrolu nad situacijom. No, to mi je iskustvo pomoglo da naučim važnu lekciju koja će mi izrazito olakšati rad i boravak u Hrvatskoj u sljedećih nekoliko godina.

Prva lekcija glasila je da se, ako se želi biti uspješan u Hrvatskoj, mora se što manje oslanjati na pomoć drugih. U većini slučajeva, pomoć se dobiva samo ako od toga koristi imaju obje strane.

Druga lekcija koju sam naučio bila je ta da najbolje radim sam. Mogao sam se nositi s neuspjesima koji su rezultat mojih krivih procjena ili pogrešaka, ali nikako mi se nije svidjelo kada sam kasnio s ostvarivanjem svojih ciljeva zbog pogrešaka drugih ljudi ili, još gore, zbog njihovog pasivnog otpora.

Odluku kako dalje olakšala mi je činjenica što sam slučajno otkrio nešto u čemu sam dobar, dok sam, pod krinkom novinara, počeo surađivati s novinarima. Ako već ne mogu

Manipulacija i subverzija

sudjelovati u ratu s oružjem u ruci, mogu barem nastaviti sudjelovati u ovoj fazi rata, pokušavajući utjecati na ono što novinari pišu o ratu u Hrvatskoj. Stoga sam nastavio razgovarati s novinarima, pokušavajući promijeniti njihova prethodno stečena uvjerenja, predodžbe i teme, za koje se činilo da ih jednostavno preuzimaju jedni od drugih. Potrudio sam se da budem okružen novinarima i da se družim s njima, kada sam putovao u različite gradove po Hrvatskoj kako bih dokumentirao gađanje civilnih ciljeva od strane srpskih snaga.

Jugoslavenska novinska agencija TANJUG i skupine koje su lobirale za nju, primjerice organizacija SERBNET, su rat protiv Hrvatske stalno prikazivale kao „građanski rat", „etnički rat" ili „drevni etnički sukob". Ja sam zapravo imao ulogu novinara evanđelista. Po danu sam putovao Hrvatskom, fotografirajući posljedice srpskog agresorskog rata. Navečer sam se družio s kolegama novinarima i širio priču o hrvatskoj slobodi, neovisnosti i samoodređenju, ističući pritom zla komunizma, srpskog ugnjetavanja i srpskog etničkog čišćenja. Jednostavno bih postavio pitanje može li se, sve dok se krv prolijeva isključivo unutar granica Hrvatske, zaista govoriti o građanskom ratu ili etničkom sukobu. To je genocid i to treba nazvati pravim imenom! Nažalost, tek kasnije, nakon ratova koji su uslijedili protiv Bosne i Hercegovine i Kosova, novinari i diplomati konačno su počeli osuđivati srpsku praksu etničkog čišćenja kao genocid.

Do sredine prosinca 1991. godine Hrvatska vojska u nastajanju uspjela je zadržati kontrolu nad sedamdeset i pet posto teritorija Hrvatske. Nažalost, Hrvati s preostalih dvadeset i pet posto teritorija izgubili su svoje domove i postali su prognanici. Moja obitelj iz Petrinje bila je prisiljena živjeti u susjednom Sisku sljedeće četiri godine. Pokušavajući kupiti vrijeme i nabaviti više oružja, predsjednik Tuđman sklopio je sporazum o prekidu vatre između Jugoslavije i Hrvatske. Činilo se da se obje strane pridržavaju sporazuma. Mnogi vojnici dragovoljci vratili su se svojim domovima u sljedeće četiri godine, nadajući se da će Hrvatska vratiti svoj okupirani teritorij. Interes medija za rat u Hrvatskoj također je jenjavao. Zapadni novinari su umjesto toga u sljedeće četiri godine slani u Bosnu i Hercegovinu, posebice u Sarajevo. Odlučio sam da je vrijeme za povratak kući. Iako prilikom povratka u prosincu 1991. godine nisam imao osjećaj da sam značajno doprinio u tom razdoblju Domovinskog rata, nadao sam se da ću moći učiniti više u godinama koje slijede. Pero, Marko i Božo također su Sporazum o prekidu vatre doživjeli kao priliku za povratak kući. Ante Pranić ostao je u Hrvatskoj i preminuo 1995. godine.

Planirao sam nastaviti svoj uobičajeni život u Americi, u isto vrijeme pomažući Hrvatskoj. Na moje iznenađenje, uhićenje u Njemačkoj nije jednostavno nestalo u listopadu 1991. godine. Američki savezni agenti poremetili su moje planove za mirnim, uobičajenim životom svojim ranojutarnjim pretresom moga doma ubrzo nakon povratka u Ameriku.

Unutrašnjost Glavnog stožera JNA nakon povlačenja JNA iz Hrvatske

Manipulacija i subverzija

Prepirka s oficirima JNA ispred sjedišta JNA u Zagrebu

Dobroslav Paraga, drugi s desne strane

ZA HRVATSKU MOJE BAKE

Pripreme za odlazak u Osijek 1991. godine

Manipulacija i subverzija

Pretres specijalne policije u zgradi HSP-a

ZA HRVATSKU MOJE BAKE

Grad Karlovac za vrijeme minobacačkog napada

8

Savezni agenti, otvorite!

PRVA NAZNAKA da se život drastično promijenio dogodila se nakon povratka na moje radno mjesto u lokalno komunalno poduzeće u Detroitu. U to vrijeme radio sam za *Detroit Edison Company* više od petnaest godina. Moji nadređeni i djelatnici sindikata su mi u povjerenju rekli da su ih za vrijeme moje odsutnosti ispitivali savezni agenti o mojim aktivnostima i djelovanju prije odlaska u Hrvatsku.
    Bez obzira što su ih savezni agenti obvezali na tajnost, neki od njih rekli su mi da su agenti željeli izraditi moj profil osobnosti. Kakav sam kao zaposlenik? Koliko dugo sam zaposlen? Zanimale su ih i „neobične aktivnosti" koje su možda primijetili. Posebice ih je zanimalo jesu li primijetili da sam u prostorije poduzeća unosio neke predmete i kojim sam sve dijelovima tvrtke imao pristup. Bilo mi je jasno da su stekli dojam da krijumčarim predmete namijenjene Hrvatskoj i skladištim ih negdje u prostorijama ili na zemljištu tvrtke kako ih ne bih morao

ZA HRVATSKU MOJE BAKE

čuvati kod kuće, za slučaj da savezni agenti dobiju nalog za pretres. Mislili su da, uz ono što je pronađeno u mojoj prtljazi u zračnoj luci u Frankfurtu, imam još toga. Savezni agenti još su dugo bili uvjereni u to, što potkrjepljuje događaj koji ću opisati u nastavku.

U to sam vrijeme, pak, pokušavao vratiti neku vrstu rutine u životu. To je uključivalo objavljivanje članaka i radijske intervjue u Detroitu o ratu u Hrvatskoj.

I tako sam, 1. svibnja 1992. godine, dok sam se brijao rano ujutro, začuo lupanje na vratima mog unajmljenog stana. „Savezni agenti, otvorite!" Lupanje se nastavilo dok sam uklanjao pjenu za brijanje s lica, pitajući se jesam li dobro čuo. Zar su doista vikali „Savezni agenti!"? Otišao sam otvoriti vrata. Sjećam se da sam bio posramljen i ljut što će probuditi sve moje susjede. Čovjek srednjih godina sijede kose i sivih brkova stajao je na vratima kada sam otvorio. Izgledalo je da je čitavo stubište iza njega puno muškaraca u odijelima i vjetrovkama. „Jeste li Vi Michael Palaich?", upitao je. „Jesam." „Mi smo savezni agenti. Možemo li ući?" Ja sam upitao: „Imate li nalog?" On je pokazao nalog, koji je nervozno držao u desnoj ruci. Agent, kojeg sam kasnije upoznao, bio je John Cange iz Carinskog odjela. Agent Cange bio je toliko nervozan da mu se ruka vidljivo tresla, dok mi je držao nalog pod nosom. Pretjerano samouvjereno, potapšao sam ga po ruci kao što se inače to čini malom djetetu i rekao: „Samo polako. Uđite ako imate nalog." „Imate li oružje u stanu?", upitao je. „Ne, samo 45-kalibarski pištolj za koji imam dozvolu." Rekao je da mu pokažem gdje je pištolj. Jedan od agenata ga je izvadio, dok su drugi agenti započeli pretraživati različite dijelove stana. Prisutan je bio i policajac u odori iz postaje Sterling Heights. On je sjedio na mom kauču. To me nije iznenadilo jer sam znao da savezni agenti često kao pratnju imaju lokalne policajce koji ih prate na mjesta pretresa, u ovom slučaju obližnji grad Sterling Heights u saveznoj državi Michigan.

Nije imalo smisla biti agresivan ili ulaziti u raspravu s agentima. Vjerovao sam da oni samo rade svoj posao. Svatko od nas radi svoj posao. Uvijek sam razmišljao na taj način. „Želi li

Savezni agenti, otvorite!

netko od vas kavu?", upitao sam. Na moje iznenađenje, dvojica agenata koja su sjedila za stolom u blagovaonici rekli su: „Naravno, ja ću kavu." Glavni agent Cange odbio je. Nakon što sam natočio kavu dvojici agenata i sebi, rekli su mi da sjednem za stol u blagovaonici. Dok smo nas četvorica sjedili za stolom, ostali agenti bili su u drugim dijelovima stana i pretraživali ladice, ormare, komode, kutije, fotografije i dokumente. Jedan od agenata, koji je bio zadužen za informacijsku tehnologiju, pretraživao je moje računalo.
„Što ste ponijeli u Njemačku?", upitao je agent Cange. „Ponio sam sve ono što sam prijavio", odgovorio sam. „A što je to bilo?", ponovno je upitao. „Točno ono što sam prijavio." Kada me po treći put upitao što sam ponio u Njemačku, slučajno sam pogledao prema policajcu koji je još uvijek sjedio na kauču. Bio sam iznenađen kada sam primijetio da odmahuje glavom uz suptilno neodobravanje. „Mislim da je vrijeme da nazovem odvjetnika", rekao sam. „Niste uhićeni. Samo Vam želim postaviti nekoliko pitanja.", uzvratio je agent Cange. „Hoćete reći da *još* nisam uhićen.", odgovorio sam sarkastično. „U redu, ako mislite da trebate odvjetnika, ja Vas u tome ne mogu spriječiti." Nakon što je to rekao, ustao sam i obavio poziv s telefona koji je visio na zidu samo nekoliko koraka dalje.

Moj šogor bio je policajac u gradu Oak Park u Michiganu. Pomislio sam da će on zasigurno znati dobrog odvjetnika. Budući da je bilo rano ujutro, Jim je još uvijek bio kod kuće. „Hej Jim, tu kod mene su neki savezni agenti s nalogom za pretres i treba mi dobar odvjetnik. Znaš li nekog?" Nakon kratkog razmišljanja, Jim mi je dao broj jednog od najboljih odvjetnika na području Detroita, Richarda Lustiga. Richard Lustig nije bio samo izvrstan odvjetnik, već i izrazito skup. Bio je specijaliziran za posebne slučajeve, koji su vrlo često uključivali krijumčarenje droge. Ne znam više jesam li nazvao Lustiga doma ili u ured, no bio sam vrlo sretan što se javio. Nakon što sam objasnio da me Jim uputio na njega, Lustig me odmah pristao zastupati i prihvatiti me kao klijenta. Rekao je da dođem u njegov ured kasnije toga dana. Prije nego je spustio slušalicu, Lustig je pak rekao da želi razgovarati s

ZA HRVATSKU MOJE BAKE

glavnim agentom. "Moj odvjetnik želi razgovarati s Vama", rekao sam pružajući slušalicu Cangeu.
„Da, gospodine", čuo sam agenta Cange kako govori. "Pozdrav. Da. Agent John Cange iz Carinskog odjela. Da, gospodine. Razumijem. Vaš odvjetnik želi razgovarati s Vama", rekao je Cange, vraćajući mi telefon. „Slušajte, rekao sam agentu da Vam ne smije više postavljati pitanja.", rekao je Lustig. „Nećete mu više ništa reći, razumijete li? Želim da dođete u moj ured danas popodne." Nakon što sam spustio slušalicu, čuo sam nešto što me jako razveselilo. Jedan od saveznih agenata upitao je Cangea: „Kako se zove odvjetnik?". Cange je odgovorio: „Richard Lustig." Drugi agent spustio je glavu i vrlo tiho uzdahnuo: „Uf, sranje! ". To mi je potvrdilo da me šogor uputio na najboljeg mogućeg odvjetnika.

Agent Cange nastavio mi je postavljati pitanja, bez obzira što je neposredno prije obećao Lustigu da to neće činiti. U jednom trenutku je stolu za kojim smo sjedili prišao jedan od agenata s fotografijom u ruci. Bila je to fotografija mene kako sjedim na krevetu, držeći ručne bombe u svakoj ruci. „Jesu li prave? ", upitao je Cange, lukavo se smiješeći. Odgovorio sam podižući bradu, dajući mu na taj način do znanja da je to nešto što on mora otkriti. Nisam mu htio reći da su to prave ručne bombe koje sam nosio u džepovima dok sam putovao po Hrvatskoj. U samim počecima rata linije fronta stalno su se mijenjale. Moj je najveći strah bio da će me uhvatiti zbog toga što je vozač autobusa krivo skrenuo ili što vlakovođa nije bio upoznat s promjenom rute. Cilj mi je bio da me nikada ne uhvate živog jer sam znao da srpski četnici često muče svoje žrtve prije nego ih ubiju. Čvrsto sam odlučio da neću biti jedna od tih žrtava. Ručne bombe bile su moj način za rješavanje te dileme. Planirao sam ih iskoristiti kako bih raznio one koji su me zarobili i samoga sebe. Dok sam bio u Hrvatskoj, imao sam pristup i puškama AK-47, no odlučio sam putovati po Hrvatskoj s ručnim bombama u džepovima jer su one bile manje upadljive.

Agenti su nastavili kopati po mojim stvarima sljedećih četiri do pet sati. Povremeno bi došli s nekom torbom ili kutijom

Savezni agenti, otvorite!

s mojim osobnim stvarima, poput fotografija, dokumenata ili dnevnika, za koje su vjerovali da bi mogle biti korisne kao dokaz. Nakon što su konačno završili, agent Cange mi je vratio registrirani 45-kalibarski pištolj, koji je bio prethodno uzeo iz stana. Nisam bio iznenađen jer nisam uopće sumnjao da će se pokazati da je sve čisto i da je pištolj registriran na moje ime. Kada su otišli, shvatio sam koliko su detaljno pretražili moj stan. Čak su micali i pozadine komoda i papir koji se nalazio iza ogledala. Očito su mislili da skrivam dokumente, novac ili oružje.

Može zvučati čudno što se nikada nisam uvrijedio zbog onoga što su agenti radili, bez obzira je li riječ o danu kada su pretresli moj stan, o prethodnim ispitivanjima, kada su me optuživali za postavljanje bombi u zgradama, ili kada mi je agent FBI-a jednog dana rekao da želi vidjeti moje ime na popisu „deset najtraženijih kriminalaca". I dalje sam smatrao da oni samo rade svoj posao. Zapravo sam ih većinu vremena cijenio zbog njihove profesionalnosti. Uvijek su mi se obraćali s poštovanjem i ja sam im uzvratio na isti način.

Richard Lustig

To popodne otišao sam u ured odvjetnika Richarda Lustiga u centru Birminghama. Nisam mogao znati koliko je Lustig zapravo skup odvjetnik. Lustig je stalno imao jako puno posla bez obzira na visoke cijene jer je odlično radio svoj posao. Ljudi koje je zastupao bili su i više nego spremni platiti onoliko koliko je on naplaćivao. U pravilu se bavio saveznim prekršajima za koja su suđenja mogla trajati godinama. Bio je izrazito uspješan.

Lustig se približavao petom desetljeću kada me preuzeo kao klijenta. Bio je poznat po svojoj dugoj kosi, bradi i odijelima Armani. Bio je utjelovljenje vrlo uspješnog odvjetnika iz velikog grada. Sjedio je za stolom kada sam ušao u njegov ured tog poslijepodneva, 2. svibnja 1992. godine. Zamolio me da sjednem i ispričam mu o sebi, svim detaljima slučaja i dokazima koje vlada ima protiv mene. Želio je znati i o mom uhićenju u Njemačkoj.

ZA HRVATSKU MOJE BAKE

Cijelo vrijeme sastanka vodio je bilješke. Nakon toga je počeo govoriti.
Znao je, i bez da sam mu rekao, da nemam toliko novaca kao većina njegovih klijenata. Znao je da ne mogu platiti ni akontaciju ni uobičajenu naknadu. „Preuzet ću vaš slučaj *pro bono*. Platite mi koliko možete. Možda od toga neće biti ništa.", rekao je na kraju. Godinama kasnije objasnio mi je svoje razloge za preuzimanje mog slučaja *pro bono*.
Nekoliko tjedana nakon što su agenti pretresli moj dom, nazvali su me prijatelji. „Ti si na vijestima na televiziji", rekli su. „Jesi li vidio?" Nisam to vidio, no uspio sam pogledati reprizu u 11 sati. Priča je sadržavala intervjue s lokalnim trgovcima oružjem, fotografije oružja sličnog onom koje su mi Nijemci zaplijenili, noćne snimke i dramatične snimke rata. Televizijski reporter Vince Wade pripremio je taj prilog.
Sljedećeg dana nazvao sam Lustigov ured kako bih ga obavijestio o tome. „Ne brini", bio je Lustigov odgovor. „Oni samo ispituju teren i čekaju da ti nešto učiniš. Žele te učiniti nervoznim. Žele vidjeti koga ćeš nazvati i kako ćeš reagirati na publicitet. Supruga Vincea Wadea radi za FBI i oni mu često daju informacije za njegove priloge." To mi je pomoglo da stvari sagledam iz potpuno druge perspektive i potvrdilo moje sumnje da su informacije o tom slučaju došle do novinara zbog određenog razloga. Lustig mi nije morao reći da ne zovem ljude okolo. Instinktivno sam se odupro tome da zovem druge ljude koji su bili uključeni u moj slučaj jer sam vjerovao da prisluškuju moj telefon. Vjerovao sam da će agenti, u najmanju ruku, provjeravati moje ispise poziva, što se kasnije i potvrdilo.
Na kraju razgovora Lustig me upozorio da ne učinim ništa glupo. Nisam bio skroz siguran što je time mislio, no nisam htio inzistirati. Na kraju je rekao da ima lokalnog novinara, ujedno i dobitnika nagrada, koji radi za radijsku postaju WJR u Detroitu, Roda Hansena, koji za njega povremeno radi kao istražitelj. „Vidjet ću što može saznati o tvom slučaju od svojih izvora u vladi." Rod Hansen puno je radio na mom slučaju jer je to Lustigu bilo potrebno za pripremu suđenja.

Savezni agenti, otvorite!

U sljedećih pet godina stalno su mi se javljali ljudi koje poznajem kako bi mi rekli da su savezni agenti upravo posjetili njihove domove ili radna mjesta kako bi se raspitivali o meni. Izgledalo je kao da agenti pritom ne brinu previše o troškovima. Činilo se da su bili uvjereni da sam dio neke velike međunarodne operacije za krijumčarenje oružja hrvatskim snagama.

Ponekad sam znao uhvatiti ljude prerušene u beskućnike kako izlaze iz kombija i kopaju po kontejnerima iza kompleksa zgrada u kojima sam živio. To ne bi bilo ništa neobično da sam živio u centru velikoga grada, no moj je stan bio u predgrađu gdje je živjela srednja klasa i gdje beskućnici nisu bili česti prizor. Prišao bih im i upitao ih što traže. „Samo tražim hranu, čovječe", bio je njihov odgovor. Problem je bio taj što su izašli iz kombija s registarskim tablicama savezne države Arizona. „Jeste li prešli čitav taj put iz Arizone kako biste kopali po mom kontejneru za smeće?", sarkastično sam pitao. Javna tajna bila je da su američki savezni agenti na tajnim zadacima u Detroitu 1990-tih godina voljeli koristiti vozila s registarskim pločicama iz Arizone. Uvijek kada se autom prolazilo niz bulevar *Lafayette* moglo se primijetiti čitav niz nepravilno parkiranih vozila ispred Zgrade američkog saveznog suda u kojoj se nalaze uredi mnogih saveznih agencija. Sva vozila, bez iznimke, imala su registarske pločice iz Arizone. Nikada nisam otkrio što je bio razlog tomu. Jedina teorija koju sam imao bila je da je to zbog istog razloga zbog kojeg su ljude u saveznom programu zaštite svjedoka najčešće prebacivali upravo u tu saveznu državu.

Često su me pratili tijekom dana kako bi utvrdili uobičajenu rutu kojom se krećem. Jednom sam prilikom primijetio da me agenti prate u neoznačenom vozilu, dok sam službenim autom vozio ulicom *Fort*. Skrenuo sam desno niz ulicu *McKinstry*, nešto malo izvan centra Detroita i zaustavio u dvorištu velikog industrijskog kompleksa na četiri kata, koji je odavno bio napušten. Ušao sam u veliko otvoreno dvorište koje je s četiri strane bilo okruženo zidovima. Deset minuta kasnije napustio sam kompleks i nastavio voziti prema istoku ulicom *Fort* otprilike dvadesetak minuta, prije nego sam se okrenuo i vratio prema

ZA HRVATSKU MOJE BAKE

napuštenom kompleksu. Prolazeći pored napuštene zgrade, vidio sam puno neoznačenih vozila koja su blokirala obje strane ulice kojom sam prvotno prošao prije nekih četrdeset minuta. Blokiran je bio i ulaz u napušteni kompleks. Jedno od pitanja koje su postavljali mojim kolegama i nadređenima glasilo je: „Jeste li primijetili da Palaich istovaruje ili skladišti kutije na zemljištu kompanije?" Jasno je da su mislili da šaljem vojnu opremu hrvatskim snagama i da sam ih naivno odveo do zgrade u kojoj sam skladištio opremu. Bili su u krivu, no to mi je iskustvo potvrdilo koliko su bili ozbiljni u svojim namjerama da pronađu dokaze kako bi me konačno mogli optužiti.

Nadzor tog intenziteta trajao je gotovo pet godina. Zastara za tu vrstu kaznenog djela je upravo pet godina. U listopadu 1996. godine, samo jedanaest dana prije isteka roka zastare, savezni je tužitelj konačno uspio podići optužnicu protiv mene. No taj je dan još uvijek bio u budućnosti. Za sada sam još uvijek bio slobodan i mogao sam putovati u Hrvatsku i natrag.

Nevjerojatan pritisak kao rezultat intenzivne istrage koja traje dugi niz godina može ostaviti traga na strpljenju i zdravlju. No, tvrdoglavost koja je postala sastavni dio moje osobnosti spriječila me da se prepustim stresu. Nisam dopustio da mi pravni problemi onemoguće redovite aktivnosti. Nastavio sam izvršavati svoju ulogu, koliko god mala bila, u pomaganju Hrvatskoj da ostvari neovisnost.

Savezni agenti, otvorite!

AO 93 (Rev. 5/85) Search Warrant

92 X 7 2 2 3 4

LAWRENCE ZATKOFF

United States District Court

EASTERN DISTRICT OF MICHIGAN

In the Matter of the Search of
(name, address or brief description of person or property to be searched)

Georgian Manor Apartments
4566 15 Mile Road
Sterling Heights, Michigan
which includes a 4 x 5 storage facility
located in the basement of the above
apartment complex specifically designated
for Apartment 110.

SEARCH WARRANT

CASE NUMBER:

TO: ____U.S. Marshal Service____ and any Authorized Officer of the United States

Affidavit(s) having been made before me by __S/A John P. Cange__ who has reason to
                                                        Affiant
believe that ☐ on the person of or ☒ on the premises known as (name, description and/or location)
Georgian Manor Apartments, 4566 15 Mile Road, Apartment 110, Sterling Heights, Michigan, a multi-family two story brick with white trim apartment building containing apartment number 110. Apartment number 110 is located in the northeast corner on the first floor identified by numerals 110 on the door.
Building 4566 is identified by the numerals 4566 above the entrance of said building, and the 4 x 5 storage facility is located in the basement of the apartment complex and is labeled Apartment 110.

in the ____Eastern____ District of ____Michigan____ there is now
concealed a certain person or property, namely (describe the person or property)
Purchase orders, invoices, packing slips, shipping/export documents, financial records, notes, telexes, memoranda, facsimiles, correspondence, telephone toll sheets, and other electronically stored data, as well as phone books, phone registers, papers with names, addresses, or phone number which would tend to identify persons who are involved with Michael Palaich for violations of Title 22 U.S.C. 2778(b).

I am satisfied that the affidavit(s) and any recorded testimony establish probable cause to believe that the person or property so described is now concealed on the person or premises above-described and establish grounds for the issuance of this warrant.

YOU ARE HEREBY COMMANDED to search on or before ____MAY 01 1992____
                                                        Date
(not to exceed 10 days) the person or place named above for the person or property specified, serving this warrant and making the search (in the daytime — 6:00 A.M. to 10:00 P.M.) ~~(at any time in the day or night as I find reasonable cause has been established)~~ and if the person or property be found there to seize same, leaving a copy of this warrant and receipt for the person or property taken, and prepare a written inventory of the person or property seized and promptly return this warrant to ____VIRGINIA MORGAN____
                                                                    U.S. Judge or Magistrate
as required by law.

__1:12 p.m. 4/22/92__ at __Detroit, Michigan__
Date and Time Issued   City and State

MAGISTRATE JUDGE VIRGINIA MORGAN   _Virginia M. Morgan_
Name and Title of Judicial Officer   Signature of Judicial Officer

Nalog za pretres

9

Grad pod opsadom

NASTAVIO SAM često putovati iz Amerike u Hrvatsku i natrag nakon potpisivanja takozvanog prekida vatre između hrvatskih snaga i JNA u prosincu 1991. godine. Nakon što su savezni agenti izvršili pretres mog doma u svibnju 1992. godine, moje aktivnosti usmjerene na prohrvatsku propagandu postale su još intenzivnije nego prije rata. Te su aktivnosti uključivale podsjećanje medijskih kuća i američkih političara da Srbi pomoću JNA još uvijek nelegalno pod okupacijom drže dvadeset i pet posto hrvatskog teritorija. Nadalje, činilo se važnim razviti bolju suradnju i odnose s bosanskim Muslimanima i drugim muslimanskim skupinama koje žive u saveznoj državi Michigan. Nakon prekida vatre između Hrvatske i JNA, Ujedinjeni narodi su jednostavno dopustili JNA da velike količine svoje ratne mašinerije transportira preko granice u Bosnu i Hercegovinu, gdje se JNA slobodno mogla usredotočiti na svoje nove žrtve. Kada je JNA pod vodstvom Srba napala Hrvatsku, bilo je to pod izgovorom da štite

ZA HRVATSKU MOJE BAKE

srpsku nacionalnu manjinu od „hrvatskih ekstremista", takozvanih „ustaša". Nakon napuštanja Hrvatske usredotočili su se na Bosnu i Hercegovinu te započeli prolijevanje krvi opravdavati kao kampanju za obranu Europe od širenja islama. Svakom je promatraču bilo jasno da će u Bosni i Hercegovini biti proliveno puno više krvi. Budući da su tri petine stanovništva u Bosni i Hercegovini činili Muslimani i da je u Michiganu postojala jedna od najvećih muslimanskih zajednica izvan Bliskog Istoka, smatrali smo da će biti korisno uspostaviti veze s muslimanskom zajednicom koja je živjela na području tri županije oko Detroita.

Jedna od aktivnosti s dugoročnim pozitivnim učincima bio je simpozij o Bosni i Hercegovini, kojemu sam predsjedao i koji sam organizirao uz pomoć nekoliko Hrvata s područja Detroita. Na simpoziju su govorili Muhamed Sacirbey (Šaćirbegović), veleposlanik Bosne i Hercegovine pri UN-u, George Kenney, voditelj Jugoslavenskog ureda pri američkom State Departmentu, Mario Nobilo, veleposlanik RH pri UN-u, moj dobar prijatelj dr. Ante Čuvalo, profesor povijesti, i Ivan Mišić, zamjenik veleposlanika Bosne i Hercegovine pri UN-u. Moderator tog događaja bio je vrlo popularni voditelj iz Detroita s radijske postaje *WXYT*, David Newman, kojeg sam dobro poznavao. Uz iznimku veleposlanika Nobila, svi ostali sudionici simpozija bili su mi od velike pomoći u godinama koji su slijedile. Nobilo mi nikada nije odbio pomoći; njega jednostavno nikada nisam ni zamolio za pomoć na nekom projektu.

1992. godine počeo sam raditi za Newmana kao dopisnik za radijsku postaju *WXYT* kada bih putovao u Hrvatsku. Newman je podržavao i Hrvatsku i Bosnu i Hercegovinu te je ubijanje civila od strane srpskih snaga i JNA smatrao barbarskim i zločinačkim postupcima. Moj je posao, prema onome kako ga je definirao Newman, bio telefonski se iz Hrvatske uključiti u njegov talk show i izvijestiti o onome što sam vidio i doživio na terenu.

Na jednom od tih putovanja u Hrvatsku krajem veljače 1993. godine odlučio sam pokušati i pronaći način da uđem u Sarajevo. Od samog početka bilo je jasno da to neće biti lagano

Grad pod opsadom

jer je grad bio okružen srpskim snagama i mjesecima pod opsadom. Moja supruga Sandra će zasigurno reći da imam urođenu sposobnost izbjegavanja svih prepreka koje mi se nađu na putu i pronalaženja rješenja za izazove. To je vjerojatno duboko usađeno Hrvatima, koji su stoljećima usavršavali tu vještinu kako bi preživjeli različite neprijateljske dominacije. U hrvatskom jeziku postoji čak i izraz za to: *snađi se*. Pitao sam se je li ta sposobnost prevladavanja prepreka genetska crta koju sam naslijedio od moga djeda koji je isto bio sklon preuzimanju rizika.

Opsada Sarajeva započela je 5. travnja 1992. godine i završila 29. veljače 1996. godine. U te četiri godine ljudi su pretrpjeli nevjerojatne patnje, strah, glad, silovanja, ubojstva, oskudicu, zastrašivanje i mučenje od strane organizatora te dijaboličke opsade. S druge strane, susreti s civilima u Sarajevu za vrijeme rata na mene su ostavili dojam trajne nade za čovječanstvo u cjelini. Bilo je nevjerojatno svjedočiti tome kako su se ljudi iz tog grada nosili sa životom pod opsadom i zadržali svoju uljudnost, gostoljubivost, snagu, upornost, hrabrost i ljubaznost, bez obzira na strahote kojima su bili izloženi.

Uz iznimku vojnog tunela koji je prokopan ispod zračne luke u Sarajevu nekoliko mjeseci nakon početka rata, jedine osobe koje su mogle slobodno ući i izaći iz grada tijekom opsade bili su djelatnici Ujedinjenih naroda, dužnosnici stranih vlada, novinari i humanitarni djelatnici koji su imali akreditaciju UN-a. Sve do ljeta 1993. godine, kada je UN preuzeo kontrolu nad zračnom lukom, čak su i oni mogli ući u Sarajevo isključivo ako su to odobrile srpske paravojne snage ili JNA. U početku su Srbi kontrolirali okolicu grada Sarajeva i zračni promet u bombardiranoj zračnoj luci u Sarajevu. To je u pravilu značilo da su te iste srpske snage koje su držale grad pod opsadom zahtijevale dio svake pošiljke UN-a za sebe, bez obzira je li bila riječ o hrani, gorivu ili lijekovima. Bez plaćene otkupnine, ništa nije moglo doći do napaćenih ljudi u Sarajevu.

Pripremajući se za put u Bosnu i Hercegovinu, otputovao sam u New York kako bih se susreo s bosanskim veleposlanikom

ZA HRVATSKU MOJE BAKE

pri Ujedinjenim narodima Muhamedom Sacirbeyem i zamjenikom veleposlanika Ivanom Mišićem. Otišao sam autom u New York zajedno sa svojim prijateljem iz Detroita, podrijetlom iz Sarajeva, Ninom Crnovršaninom, koji je bio politički vrlo aktivan. On je bio prijatelj s njima obojicom. Objasnio sam da ću u Sarajevo ponijeti opremu za snimanje i da bi mi njihovo pismo preporuke bilo izrazito korisno u ostvarivanju cilja da filmski dokumentiram srpsku agresiju na njihovu zemlju. Zamjenik veleposlanika Mišić bio je jako ljubazan i napisao je vrlo pohvalno pismo u kojem je zamolio sve djelatnike bosanske vlade da mi na sve moguće načine pomognu za vrijeme mog boravka u Bosni i Hercegovini. To je pismo bilo ključno za otvaranje svih vrata na koja sam kucao za pomoć. U tipkanom pismu je, između ostalog, pisalo sljedeće:

> „Molimo sve organe i vlasti dviju republika kao i sve pojedince privržene slobodi, nezavisnosti i prosperitetu Hrvatske i BiH da pomognu i olakšaju gospodinu Michael Palaicu uspjesno vrsenje njegove plemenite misije."

Nino mi je puno pomogao u uspostavljanju kontakata u samom Sarajevu. Kada se u bosanskoj zajednici u Detroitu pročulo da putujem u Sarajevo, prilazili su mi mnogi ljudi koji su u Sarajevu imali članove obitelji sa zamolbama da njihovim voljenima ponesem novac, hranu, lijekove, vitamine, pa čak i čokolade, ako se uspijem probiti u grad.

Vjerujući da na neki način mogu ući u Sarajevo kopnenim putem, otišao sam autobusom u Split, i nakon toga preko granice Bosne i Hercegovine u Livno. To je samo po sebi bilo malo nezgodno jer su Maslenički most koji je spajao kontinentalnu Hrvatsku i obalu uništili pripadnici JNA. Zbog toga su sva vozila prema obali morala ići trajektom na otok Pag, sve dok nije sagrađen privremeni pontonski most u Maslenici u srpnju.

Odlazak u Livno nije bila puka slučajnost. Čuo sam da je bivši argentinski vojnik Rodolfo Barrios Saavedra, zvani Žuka, s kojim sam dijelio stan prije nešto više od godinu dana, bio novi

Grad pod opsadom

zapovjednik hrvatskih vojnih operacija u Livnu. Barrios je naslijedio Antu Gotovinu, koji je tada bio pukovnik i koji je uspješno predvodio operaciju Maslenica za oslobađanje sjeverne Dalmacije i Like od JNA. Livno se nalazi zapadno od Sarajeva i istočno od Splita. Činilo mi se kao dobra polazna točka za ulazak dublje u Bosnu, pogotovo zato što sam poznavao Žuku od prvoga dana kada je došao u Hrvatsku.

Jedno hladno popodne u veljači stigao sam u vojno zapovjedništvo u Livnu, tražeći Barriosa jer nisam znao poznaju li ga tamo po imenu Žuka. Jedan od stražara rekao mi je da ga pričekam vani. Bio sam svjestan da su Srbi raspisali značajnu nagradu za njegovu glavu i zato me nije iznenadilo što sam bio prisiljen čekati više od pola sata na hladnoći pored stražnjeg ulaza. Intuicija mi je govorila da su me promatrali dok sam čekao kako bi Barrios shvatio tko sam i zašto sam pitao za njega po imenu.

Na kraju me je jedan od njegovih ljudi odveo niz stubište u prostoriju koja je izgledala kao sigurna soba. Bio sam zadivljen razinom profesionalnosti koju sam primijetio u toj sobi punoj hrvatskih vojnika. U sobi se nalazila velika karta prekrivena ceradom. Pretpostavio sam da su je pokrili jer je došao stranac razgovarati s Barriosom. Ta vrsta brige za detalje me zadivila, posebice zato što briga o sigurnosti u početku nije uvijek bila na zavidnoj razini u Hrvatskoj. Pozdravio sam Barriosa na španjolskom i podsjetio ga da smo živjeli u istom stanu s našim zajedničkim prijateljem Marijom u Zagrebu prije nekoliko mjeseci. Iako je Barrios znao dobro engleski, govorio sam španjolski jer sam znao da bi Hrvati oko njega mogli razumjeti engleski, a nisam bio siguran želi li on da njegovi ljudi znaju u kojim smo se okolnostima upoznali. Trebalo mu je nekoliko sekundi da se prisjeti. Tada se njegovo ponašanje iz hladnog i opreznog brzo promijenilo u prijateljsko.

Proveli smo sljedećih nekoliko sati na ručku uz bečke šnicle i pivo u obližnjem restoranu, dok sam mu objašnjavao moje planove za ulazak u Sarajevo. Bio je malo šokiran time što pokušavam ući u grad iz kojeg toliko mnogo ljudi želi pobjeći. Barrios je objasnio da se Livno nalazi na prvoj crti novog rata koji

ZA HRVATSKU MOJE BAKE

je JNA započela u Bosni i Hercegovini. On i njegovi ljudi već su imali nekoliko ozbiljnih okršaja. Dobio je zapovijed da zbog strateške važnosti zadrži i obrani teritorij pod njegovim zapovjedništvom. Objasnio je kako mi ne može ponuditi nikakvu pomoć ili ljude zbog trenutne vojne situacije i zapovijedi koje je dobio. Bilo je jasno da Barrios nije polagao velike nade u moje šanse da uđem u Sarajevo. Predložio mi je da pronađem drugi način kako ući u grad. Zahvalio sam mu na iskrenosti, nakon čega je on rekao jednom od svojih vojnika da me cestom prekrivenom snijegom odveze natrag u Split. Tri sata kasnije bio sam natrag na teritoriju Hrvatske i pio kavu u predvorju hotela Split, ne znajući što će biti moj sljedeći korak.

Sljedećeg jutra primijetio sam nešto neobično i uznemirujuće dok sam sjedio u predvorju i promatrao ljude kako ulaze i izlaze. U udaljenijim dijelovima predvorja skupljale su se male skupine bradatih muškaraca koji su izgledali kao da su s Bliskog Istoka. Davali su sve od sebe kako bi bili neupadljivi jer su se maknuli s mjesta na koji ide većina ljudi, a to je šank. Zar je moguće da se nitko drugi nije pitao zašto su ti mladi bradati ljudi s Bliskog Istoka bili u Splitu, gradu s međunarodnom zračnom lukom, koji je ujedno vrlo blizu Bosne i Hercegovine u kojoj prevladavaju Muslimani. Polako sam počeo shvaćati o čemu je riječ. Većina vojno sposobnih Hrvata u predvorju hotela bila je u vojnim maskirnim odorama, osim mene, muškaraca s Bliskog Istoka i jednog čovjeka za kojeg sam zbog izgleda i ponašanja stekao dojam da je iz Bosne. Bio je vrlo mršav i činilo se da se ne uklapa zbog svoje prevelike i neuredne odjeće. Išao je od stola do stola i razgovarao s muškarcima s Bliskog Istoka. Imao je onaj isti pogled koji sam primijetio kod hrvatskih vojnika, kada sam se vraćao s prvih linija fronta na početku Domovinskog rata u Hrvatskoj.

Nakon što sam tog jutra promatrao scene u predvorju, razvio sam teoriju da je taj čovjek vojnik iz Bosne u civilnoj odjeći kako bi se što manje isticao. Osim toga, hotel Split koristio se kao mjesto preuzimanja ljudi s Bliskog Istoka, koji su zapravo bili mudžahedinski borci i koji su se dobrovoljno javili kako bi se

Grad pod opsadom

borili na strani Muslimana u Bosni kao džihadisti. Iako se to moglo činiti teško zamislivim u veljači 1993. godine, danas znamo da su stotine mudžahedina došle u Bosnu kao dragovoljci. Američki obavještajni izvori potvrđuju da je u Bosni nakon rata ostalo barem stotinu mudžahedina i da oni danas imaju državljanstvo Bosne i Hercegovine.

Otišao sam u sobu po pismo koje mi je prije nekoliko tjedana dao zamjenik veleposlanika Ivan Mišić. Pismo mi je poslužilo da probijem led, predstavim se i zamolim čovjeka iz Bosne da me prebace na područje koja kontroliraju snage Armije BiH. Treba znati da je Al-Qaida nastala tek 1988. godine. Naravno, ono što nisam znao bilo je da će Al-Qaida izvesti svoj prvi napad na njujorške blizance samo nekoliko dana kasnije, 26. veljače 1993. godine. Da sam tada znao za što je Al-Qaida sposobna i da su ti ljudi toga dana u predvorju možda bili mudžahedinski borci Al-Qaide, nikada ne bih bio pokušao ići s njima u Bosnu. No, tada sam imao nezdravu dozu neznanja, arogancije i naivnosti.

Vratio sam se u predvorje s pismom u ruci, prišao čovjeku iz Bosne, pozdravio ga i rukovao se s njim. U očima mu se vidjelo iznenađenje i nepovjerenje, dok sam se predstavljao. Mogao sam vidjeti kako razmišlja: „Tko je to? Zna li on? Zašto me pozdravlja? Znaju li i drugi oko mene što radim?". Imao je pogled koji je policajcima vjerojatno poznat iz situacija kada uhićuju sumnjivce i kažu čarobne riječi: „Uhićeni ste". No, ja sam samo htio zamoliti za prijevoz u Bosnu kako bih konačno mogao doći do Sarajeva. Širom je otvorio oči, kada sam mu se obratio na mom lošem hrvatskom s američkim naglaskom. Vidio sam da zaista želi saznati što taj Amerikanac zna o njegovim planovima za prijevoz novih mudžahedinskih boraca u Bosnu.

„Želite li nešto popiti? ", upitao sam. "Ne, ja ne pijem", bio je njegov odgovor. „OK, ne pije alkohol, možda je pobožni musliman.", pomislio sam. „Ili ne želi da ga ljudi s Bliskog Istoka vide kako pije.", razvijao sam različite teorije. Moje iskustvo s muslimanima bilo je da su velika većina njih svjetovni muslimani i da svi piju alkohol. „Onda kava", inzistirao sam. Čovjek iz Bosne

ZA HRVATSKU MOJE BAKE

nervozno se ogledavao oko sebe, dok smo prilazili šanku i smjestili se u udobne stolice. Dok smo čekali da nam konobar donese kavu, predao sam mu pismo natipkano na memorandumu veleposlanstva Bosne i Hercegovine. Polako se smirio dok ga je čitao i odbacio je svoj obrambeni stav. Shvatio je da mu ne prijeti opasnost da bude uhićen. No, postao je svjestan toga da su ga promatrali. Sigurno se pitao tko je još shvatio što je činio.

    Ja sam premalo znao kako bih uopće razumio rizik kojem bih se bio izložio vozeći se u vozilu s mudžahedinskim borcima. Napetost između bosanskih Muslimana i Hrvata koji su se borili na područjima pod kontrolom Hrvatskog vijeća obrane u Bosni i Hercegovini značajno je porasla u proteklih nekoliko mjeseci. Ta napetost, što sam tek kasnije shvatio, bila je dijelom rezultat ubojstva hrvatskih civila koja su počinili mudžahedinski borci. Bilo je očito da mudžahedini Hrvate nisu promatrali kao saveznike protiv zajedničkog neprijatelja, kao što su to bosanski Muslimani činili na početku rata. Mudžahedini su bili džihadisti koji su Hrvate smatrali kršćanima i, stoga, nevjernicima. Hrvati i Muslimani su u jednom trenutku bili susjedi u bivšoj Jugoslaviji i možda se su borili u zajedničkom ratu za slobodu protiv zajedničkog agresora, no mudžahedini su tamo bili kako bi u ime Alaha ubili kršćanske „nevjernike", koji su često bili civili. To je bila samo jedna od činjenica koju nisam znao dok sam pio kavu s čovjekom iz Bosne, pokušavajući ga nagovoriti da s njim i kamionom punim mudžahedina odem u Bosnu.

    Potpuno odbacujući svoj obrambeni stav, čovjek iz Bosne mi je odgovorio: „Vidite koliko ljudi vodim sa sobom. Žao mi je, ali zaista nemam mjesta čak ni za još jednu osobu u kamionu. Odlazimo danas i potpuno smo puni." Ništa što sam rekao nije ga moglo nagovoriti da promijeni mišljenje. Još smo malo razgovarali o tome kako se odvija rat, pozdravili se i svatko je otišao svojim putem. Iako nisam znao ništa o opasnosti putovanja s mudžahedinima, bio sam barem dovoljno mudar da shvatim da sam se izložio opasnosti, otkrivši im da znam njihove planove. Bio sam puno oprezniji sve dok nisu napustili hotel. Danas vjerujem da je jedino što je spriječilo probleme s čovjekom iz Bosne ili

Grad pod opsadom

mudžahedinima koje je krijumčario, bilo pismo zamjenika veleposlanika Mišića, koje im je potvrdilo da sam na njihovoj strani. Kasnije, nakon dolaska u Sarajevo, moju naivnost zamijenio je cinizam, kada sam otkrio da se Hrvati i ljudi iz Bosne i Hercegovine bore protiv JNA zbog potpuno različitih razloga. Do tog trenutka vjerovao sam u drevnu poslovicu da je neprijatelj mog neprijatelja moj prijatelj.

Hrvatsko ministarstvo informiranja promijenilo je ime u Hrvatski informativni centar (HIC) negdje 1992. godine. Cilj te promjene vjerojatno je bio da ime zvuči malo modernije i da bude manje slično imenu nekog odjela bivše komunističke vlade. HIC je imao mali ured na trećem katu hotela Split. Budući da sam bio obeshrabren zbog dva neuspjela pokušaja da dođem do Sarajeva, ušao sam u ured kako bih razgovarao s Dadom Lozančićem, koji je tamo radio. Dado je bio Hrvat druge generacije iz dijaspore. Došao je u Hrvatsku za vrijeme Domovinskog rata i ponudio svoju pomoć, radeći u HIC-u. Sjedio je za stolom kad sam ušao.

Sjećam se da sam bio u zelenoj majici i maskirnim vojničkim hlačama jer je moja civilna odjeća bila prljava. Pokazao sam mu novinarsku akreditaciju. Kako nije znao tko sam i zašto sam tamo, savjetovao mi je da ne nosim maskirne hlače jer netko može pomisliti da sam vojnik. Odlučio sam ne odgovarati na njegov komentar. Nakon kratkog neobveznog čavrljanja spomenuo sam mu da sam planirao otići u Sarajevo, no da mi to već dva puta nije uspjelo. Mirno me pogledao i rekao: „ Zašto ne odete letom UN-a? Lete svakoga dana." Najprije sam mislio da se šali. „Što? Da jednostavno odletim u Sarajevo?", upitao sam s nevjericom. „Da, svakog dana zrakoplovi C-130 lete u Sarajevo. Ponekad padobranima dostavljaju humanitarnu pomoć na bosanski teritorij. Sve što trebate je novinarska akreditacija UN-a." Nastavio je objašnjavati: „Neka Vaš urednik faksom pošalje zahtjev za akreditaciju u Ured za medije UN-a. Dajte im fotografiju za identifikaciju, a oni će vam dati akreditaciju. S tom akreditacijom možete se jednostavno ukrcati u zrakoplov koji svakoga dana iz Splita leti za Sarajevo. Jedina stvar koja će Vam trebati, a koju vjerojatno nemate, je pancirka. Svi novinari to

ZA HRVATSKU MOJE BAKE

moraju imati. Imate li pancirku?" Objasnio sam mu da imam pancirku koju sam donio još u listopadu 1991. godine. „Onda ste potpuno spremni." To je bilo nevjerojatno! Pokušavao sam ući u grad koristeći opasne kopnene puteve kroz planine, a u međuvremenu sam slučajno doznao da je u Sarajevo moguće otići zrakoplovom na trošak UN-a.

Naoružan tom novom, nevjerojatnom informacijom, kontaktirao sam Patricka Sheehana, producenta Davida Newmana na radijskoj postaji *WXYT* u Detroitu. Budući da sam radio kao konzultant za rat u Hrvatskoj i Bosni i Hercegovini, rado je faksirao pismo Uredu za medije UN-a u Hrvatskoj kako bi mi izdali novinarsku akreditaciju. Nisam mogao vjerovati da je to tako jednostavno.

Dok sam hodao pistom zračne luke u Splitu prema teretnom zrakoplovu C-130 koji je taman kretao za Sarajevo, u ruci sam držao novinarsku iskaznicu UN-a i prisjetio se kako je Petar Ivčec koristio novinarsku akreditaciju da se ubaci na tiskovnu konferenciju Ronalda Reagana prije nekoliko godina. Zapamtio sam tu informaciju i kasnije ju iskoristio pri povratku u Ameriku, kada sam osnovao lažnu novinsku agenciju s ambicioznim imenom *Pan-National News Agency*. Sada je zrakoplov u koji sam se ukrcavao trebao poletjeti u grad pod opsadom, koji su neki opisali kao živući pakao.

Grad pod opsadom

Republic of Bosnia and Herzegovina
Permanent Mission to the United Nations
New York

February 12, 1993

VLASTIMA REPUBLIKE HRVATSKE
VLASTIMA REPUBLIKE BOSNE I HERCEGOVINE

Gospodin Michael Palaic, americki novinar i producent osvjedoceni prijatelj Hrvatske i Bosne i Hercegovine i neumorni borac za njihovu nezavisnost i suverenitet priprema novu seriju priloga o borbi naroda dviju drzava protiv velikosrpske agresije i fasistickih planova beogradskog rezima i njihovih trabanata. Istovremeno tokom svoga posjeta Bosni i Hercegovini i Hrvatskoj gospodin Palaic ce povremeno izvjestavati pojedine americke radio stanice o aktualnoj situacviji i vojnim i politickim zbivanjima u podrucjima u koji ma bude boravio.

Molimo sve organe i vlasti dviju republika kao i sve pojedince privrzene slobodi, nezavisnosti i prosperitetu Hrvatske i BiH da pomognu i olaksaju gospodinu Michael Palaicu uspjesno vrsenje njegove plemenite misije.

S duznim postovanjem i zahvalnoscu

Ivan Z. MISIC, AMBASADOR,
Zamjenik stalnog predstavnika u UN

Pismo veleposlanstva sa zahtjevom za suradnju

ZA HRVATSKU MOJE BAKE

Autor sa zapovjednikom Rudolfom Barriosom Saavedrom, zvanim Žuka u Livnu, BiH, 1993. godine

Grad pod opsadom

№ 0373

UNITED NATIONS PROTECTION FORCE

Name: MICHAEL PALAICH
Signature:
News agency: PAN NATIONAL
Authorized by:
Issuing Office: ZAGREB
Issue date: 9.11.93 Exp: 9.5.94

Novinarska akreditacija UN-a za fiktivnu novinsku agenciju Pan-National News Agency

10

Dobrodošli u Sarajevo!

DOK SE ZRAKOPLOV C-130 pripremao za polijetanje, jedan od pripadnika Francuskih zračnih snaga (zrakoplov i piloti bili su iz Francuske) me obavijestio da ćemo prije slijetanja u Sarajevo izbaciti dobar dio tereta koji se nalazio na pokretnim paletama u središtu zrakoplova. Polijetanje je proteklo rutinski. Nakon nekih dvadeset i pet minuta leta spuštena je stražnja rampa masivnog zrakoplova, koja je izgledala poput ogromnog metalnog jezika. Palete humanitarne pomoći bile su na kotačima. Jedna po jedna klizile su prema stražnjem dijelu zrakoplova. Nakon prelaska preko rampe, padale su iz zrakoplova. Bio sam zapanjen brzinom kojom se to odvijalo. Težina tereta prenosila je vibracije na moje tabane, dok je zrakoplov izbacivao svoj dragocjeni teret. Jedan od članova posade, koji je upravo odgurnuo zamotani teret na kotačima prema stražnjem dijelu zrakoplova, isključio je svoju sigurnosnu vezu i obavijestio me da ćemo uskoro početi s pripremama za slijetanje u Sarajevo. Savjetovao mi je da skinem

ZA HRVATSKU MOJE BAKE

pancirku i sjednem na nju, bez obzira što je UN tražio da novinari nose pancirke. Razlog tome bio je što srpski metci mogu probiti donji dio zrakoplova, zbog čega je sjedenje na pancirki bilo puno korisnije od njenog nošenja. I kao da to nije bilo dovoljno, upozorio me da će spuštanje biti izrazito naglo jer srpske snage vrlo često pucaju na zrakoplove koji slijeću. Strmo spuštanje znači manju metu u kraćem vremenskom razdoblju. Bio je u pravu. To je bilo najstrmije spuštanje koje sam ikada doživio. Imao sam osjećaj da zrakoplov ponire slobodnim padom. Nije bilo ugodno zbog veličine zrakoplova, no slijetanje je prošlo dobro. Koliko se sjećam, nije bilo izravne pucnjave prema zrakoplovu.

Nakon više od dvadeset i pet godina, još uvijek se jako dobro sjećam osjećaja dezorijentiranosti zbog iznenadne i dramatične promjene između relativno mirnog hrvatskog grada Splita u veljači 1993. godine i mog prvog doživljaja Sarajeva pod opsadom. Trebalo mi je neko vrijeme da se prilagodim činjenici da sam prije samo četrdeset i pet minuta pio pivo u zračnoj luci u Splitu i da sam sada, silazeći iz zrakoplova C-130, gledao bombama porušenu zračnu luku i oblake dima, koji su bili posljedica minobacačkih eksplozija u daljini. U porušenoj zračnoj luci nije bilo niti jednog neoštećenog prozora. Vreće s pijeskom bile su naslagane i sporadično raspoređene oko prazne zgrade terminala. Vojnici na viličarima brzo su se kretali između zgrade i zrakoplova koji se nalazio na pisti. Brzo su istovarivali ono što je ostalo od tereta u zrakoplovu jer su i djelatnici UN-a povremeno bili izloženi snajperskoj vatri.

Prvo sam otišao u mali ured, gdje je djelatnik UN-a provjerio moju putovnicu i akreditaciju. „Želite li štambilj u putovnicu?", upitao je. Pretpostavljajući da je riječ o službenom pečatu, potvrdno sam odgovorio. Kada sam kasnije detaljnije pogledao putovnicu, vidio sam da šaljivi crveni pečat koji je koristio glasi: „MAYBE AIRLINES."

Uputio me da pričekam na rubu piste. Tamo su se nalazile vreće pijeska do visine ramena. Bile su postavljene s tri strane kao zaštita u slučaju minobacačke ili snajperske vatre. Netko je, pokušavajući biti duhovit, s vanjske strane vreća s pijeskom

Dobrodošli u Sarajevo!

postavio natpis „Taxi ". Uz zaštitnu ulogu, to je bilo i mjesto gdje su bijela oklopna vozila UNPROFOR-a skupljala pristigle putnike te ih preko neprijateljskog teritorija, koji su okupirali Srbi, transportirala u drugu zgradu UN-a, koje je bila smještena između zračne luke i grada. Zgrada se nalazila nekih tri kilometara izvan Sarajeva. Služila je za urede UN-a i kao mjesto transfera za pripadnike UN-a, novinare i djelatnike humanitarnih organizacija.

Prolazak kroz područja koja su kontrolirale srpske snage bio je potencijalno opasan, bez obzira na debeli oklop vozila. Samo mjesec dana prije nego što sam stigao u Sarajevo, zamjenik premijera Bosne i Hercegovine, Hakija Turajlić, nalazio se u sličnom vozilu s plavim znakom UN-a nekih petsto metara od izlaza iz zračne luke, kada su vozilo zaustavila dva tenka i kontingent od četrdesetak srpskih vojnika. Trojici pripadnika UN-a iz Francuske, koji su pratili vladinog dužnosnika, naređeno je da predaju Turajlića. Nakon zastoja od skoro dva sata, jedan od srpskih vojnika jednostavno je podigao pušku i počeo pucati u stražnja vrata oklopnog vozila. Pucnjevi su na licu mjesta usmrtili Turajlića. Srpski je vojnik pobjegao, a francuski vojnici ostali su kao skamenjeni i nisu uzvratili vatru. Tako je izgledala „hrabrost" zaštitnih snaga UN-a, koja je ponovno došla do izražaja u srpnju 1995. godine, kada su Srbi pod zapovjedništvom generala Mladića izvršili masakr nad osam tisuća bošnjačkih muškaraca i dječaka u Srebrenici, i to pod budnim okom nizozemskih vojnika UNPROFOR-a.

U veljači 1993. godine nije zapravo ni postojao dio Sarajeva koji nije bio izrazito opasan. Bez obzira kuda se čovjek kretao, uvijek je bio izložen snajperskoj vatri, minobacačima ili jednom i drugom. Pogibelji su bili izloženi i odrasli i djeca. Djeca koja su se igrala ili prevozila vodu na saonicama kroz snijegom prekrivene ulice Sarajeva također su bila meta.

Stanovnici Sarajeva razvili su posebnu tehniku trčanja kada su bili prisiljeni juriti preko posebno opasnih raskrižja. Spustili bi glave i podigli ramena. Žene i muškarci jurili su ulicama pognutih glava, savinutih koljena, radeći kratke korake. Cilj je bio biti što manja meta za snajpere, no to je nažalost u isto

ZA HRVATSKU MOJE BAKE

vrijeme značilo biti sporija meta. Kada bi prelazili iz jednog dijela grada u drugi, stanovnici su s vremenom razvili omiljene rute za koje su vjerovali da su sigurnije od ostalih. Neki su pak vjerovali da je sigurnije kretati se u određenim dijelovima dana. Neki su se najviše voljeli kretati ujutro. Imali su teoriju da srpski snajperisti ujutro još uvijek spavaju zbog mamurluka od pijančevanja od prethodne večeri i da je zbog toga manje vjerojatno da će pucati na civile. Čak i ako pokušaju pucati, postojala je nada da rano ujutro neće biti tako precizni.

Svi su brzo shvatili da je najbolji način za izbjegavanje snajperske vatre izbjegavanje ulica iz kojih se vide planine koje okružuju Sarajevo i na kojima su srpski snajperi kukavički postavili svoja snajperska gnijezda. Različiti ljudi dali su mi zlata vrijedne savjete o tome kako se kretati po gradu. Objasnili su mi da, ako se ne vide planine, to znači da ni snajperisti ne mogu vidjeti mene. Prilikom prelaženja raskrižja i mostova bilo je pak nemoguće izbjeći snajpersku vatru. Takozvani „vojnici" u planinama, koji su pucali na civile, upravo su na tim mjestima ubili puno ljudi.

Izbjegavanje ulica koje su gledale prema planinama bila je praksa koje sam se pridržavao kada sam došao u grad. Raskrižja su pak bila veliki problem. Neka su bila toliko široka da je i nevješt snajperist mogao pogoditi civilnu metu, bez obzira na to koliko su brzo civili mogli trčati. Na tim raskrižjima bile su postavljene željezne ploče. Nalazile su se sa svih strana raskrižja, no raskrižja su bila toliko široka da se zaštitne ploče nisu dodirivale na sredini ulice. Zbog toga je postojao ogroman otvor pored kojeg su ljudi morali projuriti. Zaštitne ploče spasile su puno života, uključujući i moj, barem jednom, no, nažalost stariji i sporiji ljudi nisu uvijek imali tu sreću. Zanimljivo je što su ljudi bili svjesni toga kada bi čelična ploča spasila njihov život. Snajperski metak proizvodi poseban zvuk kada pogodi željeznu ploču. Zvuk metka, koji se odbija o metalnu ploču dok trčiš, pokazuje koji bi dio tijela metak bio pogodio da je kukavički snajperist uspio pogoditi svoj cilj. Jednom je prilikom taj zvuk prošao pored mog desnog uha djelić sekunde nakon što sam uspješno stigao u zaklon metalne ploče.

Dobrodošli u Sarajevo!

No, vratimo se natrag u zračnu luku. Znao sam da su zračna luka i okolni teritorij pod potpunom kontrolom srpskih snaga i stoga sam, umjesto da potražim zaklon u maloj obližnjoj zgradi, odlučio čekati vani u sigurnosti zaklona izgrađenog od vreća pijeska, pored kojih se nalazilo stajalište oklopnih vozila UN-a. Ostati na mjestu koje je kontroliralo osoblje UN-a činilo mi se najmudrijom opcijom. Bio je izrazito hladan dan u veljači. Nakon čekanja na hladnoći više od pola sata, potreba da pronađem topli zaklon nadvladala je moju želju za sigurnošću. Iako sam znao da to nije baš dobra ideja, krenuo sam u smjeru male priručne zgrade koja se nalazila uz pistu kako bih se sklonio na toplo.

Čim sam ušao, shvatio sam da tu zgradu srpske snage koriste kao privremeni ured. Gledajući uokolo, primijetio sam da svi vojnici na ramenima imaju oznake takozvane Srpske Krajine. Bilo je vrlo lako primijetiti da sam jedini ne-Srbin u zgradi. „Uh, sranje", pomislio sam. „Zašto sam morao doći ovdje?" Nisam vidio niti jednog pripadnika ili djelatnika UN-a. Bilo je prekasno da se okrenem i izađem iz zgrade, bez da pritom izazovem sumnju. Ostao sam stajati blizu vrata, pored radijatora na zidu. Stojeći ispred radijatora, skinuo sam rukavice i započeo glumiti da grijem ruke, pokušavajući im dati do znanja da sam ovdje samo kako bih se malo ugrijao. Jedan srpski oficir obišao je pult kako bi razgovarao sa mnom, dok je pritom nastavio jesti bananu. Tek sam kasnije saznao da stanovnici grada pod opsadom mjesecima nisu vidjeli niti bananu niti neko drugo voće. Na glavi je imao tradicionalnu vojnu kapu srpskih snaga, takozvanu šajkaču. „Odakle ste?", upitao je. Tako je dobro govorio američki engleski da sam brzo zaključio da je u nekom razdoblju života proveo duže vrijeme u Americi. „Amerika", odgovorio sam. Palcem i kažiprstom je primio moju identifikacijsku oznaku, koja je bila pričvršćena na kaputu. Gledajući moju novinarsku akreditaciju UNPROFOR-a, upitao je, „Palaich, kakvo je to prezime?". Stajao sam tako licem u lice sa srpskim oficirom koji je imao potpunu kontrolu nad područjem na kojem sam se nalazio i bio pritom daleko od bilo kojeg djelatnika UNPROFOR-a. „Zašto jednostavno nisam ostao na hladnoći i vjetru?", razmišljao sam.

ZA HRVATSKU MOJE BAKE

Odmah sam shvatio ozbiljnost situacije u kojoj me srpski oficir ispituje na svom terenu i na trenutak nisam mogao ni razmišljati. Našavši se mnogo puta prije toga u teškim situacijama, primijetio sam rane znakove prirodnih reakcija tijela na opasnost. U trenutku u kojem sam se našao licem u lice s neprijateljem u zračnoj luci u Sarajevu u veljači 1993. godine, već sam bio uključen u hrvatski pokret za neovisnost skoro petnaest godina. To se razdoblje može promatrati kao usavršavanje i obuka za sve ono što je uslijedilo kasnije za vrijeme rata za hrvatsku neovisnost. U tom sam razdoblju krijumčario sve moguće, od revolucionarnih audio i video kazeta do oružja namijenjenog Hrvatskoj. Strah koji čovjek osjeća, dok ga ispituju carinski službenici prilikom krijumčarenja oružja preko međunarodne granice, je stvaran. U početku mog političkog angažmana mnogo su me puta ispitivali agenti FBI-a o tome zašto sam počinio neki zločin koji su istraživali i za koji su mislili da im mogu dati informacije. Oštra pitanja uvijek bi uslijedila iznenada nakon ugodnog čavrljanja, čiji je cilj bio uhvatiti osobu nespremnom. Prije početka rata u Bosni i Hercegovini iskusio sam ispitivanje njemačkih saveznih agenata nakon uhićenja u Njemačkoj te saveznih agenata SAD-a, koji su godinu dana prije ovog susreta u zračnoj luci u Sarajevu izvršili pretres mog doma.

No ovo je ipak bilo nešto drukčije. Ovoga puta nalazio sam se usred ratne zone, koju je kontrolirao neprijatelj, i ispitivao me pripadnik neprijateljske vojske. Ovoga je puta srpski oficir, koji je stajao ispred mene, imao moć odlučivati o tome hoću li živjeti ili umrijeti. U ovome ratu nije bilo pravila, pogotovo ne s tim neprijateljem. Izrazito se trudeći da ostavim dojam nonšalantnosti, odgovorio sam na pitanje o nacionalnoj pripadnosti na sljedeći način: „Zapravo nisam siguran, znate kako je to kod nas Amerikanaca, svi smo mi miješani... Poljaci, Nijemci, Irci, Česi." Bio sam zahvalan što je moj djed promijenio način pisanja prezimena iz Palaić u Palaich, kada je došao u Ameriku. Početkom dvadesetog stoljeća, u Americi se na kraju takvih prezimena često dodavalo slovo h kako bi Amerikanci prezime točno izgovorili. Promjena prezimena bila je dovoljno

Dobrodošli u Sarajevo!

suptilna da izazove nedoumice kod srpskog oficira. Nisam siguran je li mi povjerovao. Dok je razmišljao o mom odgovoru, zazvonio je telefon na stolu iza pulta. Kada se okrenuo kako bi se javio na telefon, brzo sam napustio zgradu, osjećajući olakšanje što više neću morati razgovarati s tim Srbinom. Za nekih desetak minuta stiglo je bijelo oklopno vozilo. Bacio sam torbu u stražnji dio vozila, sagnuo se kako bih prošao kroz mali otvor i zauzeo mjesto na klupi u vozilu. Tom prilikom u vozilu je bila samo još jedna osoba, veliki, mišićavi, ćelavi muškarac s francuskom putovnicom, koji je putovao s dokumentima djelatnika humanitarne organizacije. Govorio je bošnjački i izgledao kao karikatura nečega što se obično viđa u akcijskim filmovima o francuskoj Legiji stranaca. Bilo mi je jasno da je dobrovoljac koji se vratio doma kako bi pomogao svom narodu, možda u obučavanju vojnika.

Nakon što smo stigli u transfernu zgradu UN-a, izašli smo kroz mala vrata vozila i otišli svatko svojim putem. Ako se dobro sjećam, transferna se stanica nalazila nekih tri kilometra od grada. To je značilo da je bilo potrebno zamoliti za vožnju nekoga od rijetkih vozača koji su još uvijek bili dovoljno hrabri da voze opasnim ulicama Sarajeva. Bili smo jedino vozilo na snijegom prekrivenim ulicama toga dana. Iskrcao me malo izvan centra grada. Količina devastacije u tom nekad lijepom gradu, koji je jednim dijelom pripadao Austro-Ugarskoj, a drugim dijelom Bizantskom carstvu, bila je zastrašujuća: zgrade uništene bombardiranjem, crne olupine izgorjelih automobila, autobusa i kioska te gotovo nikakvi znakovi života na ulicama.

Budući da nisam poznavao grad, ni dan danas ne znam gdje sam se točno iskrcao. Ono čega se sjećam bilo je da sam nosio dvije pune teške sportske torbe i da me odmah dočekala snajperska vatra. Torbe su bile pune predmeta za koje su me prijatelji i poznanici iz Bosne zamolili da ponesem njihovima članovima obitelji koji žive u Sarajevu. Dovoljno je opasno trčati i pritom izbjegavati snajpersku vatru, no ono što sam naučio na vlastitoj koži je da je izbjegavanje snajperske vatre, noseći pritom dvije sportske torbe, gotovo fatalno. Razmišljao sam trebam li

ZA HRVATSKU MOJE BAKE

baciti torbe čiji je sadržaj bio dragocjen onima kojima je namijenjen, ili jednostavno riskirati noseći teret, nadajući se da Srbi koji pucaju na mene loše gađaju. Dobrodošli u Sarajevo! Snajpersku vatru imao sam prilike iskusiti i prije. Srpski snajperisti bili su česti u Osijeku, kada sam tamo bio 1991. godine, te u Karlovcu, pogotovo u blizini rijeka Drave i Korane, koje su služile kao zemljopisna granica između područja koja su okupirali Srbi i područja pod hrvatskom kontrolom. No, Sarajevo je bila potpuno drukčija priča. Ovisno o tome u kojem ste se dijelu Sarajeva nalazili, snajperska je vatra ponekad bila tako intenzivna da je grad bio osut metcima.

Kada sam u Sarajevu izbjegavao snajpere, razmišljao sam treba li čovjek trčati ravno ili cik-cak. U mnogim situacijama, kada sam trčao ravno, metak bi prozujao centimetar od moje glave. Metci su bili tako blizu, da se zapravo još uvijek sjećam njihovog zvuka dok su mi fijukali pored glave. Neki od njih zvučali su kao da se kotrljaju u zraku. Trčanje ravno bi značilo da snajperisti imaju jednostavniju metu. Budući da su metci prolazili tako blizu moje glave, pitao sam se bi li me oni pogodili da sam umjesto toga trčao cik-cak. Ne sjećam se puno toga s nastave geometrije u školi, no znam da je najkraća udaljenost između dviju točaka ravna crta. Na kraju sam zaključio da je najbolji način traženja zaklona ići najkraćim putem i stoga sam odlučio trčati ravno. Odlučio sam također da neću koristiti metodu sagibanja glave i čučnja, koju su koristili mnogi stanovnici Sarajeva. Moj je cilj bio što brže prijeći ulicu. Trčanje cik-cak i čučanje samo bi me usporili.

Ta metoda činila mi se uspješnom sve do događaja neposredno ispred hotela Holiday Inn. Ispred hotela nalazilo se poveće polje, koje je prije rata vjerojatno bilo prekriveno travom. Kada sam ja bio u Sarajevu, tamo je rastao korov, koji je prekrio činjenicu da je polje bilo puno kratera i rupa od eksplodiranih granata. Trčeći ravno što sam brže mogao preko te poljane prema zaklonu zgrada u daljini, stao sam u jednu od tih rupa i ozlijedio meniskus na desnom koljenu. Zbog te sam ozljede šepao cijelo preostalo vrijeme boravka u Sarajevu te sam se u godinama koje

Dobrodošli u Sarajevo!

su uslijedile morao dva put podvrgnuti operativnim zahvatima. Bol u koljenu stalno me podsjeća da je to srećom jedina ozljeda koju sam zaradio za vrijeme ratova u Hrvatskoj i Bosni i Hercegovini.

Moj prijatelj iz Detroita Nino Crnovršanin bio je toliko ljubazan i dao mi je ime i adresu svoje rođakinje Nidžare Šarenkape, koja je živjela u Sarajevu sa svojim ostarjelim roditeljima. Nino mi je dao pismo preporuke u kojem ih je zamolio da mi pruže gostoprimstvo i mjesto za stanovanje za vrijeme boravka u Sarajevu. Obitelj je to srećom prihvatila. Nikada neću zaboraviti velikodušnu gostoljubivost koju je ta pobožna muslimanska obitelj pružila nenajavljenom strancu koji se jednoga dana potpuno neočekivano pojavio na njihovim vratima.

Kada sam se pojavio na vratima te muslimanske obitelji za vrijeme opsade grada, imali su vrlo malo hrane, izuzev onoga što su mogli razmijeniti sa svojim susjedima. Kako bi osigurali vodu koja im je bila potrebna za piće, osobnu higijenu, pranje odjeće i ispiranje WC-a, bili su prisiljeni hodati tri ili više kilometara pod snajperskom vatrom. Dječje saonice često su se koristile za prenošenje teških kanistara preko ulica prekrivenih snijegom. Po ljeti su oni koji su imali mala kolica ta kolica koristili za prijevoz vode. Često su ljudi opasne rute od kuće do središnje vodoopskrbne stanice morali prelaziti pješice, noseći kanistre u ruci. No, nisu samo rute do vodoopskrbnih stanica i natrag bile opasne zbog snajperskih napada. Srpski agresori su često pucali na same vodoopskrbne stanice i gađali ih minobacačima, i to civile koji su stajali u redovima kako bi priskrbili vodu za svoje obitelji. Slika starijih muškaraca, žena i djece pod snajperskom vatrom zauvijek se urezala u moje pamćenje. Mnogi su od njih nažalost postali žrtve jer nisu mogli dovoljno brzo trčati do zaklona. Bili su ubijeni i ostavljeni na raskrižjima, ponekad i danima, sve dok nije bilo sigurno pokupiti njihova tijela.

Upornost jedne takve starije žene došla je do izražaja jednog neobično sunčanog dana, dok je žena pokušavala prijeći ono što je ostalo od jednog od mostova preko rijeke Miljacke, noseći pritom kanistar vode u svakoj ruci. Sve što je ostalo od

ZA HRVATSKU MOJE BAKE

mosta bile su čelične potporne grede na kojima je starija gospođa balansirala s kanistrima kao da nastupa u nekoj opasnoj točki u cirkusu. Betonski dio mosta već su odavno bile uništile srpske granate te se ispod mogla vidjeti rijeka koja teče. Dok su oko nje sijevali snajperski meci i odbijali se od greda, počela im je prkosno psovati majku. Naravno, snajperisti, koji su vjerojatno pucali na nju s udaljenosti od više od 1000 metara, nisu čuli niti jednu riječ njezinih prostota, no ta situacija jako dobro oslikava hrabrost i odlučnost stanovništva. Ta starica je upravo bila prešla nekoliko kilometara kako bi osigurala vodu za svoju obitelj te nema tog kukavičkog snajperiste koji bi ju mogao natjerati da ispusti dragocjeni teret, čak i ako to znači riskirati vlastiti život.

Drugom prilikom sam svjedočio iskonskom primjeru hrabrosti, koji je pokazao bolju stranu ljudske prirode i istovremeno me prisilio da se suočim sa svojim vlastitim karakternim manama. Dok smo prolazili kroz park, skupina civila i ja ponovno smo se našli pod snajperskom vatrom. Čovjek od nekih četrdeset i pet godina i ja potrčali smo i sklonili se u obližnjem ulazu. Dok smo se gurali što dublje kako bismo izbjegli metke, okrenuli smo se prema ulici koju smo upravo prešli. Oboje smo vidjeli sporu stariju gospođu koja je vukla saonice s nekoliko plastičnih kanistara s vodom. Dok je pokušavala povući saonice preko ulice kako bi se sklonila u ulaz zgrade, čelični dio saonica zapeo je na cementu koji je virio iz snijegom prekrivene ulice. Ponovno je povukla uže saonica, no one su bile preteške zbog dragocjenog tereta. Počeli smo joj dovikivati: „*Pusti to! Pusti to!*", no ona je jednostavno odbijala ispustiti uže. Činilo se da ne primjećuje metke koji su zujali oko nje te se odbijali od pločnika i zida zgrade iza koje smo se skrivali. Ni na koji način je nismo mogli nagovoriti da pusti uže i skloni se u ulaz.

U tom potresnom trenutku, bio sam primoran suočiti se s vlastitim kukavičlukom. Da, mogao sam tada izaći iz ulaza i brzo zgrabiti uže od starije gospođe. Mogao sam povući saonice preko cementa. Bila je udaljena samo nekih tri do pet metara od mene. Ta mi je ideja na trenutak prošla kroz glavu, no moja racionalna strana odbacila ju je kao suludu. „Ako je njoj važnija voda od

Dobrodošli u Sarajevo!

vlastitog života, onda je to njezin problem", razmišljao sam u sebi. „Zašto bih riskirao vlastiti život zbog njezine vode?" Srećom, nepoznati čovjek pokraj mene nije na taj način razmišljao o samoočuvanju. Uvidjevši da žena neće pusti uže, nesebično je, okružen snajperskom vatrom, otrčao do žene, zgrabio uže te nju i njezin dragocjen teret dovukao u zaklon. Toga sam dana naučio da se i za vrijeme najbrutalnijih ratova još uvijek može svjedočiti primjerima ljudske dobrote, hrabrosti i nesebičnosti.

Ne mogu dovoljno naglasiti koliko je voda potrebna u gradu pod opsadom. Dok to nisam osobno iskusio, nisam imao pojma koliko vode obitelj dnevno treba i koristi za sve vrste svakodnevnih aktivnosti. Svatko tko živi s neograničenim količinama vode koja teče iz slavine u domu, vodu jednostavno uzima zdravo za gotovo. Stanovnici Sarajeva također su opskrbu vodom prije početka opsade uzimali zdravo za gotovo, dok su na televiziji gledali informativne emisije koje su prikazivale razaranja koja su preživljavali njihovi susjedi u Hrvatskoj. Većina je u to vrijeme vjerovala da kod njih nikada neće doći do rata.

Zadnje što su Nidžara i njezina obitelj trebali u tim okolnostima bila je dodatna osoba koju treba hraniti i s kojom trebaju dijeliti svoju dragocjenu vodu. No oni nikada nisu propustili ljubazno ponuditi svom nepozvanom gostu hranu i piće. Znajući koliko je dragocjena svaka kapljica vode, osjećao sam se obveznim koristiti vodu izuzetno štedljivo. To je značilo umivanje s jednom čašom vode, zatim pranje zuba u toj istoj čaši vode i, na kraju, ispiranje WC-a preostalom vodom. Usprkos tome što sam molio Nidžaru i njenu obitelj da odradim gotovo svakodnevnu rutu do vodoopskrbne stanice kako bih nadopunio njihove zalihe, uvijek su odbijali moju pomoć. Koliko je god moja ponuda bila primamljiva, nadvladala je njihova želja da mi pokažu gostoljubivost i nastoje me zaštititi. Nidžarin ostarjeli otac sljedeće je tri godine nosio svoje kanistre s pet litara vode po opasnim rutama i putevima grada pod opsadom.

Bio sam zapanjen kada sam saznao da je Nidžara mogla napustiti živući pakao u kojem se našla u bilo kojem trenutku. Prije rata živjela je u Australiji i bila je udana za australskog

ZA HRVATSKU MOJE BAKE

državljanina. I ona je imala australsko državljanstvo. Zbog odanosti koju je osjećala prema svojim roditeljima u poznim godinama, hrabro je odlučila ostati u Sarajevu, kako ne bi ostavila majku i oca da se sami snalaze.

Kao da nestašica vode i hrane nisu bili dovoljno teški sami po sebi, ubrzo sam shvatio da postoji i nestašica drva za ogrjev. Ulice i parkovi staroga grada, koji su prije rata bili puni stabala, kada sam stigao u Sarajevo u zimi 1993. godine bili su gotovo potpuno ogoljeli. Nije bio rijedak prizor vidjeti ljude koji zbog očajne potrebe za grijanjem u parkovima s pilom ili sjekirom u ruci traže ostatke stabala kojih je ovdje nekada bilo u izobilju. Većina stabala već je prethodno bila srušena, pa je to značilo odrezati nekoliko preostalih centimetara panjeva koji su virili iznad snijega. Prolazeći nekim od manjih ulica grada, moglo se čuti kako ljudi uklanjaju parket i drvene podove iz stanova koji su davno prije toga bili napušteni. Takvi drveni podovi koristili su se za grijanje ili razmjenjivali za drugu robu poput hrane. Prikupljanje drva zimi postalo je jednako važno kao i potraga za vodom i hranom. Ljudi mogu biti vrlo kreativni kada se radi o preživljavanju, a stanovnici Sarajeva bili su usavršili umjetnost preživljavanja za vrijeme opsade.

Mnogi ljudi u centru Sarajeva preživjeli su opsadu u modernim neboderima. Kao i u drugim velikim gradovima, moderni stanovi u Sarajevu nisu imali kamine i peći na drva. Poduzetni muškarci koji su imali kontakte sa zavarivačima i pristup komadima čelika otkrili su da mogu zadovoljiti potrebu stanovnika nebodera, koji u vrijeme opsade više nisu imali centralno grijanje, za pećima na drvo. Većina ljudi koji su živjeli u takvim stanovima nabavili su male ručno izrađene peći i postavili ih u dnevnu sobu, i to na način da je za vodoravnu cijev probijen izlaz kroz vanjski zid sobe, na visini na kojoj su nekada prije visjele slike. Često se mogao vidjeti dim koji izlazi iz mnogih takvih cijevi koje su virile iz fasada stambenih zgrada, što je izgledalo poput lica tinejdžera prekrivenog nekim grotesknim aknama.

Dobrodošli u Sarajevo!

Obitelj Bakalović bila je jedna od obitelji koja je tu kreativnu metodu grijanja primijenila u svom modernom stanu, kada me je Nidžara upoznala s njima u zimi 1993. godine. Hasan Bakalović bio je savezni sudac koji je živio u stanu sa suprugom Mirom i kćeri Sejlom. Njegov sin Nino imao je dovoljno sreće i otišao je u Ameriku na studentsku razmjenu prije početka opsade. Bilo mi je teško vjerovati da obitelj može živjeti u takvim užasnim uvjetima oskudice, a u isto vrijeme biti tako topla i gostoljubiva prema strancu iz Amerike koji se neočekivano pojavio u njihovim životima. Prilikom tog prvog susreta, bio je vrlo hladan dan u veljači. Usprkos nestašice drva za ogrjev, Hasan je velikodušno upalio vatru, koristeći dragocjene komade drva u čast svog novog gosta iz Amerike. I kao da to nije bilo dovoljno, ljubazno je inzistirao da sjednem na stolicu koja je bila najbliže peći. Na kraju, kada su ostali bez parketa i kada je situacija postala bezizlazna, Hasan i Mira bili su prisiljeni kao ogrjev koristiti dragocjene knjige iz obiteljske knjižnice. To je sigurno bilo posebno potresno za to dvoje visokoobrazovanih ljudi.

Moja prva službena postaja nakon dolaska u Sarajevo te zime bio je ured Armije BiH smješten u podrumu granatama razrušene i oštećene zgrade Izvršnog komiteta, koju su građani uobičajeno nazivali zgradom Parlamenta. Ta visoka zgrada s dva tornja bila je jedan od prvih srpskih ciljeva na početku opsade. Nekoliko gornjih katova je granatirano te ih je progutala vatra. Zbog toga se zgrada, osim podruma kojeg je koristila vojska, uopće nije mogla koristiti. Vojnik Armije BiH koji je čuvao stražu na ulazu otpratio me kroz labirint prolaza, po kojima je sa stropova kapala voda s gornjih katova prekrivenih snijegom. Osjećao sam se kao da sam u nekoj vrsti filma *Pobješnjeli Max*. Prolazili smo kroz lokve vode i provlačili se pored odlomljenih komada betona i oštećenih cijevi koje su virile iz stropa. Konačno smo stigli do grupe vojnika od kojih je jedan sjedio za stolom u prolazu. Pokazao sam mu pismo zamjenika veleposlanika Mišića. Pročitao je pismo prije nego je moje podatke natipkao na dragocjenu novinarsku akreditaciju Armije BiH. Ta se akreditacija pokazala ključnom za dobivanje ekskluzivnog intervjua s uhićenim srpskim

ZA HRVATSKU MOJE BAKE

ratnim zločincem Borislavom Herakom. Herak je upravo bio priznao krivnju za počinjenje ratnih zločina nad bosanskim civilima. Kada sam ga intervjuirao, očekivao je izricanje presude i tražio je da ga pogube.

Dobrodošli u Sarajevo!

U potrazi za vodom u gradu pod opsadom

ZA HRVATSKU MOJE BAKE

Srpska kontrolna točka izvan Sarajeva

Autor s vojnicima Armije BiH u Sarajevu 1993. godine

Dobrodošli u Sarajevo!

Autor, čekajući na transfernoj stanici UN-a izvan Sarajeva

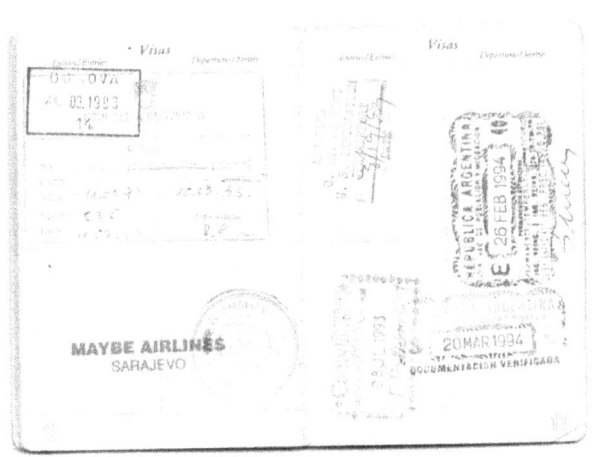

Pečat UN-a u autorovoj putovnici (dolje lijevo)

11

Oči u oči s ratnim zločincem

ZA PRIČU O BORISLAVU HERAKU saznao sam od Gordane Knežević i Kemala Kurspahića, dvoje hrabrih urednika bosanskih novina *Oslobođenje*. *Oslobođenje* je bilo smješteno u malom uredu u središtu Sarajeva, nakon što je njihova zgrada uništena u artiljerijskom napadu srpske, odnosno jugoslavenske armije na početku opsade. Bio mi je šok što me je, kada sam ušao, u uredu *Oslobođenja* dočekala Titova slika obješena na vidljivom mjestu. Za mnoge Hrvate Tito je bio simbol jugoslavenskog ugnjetavanja. Prije raspada Jugoslavije, Titove su slike bile na zidovima svih vladinih ureda, pa čak i na zidovima trgovina u Hrvatskoj. Uklanjanje Titove slike bio je, pak, jedan od prvih koraka hrvatskog prkosa, čak i prije nego je Hrvatska službeno proglasila neovisnost od Jugoslavije u svibnju 1991. godine. Nikome u Hrvatskoj za vrijeme Domovinskog rata ne bi palo na pamet javno izložiti Titovu sliku, što su ljudi u Bosni rado činili. Jedan moj bliski prijatelj u Hrvatskoj naredio je prodavaču da ukloni Titovu sliku sa zida i da mu je preda, kako bi bio siguran da slika neće

ZA HRVATSKU MOJE BAKE

ponovno biti postavljena na zid nakon što on ode iz trgovine. Za mene je bilo uznemirujuće vidjeti Titovu sliku u uredima svih većih bosanskih novina u gradu pod opsadom.

To je bio moj prvi dodir s razlikama koje su postojale između Hrvata i Bošnjaka glede rata koji su vodili protiv JNA. JNA je bila zajednički neprijatelj i za Bosnu i za Hrvatsku. Jednoj i drugoj zemlji nametnut je krvavi agresorski rat nakon što su proglasile neovisnost od Jugoslavije. Hrvatska je imala dugu povijest borbe za neovisnost od mnogih ugnjetavača koji su kroz povijest vladali hrvatskim teritorijem. Komunistička Jugoslavija bila je samo posljednji režim u dugom nizu okupatora. Za mene je bilo razočaravajuće, no ujedno i važno shvatiti da bosanski Muslimani imaju puno drukčiju sliku Tita i Jugoslavije.

Prema Georgeu Kenneyiju, bivšem voditelju Jugoslavenskog ureda pri State Departmentu, Bosna je oklijevala s proglašenjem neovisnosti od Jugoslavije. Intervjuirao sam Kenneyija, ubrzo nakon što je podnio ostavku u znak protesta protiv američke politike prema Bosni i Hercegovini, u rujnu 1992. godine u uredima Instituta za mir Woodrow Wilson u Washingtonu DC. Prema Kenneyiju, UN je vršio pritisak na Bosnu i Hercegovinu radi proglašenja neovisnosti prije ljeta 1992. godine kako Bosna ne bi izgubila mogućnost priznanja od strane UN-a. Predsjednik Bosne i Hercegovine Alija Izetbegović je na kraju (nevoljko) podlegao pritiscima, održao referendum i proglasio neovisnost od Jugoslavije 3. ožujka 1992. godine. JNA i srpske paravojne snage započele su granatiranje Sarajeva 6. travnja 1992. godine.

Pokušavajući ignorirati Titovu sliku koja je visjela na zidu, slušao sam novinarku Knežević koja me obavijestila da su snage Armije BiH uhitile jednog srpskog vojnika, kada je slučajno prešao prve linije fronta s još jednim vojnikom JNA. Zvao se Borislav Herak. Zarobljen je u gradiću Vogošća u blizini Sarajeva zajedno sa Sretkom Damjanovićem. Obojica su bili vojnici takozvane Srpske Krajine unutar Bosne i Hercegovine. Knežević je dalje objasnila da je Herak već priznao krivnju za ratne zločine, no da mi može dogovoriti intervju s njim u stožeru Armije BiH,

Oči u oči s ratnim zločincem

gdje je bio smješten do izricanja presude. Objeručke sam prihvatio tu priliku i požurio u stožer s video kamerom. U mojoj pratnji bila je prevoditeljica koju su angažirale novine *Oslobođenje*.

Kako bi se došlo do vojarne *Viktor Bubanj* bilo je potrebno osigurati prijevoz jednim od rijetkih automobila koji su se koristili za vrijeme rata. Izrazito malo ljudi moglo je za vrijeme opsade nabaviti dragocjeno gorivo. Čak i ako su uspjeli nabaviti gorivo, zna se koliko je vožnja sarajevskim ulicama bila opasna zbog snajperista. Zbog toga su ulice, uz izuzetak olupina i vozila granatiranih u prethodnim napadima, bile prazne, bez ljudi i vozila. Vozač me obavijestio da ćemo morati ići Bulevarom Maršala Tita, glavnom ulicom koju su stanovnici zlokobno nazvali *Snajperska aleja*.

S obzirom na način vožnje, bilo je očito da je vozač očekivao da će na nas zapucati u svakom trenutku. Izbjegavajući granatirana vozila i ostale olupine, vozili smo izrazito brzo. Na trenutke se činilo da vozilo juri takvom brzinom da samo dvije gume dodiruju asfalt.

Otpratili su nas u veliki ured u stožeru i rekli da sjednemo za pravokutni stol. Rekli su nam da će Heraka odmah dovesti iz ćelije. Prevoditeljica i ja kratili smo vrijeme razgovorom, dok sam ja pokušavao ne obraćati pozornost na još jednu Titovu sliku koja je visjela na vidljivom mjestu na zidu ispred mene. Nakon deset minuta otvorila su se vrata ureda i tada sam prvi puta ugledao osuđenog ratnog zločinca Borislava Heraka.

Herak je bio visok, mršavi mladić, star dvadeset i dvije godine, rođen 18. siječnja 1971. godine. Njegova tamna kosa bila je čudno ošišana i nejednake dužine. Pomislio sam da je netko tko nema nikakve vještine šišanja jednostavno uzeo škare i odrezao višak kose. Zbog toga je ovaj slabunjavi mladić izgledao poput mlađe i još mršavije verzije Frankensteinovog čudovišta. Njegovo je lice imalo velike pore i bilo pepeljaste boje. Pored toga, na cipelama nije imao vezice i cipele su mu očito bile prevelike. Dok se vukao prema stolici nasuprot mene, primijetio sam da mu je jakna barem dva broja premala.

ZA HRVATSKU MOJE BAKE

I prije nego je ušao u prostoriju, bilo mi je jasno da bih mogao imati problema s obuzdavanjem vlastitih emocija tijekom intervjua. S druge strane, bio sam spreman učiniti što je potrebno kako bih prikrio očigledno gađenje koje ću vjerojatno osjetiti. No, nisam bio tako siguran što se tiče prevoditeljice. Prije početka intervjua povjerila mi je da su članove njezine obitelji ubili pripadnici srpskih paravojnih snaga za vrijeme rata. Znao sam da ćemo razgovarati o njegovoj ulozi u ubojstvima i silovanjima mladih bosanskih žena i bio sam zabrinut da će se prevoditeljica slomiti u nekom trenutku, dok se Herak bude prisjećao detalja svojih zločina. Oboje smo se predstavili, no nismo se niti slučajno htjeli rukovati. Profesionalni pristup bio je razumljiv, no rukovanje s masovnim ubojicom i silovateljem bilo je potpuno neprihvatljivo.

Intervju je započeo utvrđivanjem standardnih činjenica: ime, starosna dob, mjesto rođenja i mjesto odrastanja. Herak je bio Srbin rođen u Sarajevu. Rođen je i cijeli je život živio u Sarajevu. Objasnio je da je imao puno prijatelja Muslimana i Hrvata dok je odrastao. Bilo je nemoguće provesti cijeli život odrastajući u multikulturnom Sarajevu za vrijeme Jugoslavije, bez prijatelja i školskih kolega, pa čak i članova obitelji, iz drugih etničkih skupina. Sve se to promijenilo 1992. godine, kada je JNA bila prisiljena napustiti Hrvatsku kao rezultat pregovora između Hrvatske i Jugoslavije. Snage JNA napustile su veći dio Hrvatske i pritom ponijele vojnu opremu i naoružanje za nastavak okupacije druge susjedne države kako bi je priključili „Velikoj Srbiji".

Herak je objasnio da su Srbi, koji su prije opsade Sarajeva živjeli u tom povijesnom gradu, dobili uputu da napuste Sarajevo i odu na područje koji Srbi i dan danas nazivaju „Srpska Krajina". Herak je izričito izjavio da se Srbe koji su odlučili ostati u Sarajevu smatralo neprijateljima, i da su ih na taj način tretirale i srpske paravojne snage i JNA. Herak je naveo da je on zbog toga prije početka opsade zajedno s drugim Srbima iz Sarajeva otišao u okolne planine.

To nije bilo prvi put da je Sarajevo iskusilo takav ekstremni oblik srpskog nacionalizma. Atentat na nadvojvodu

Oči u oči s ratnim zločincem

Franza Ferdinanda prije manje od osamdeset godina bio je povod za izbijanje Prvog svjetskog rata. Dana 28. lipnja 1914. godine sumanuti pripadnik srpske nacionalističke skupine *Crna ruka*, koja je djelovala u Sarajevu, ubio je Ferdinanda, nadajući se da će na taj način pripojiti Bosnu Velikoj Srbiji. Agresorski rat protiv Hrvatske i Bosne i Hercegovine u 1990-ima ima svoje korijene u istim tim željama za stvaranjem Velike Srbije koje su dovele i do ubojstva nadvojvode Ferdinanda. Borislav Herak bio je i sâm nevažan pijun u ostvarivanju te proklete ideje. Za razliku od Gavrila Principa, koji je ubio poglavara države, Herak i njegovi srpski drugovi pokušali su ostvariti svoje ciljeve ubijajući svoje bivše susjede.

Herak je priznao da je počeo ubijati u svibnju 1992. godine, kada je na zamolbu svoga rođaka napustio Sarajevo i otišao u gradić Ilijaš u okolici Sarajeva. U Ilijašu se pridružio srpskim paravojnim snagama. Dobio je plaću i kuću koja je prije toga pripadala muslimanskoj obitelji. Početna obuka za njegov budući posao „čišćenja", što je sinonim za genocid i etničko čišćenje, bilo je klanje svinja. Klanje svinja bila je taktika koju su njegovi nadređeni koristili kako bi tek regrutirane vojnike učinili manje osjetljivima, jer su mnogi od njih, poput Heraka, prije toga živjeli u gradu. Kasnije im je bilo naređeno da na sličan način ubijaju ljude.

Eksplozije granata i mitraljeska vatra čule su se cijelo vrijeme dok smo sjedili u uredu i slušali Heraka kako opisuje prve zapovijedi koje je dobio nakon što se pridružio srpskoj paravojnoj skupini zvanoj Romanijski korpus. Prva naredba bila je „čišćenje" sela od svih živućih ne-Srba. Herak je rekao da je ta naredba došla od njegovog zapovjednika Ratka Adžića. Herakova skupina novo regrutiranih vojnika pridružila se ostalim paravojnim skupinama, kao što su Beli orlovi i četnici te vodovima iz vojarne JNA u Rajlovcu, u izvršenju tog grozomornog zadatka. Herak se prisjetio da je Adžićeva zapovijed glasila: „Pobijte sve i spalite sve kuće." Herak je ispričao da je on osobno sudjelovao u ubojstvima civila toga dana, kao i u silovanjima svih mladih djevojaka na koje je naišao. Ubojstva je počinio strojnicom, no sjeća se da je vidio neke

ZA HRVATSKU MOJE BAKE

od četnika kako ubijaju noževima, pjevajući pritom četničke pjesme i psujući svoje žrtve. Herak procjenjuje da su toga dana u mjestu Vogošća pobili sto pedeset ljudi. Taj broj uključuje muškarce, žene, djecu, pa čak i bebe. Herak se prisjetio da su nakon pokolja tijela odnijeli u Reljevo, gdje su ih pobacali u masovnu grobnicu.

Detaljno sam ispitivao Heraka o njegovoj umiješanosti u logor za silovanje zvan *Sonja*. Logor za silovanje nalazio se u mjestu Vogošća, prvom selu koje je Herak „očistio". Godine 2011. Angelina Jolie režirala je nagrađivani film *U zemlji krvi i meda*, u kojem je prikazan logor *Sonja* koji je bio smješten u bivšem hotelu. Iako je film pokušao što vjernije prikazati patnje koje su preživjele zatočenice logora *Sonja*, ipak nije mogao detaljno prikazati sve nehumane zločine koji su počinjeni u tom logoru. Prema svjedočenju Borislava Heraka, u logoru za silovanje je u isto vrijeme bilo zatočeno šezdesetak žena. Sve srpske vojne snage, uključujući vojnu policiju JNA, koristile su te žene za vlastita seksualna iživljavanja. Herak tvrdi da je njegov zapovjednik naredio cijelom Romanijskom korpusu odlazak u logor i silovanje tih žena, tvrdeći da je to dobro za „podizanje morala". Prisjetio se da je jednom prilikom neke od žena izveo van i upucao u glavu. Uz mučninu koju sam osjećao zbog njegovog svjedočanstva, ono što me potpuno zapanjilo bila je Herakova tvrdnja da je vidio i pripadnike mirovnih snaga UN-a kako dolaze u taj logor.

Herak je tvrdio da pripadnici mirovnih snaga UN-a nisu samo uživali u pečenoj janjetini i gostoprimstvu voditelja logora Mira Vukovića, nego i da su sudjelovali u silovanju žena koje su bile zatočene u logoru. Herak je čak izjavio da je osobno vidio generala UN-a Lewisa MacKenzieja, koji je 1992. godine imenovan zapovjednikom UNPROFOR-a kako odlazi iz logora *Sonja* s mladom djevojkom koju je smjestio u oklopno vozilo UN-a parkirano ispred logora.

Jedan od odvjetnika koji je branio Borislava Heraka i kojeg sam upoznao za vrijeme boravka u Sarajevu, nekoliko mi je puta rekao da posjeduje video snimke generala MacKenzieja u

Oči u oči s ratnim zločincem

logoru *Sonja*. Ako su te snimke ikada i postojale, one nikada nisu objavljene. Iako nema dokaza da je general MacKenzie osobno sudjelovao u bilo kakvim zlodjelima za vrijeme opsade Sarajeva, on je 1993. godine priznao novinaru Royu Gutmanu, dobitniku Pulitzerove nagrade, da je bio na platnoj listi prosrpske propagandne organizacije SERBNET. Gutman je to ekskluzivno objavio u *Newsdayu* 23. lipnja 1993. godine. Gutman je uz to napisao da je Mackenzie imao sklopljen ugovor sa SERBNET-om za vrijeme svjedočenja pred kongresnim odborom za vojna pitanja SAD-a u svibnju 1993. godine. Kongresni odbor u trenutku svjedočenja nije imao informaciju da Mackenzie ima financijski dogovor sa SERBNET-om. Anonimni UN-ov dužnosnik kojeg je Gutman citirao u svom članku izjavio je: „Iskreno rečeno, mi smo nezadovoljni njegovom lošom procjenom." Kada su MacKenzieja pitali o potencijalnom sukobu interesa, on je izjavio: „Moj je stav uvijek objektivan, jer ne krivim samo Srbe." No, stav koji je MacKenzie zauzeo za vrijeme govorničke turneje bio je proturječan stavu UN-a da su Srbi pretežno odgovorni za masovna ubojstva, silovanja i etničko čišćenje. Iako MacKenzie nije htio otkriti koji je iznos novaca dobio od SERBNET-a, kasnije je tvrdio da je taj novac donirao Kanadskoj zakladi za istraživanje AIDS-a.

    Herak je na kraju priznao osobnu krivnju za ubojstvo 32 civila, uključujući žene i djecu, te za silovanje dvanaest žena i djevojčica. Jedna djevojčica čije je silovanje i ubojstvo priznao imala je samo dvanaest godina. Izjavio je da ju je upucao u potiljak, nakon što ju je iskoristio kao predmet svog sadističkog zadovoljavanja.

    Gađenje koje sam osjećao prema Heraku prisutno je i dan danas, nakon skoro tri desetljeća. Bilo je teško sjediti nasuprot ratnog zločinca koji je priznao svoja nedjela, dok je prepričavao ubojstva i silovanja koja je počinio i pritom pušio cigaretu za cigaretom koje mu je, da ironija bude veća, davala mlada prevoditeljica iz Bosne. Bilo je potrebno puno samokontrole da nastavim razgovor i ne skočim na njega preko stola. Kada danas gledam taj snimljeni intervju, pauze između pitanja pokazuju

ZA HRVATSKU MOJE BAKE

koliko sam bio emocionalno pogođen, dok sam slušao tog dvadesetdvogodišnjaka kako iznosi detalje svog krvoločnog pohoda u idiličnoj okolici Sarajeva 1992. godine.

Po povratku u Ameriku u ožujku 1993. godine i prije nego je Roy Gutman objavio svoj članak o generalu MacKenzieju, kontaktirao sam Gutmana telefonom. Razgovarali smo o optužbama protiv MacKenzieja i mirovnih snaga UN-a. Gutman je priznao da je čuo iste te glasine. Obavijestio me da je UN proveo istragu o optužbama za zlodjela vojnika UNPROFOR-a u logoru *Sonja*, no da su odbili dati bilo kakve informacije u vezi rezultata te istrage.

Do tada sam razvio dobar odnos s Muhamedom Sacirbeyem, veleposlanikom Bosne i Hercegovine pri UN-u. Nazvao sam ga vezano za te optužbe. Bio sam uvjeren da će Ujedinjeni narodi vladu Bosne i Hercegovine u potpunosti izvijestiti o teškim zločinima koje su na teritoriju Bosne i Hercegovine počinili vojnici UNPROFOR-a. Njegov je odgovor bio šokantan: „UN ne želi objaviti nikakve informacije o slučaju protiv vojnika UNPROFOR-a, ni o optužbama, ni o presudi, pa čak niti nama." Postajalo mi je sve jasnije zašto su ljudi u Bosni i Hercegovini počeli gledati na UN i UNPROFOR s takvim prijezirom.

U ožujku 1993. godine, Borislav Herak i Sretko Damjanović proglašeni su krivima za genocid, ratne zločine nad civilnim stanovništvom i ratne zločine protiv ratnih zarobljenika. Obojica su osuđeni na smrtnu kaznu. U intervjuu s Herakom koji sam snimio, on je jasno izjavio da želi da mu sud odredi smrtnu kaznu. No, kasnije su se žalili na presudu. Ponovno su proglašeni krivima. Nakon toga je Herak u siječnju 1996. godine, dok je čekao izvršenje presude, povukao svoje svjedočenje, tvrdeći da je njegovo priznanje bio iznuđeno na silu za vrijeme prvotnog uhićenja i boravka u pritvoru.

Jasno je da je Herak prije suđenja imao dovoljno prilika da obavijesti zapadne novinare o priznanju iznuđenog primjenom sile ili mučenjem. Za vrijeme intervjua u veljači 1993. godine,

Oči u oči s ratnim zločincem

Herak je na pitanje je li na neki način bio prinuđen priznati zločine za koje je optužen odgovorio ne. Novinar *New York Timesa* John Burns dobio je Pulitzerovu nagradu za svoju reportažu o opsadi Sarajeva. Burns je napisao jedan od prvih članaka o suđenju Heraku i objavio ga u *New York Timesu* 27. studenog 1992. godine, samo tri mjeseca prije nego sam ja intervjuirao Heraka. Burns je napisao da je nekoliko puta pitao Heraka je li na njega izvršen pritisak ili su mu obećani blaža kazna ili bolji tretman u zamjenu za priznanje, na što je Herak niječno odgovorio. Nadalje, Burns je intervjuirao Herakovog oca, Sretka, o zločinima njegova sina. Njegov otac je izjavio: „Bio bih sretniji da me je jednostavno ubio i otišao u zatvor zbog toga. Sada sam živ i svaki me dan muči to što je moje dijete učinilo nevinim ljudima." Ironično, kao što je to često slučaj u Sarajevu, Herak je bio iz multietničke obitelj. Sretko Herak izjavio je da je Borislavova baka bila Hrvatica, a šogor Musliman.

Smrtna kazna nikada nije izvršena... Odbijen je Herakov zahtjev za ponovnim suđenjem, no smrtna kazna pretvorena je u kaznu od dvadeset godina zatvora. Pušten je iz zatvora nakon odsluženja kazne. Godine 2000. odbačena je presuda protiv njegovog suoptuženika, nakon što je uložio žalbu. Damjanović je oslobođen. Herak će ipak zauvijek ostati zapamćen kao prva osoba osuđena za ratne zločine nakon završetka Drugog svjetskog rata i kao posljednja osoba osuđena na smrt u Bosni i Hercegovini.

Nakon povratka u SAD kontaktirao sam časopis *Soldier of Fortune*. Taj se časopis uglavnom bavi vojnim temama. Imali su širok krug čitatelja i posvetili su dosta članaka ratu protiv Hrvatske i Bosne i Hercegovine. U kolovozu 1993. godine objavili su moj članak pod naslovom *Čovjek ili čudovište: priznanje srpskog ratnog zločinca*, zajedno sa slikom Heraka na naslovnici.

Detroit Free Press također je objavio moj intervju s Herakom u obliku pitanja i odgovora 28. ožujka 1993. godine, nekoliko dana prije nego što je proglašen krivim za ratne zločine na sudu Bosne i Hercegovine. Naslov članka glasio je *Srpski vojnik: naredba je glasila pobiti sve*. Moj članak o Heraku naknadno je objavljen u nekoliko novina širom SAD-a koje su bile u vlasništvu kompanije Gannett Co. Inc.

Dok sam se bavio objavljivanjem članaka o Heraku, poduzimao sam i korake potrebne za osnivanje lažne novinske agencije kako bih mogao imati pristup letovima UN-a za Sarajevo, bez da se pritom moram oslanjati na novinske kuće koje će mi izdati potvrdu da sam njihov suradnik. Osim letova u grad pod opsadom, akreditacija UN-a omogućavala je pristup mnogim objektima UN-a razasutima širom Hrvatske i Bosne i Hercegovine.

Osnivanje mikro poduzeća u Americi je izrazito jednostavno. Potrebno je jedino otići u odgovarajući vladin ured i platiti naknadu za osnivanje u iznosu od deset dolara. Pet minuta nakon toga osnivač ima registrirano poduzeće i ime poduzeća. Slijedeći je korak dizajniranje loga i memoranduma poduzeća. Odabrao sam pomalo grandiozno ime *Pan-National News Agency* jer sam smatrao da se na taj način stvara dojam međunarodne agencije koja nije povezana s Hrvatskom. Nisam želio pobuditi nikakvu sumnju među djelatnicima UN-a. Na memorandumu su ambiciozno bili navedeni uredi *Pan-Nationala* u Argentini, Bosni i Hercegovini, Kanadi, Hrvatskoj i SAD-u, naravno sve fiktivni uredi. Na kraju je bilo potrebno tiskati posjetnice i plastificirane identifikacijske iskaznice za mene i neke ljude iz Sarajeva koje sam planirao pokušati izvući iz grada pomoću letova UN-a. Sve te dokumente dizajnirao je grafički dizajner iz Detroita kojeg sam poznavao. U slučaju da ne uspijem obnoviti identifikacijsku karticu UN-a, tražio sam ga da, za svaki slučaj, napravi i praznu lažnu iskaznicu UN-a.

Nije bilo potrebe za „planom B" jer sam po povratku u Zagreb u lipnju 1993. godine jednostavno ušao u sjedište UNPROFOR-a, pokazao pismo na memorandumu agencije *Pan-National News Agency* u kojem se traži akreditacija, pokazao lažnu karticu zaposlenika i izašao s važećom novinarskom akreditacijom UN-a u ruci. Čak sam i ja bio iznenađen koliko je to bilo jednostavno. Lakoća kojom sam to uspio obaviti potaknula me na razmišljanje jesu li i neki drugi otkrili slabosti birokracije

Oči u oči s ratnim zločincem

UN-a.

Noseći hrpu identifikacijskih iskaznica agencije *Pan-National News Agency* te novoizdanu novinarsku akreditaciju UN-a, ponovno sam se ukrcao u zrakoplov UN-a C-130 koji je letio za Sarajevo u lipnju 1993. godine. Napravio sam identifikacijske kartice zaposlenika nekolicini ljudi koje sam upoznao prilikom prethodnog boravka u Sarajevu, nadajući se da će oni tako imati pristup letovima UN-a i da će moći odletjeti iz noćne more u kojoj su živjeli.

Zračna luka u Sarajevu vrlo se malo promijenila u odnosu na prije četiri mjeseca, kada sam zadnji put bio tamo. Najveća promjena odnosila se na to da Srbi više nisu izravno kontrolirali zračnu luku. No, oni su ipak i dalje držali kontrolne točke između zračne luke i grada i na taj način sprječavali slobodni protok ljudi i robe. Činilo se da je UN riješio sve logističke probleme vezane uz organizaciju tona hrane i namirnica koje su dnevno stizale u grad preko zračne luke.

Tom prilikom nisam ponovno želio koristiti gostoprimstvo Nidžare i njezine obitelji te sam prihvatio ponudu obitelji Bakalović da boravim u njihovom stanu. Ponovno su bili jednako velikodušni kao i prethodni put, kada sam ih vidio.

Budući da su cigarete postale nova važna valuta za stanovnike Sarajeva koji su bili okorjeli pušači, za obitelj Bakalović sam donio nekoliko šteka Marlbora, posebno tražene marke, i još neke osobne stvari. Najvrjednija stvar koju sam donio bila je ipak identifikacijska iskaznica za Sejlu Bakalović, koju je izdala agencija *Pan-National News Agency* kao potvrdu da je ona zaposlenica te agencije. Ta iskaznica je Sejli, zajedno s dopisom na memorandumu agencije, naposljetku omogućila da zrakoplovom napusti grad, i to na trošak UN-a. Danas živi u Houstonu u Teksasu sa suprugom Damirom Rudićem, koji je također podrijetlom iz Sarajeva, i njihovom kćeri Tess. Oni su i dalje moji dragi prijatelji.

Agencija *Pan-National News Agency* i akreditacija UN-a pokazale su se korisnima i u sljedećih nekoliko godina, kada sam povremeno razmjenjivao informacije koje sam saznao s Dragom

ZA HRVATSKU MOJE BAKE

Sudarom. Drago je živio u dijaspori i odslužio je gotovo dvadeset godina zatvorske kazne, prije nego što se vratio u Hrvatsku, gdje je radio kao analitičar za obavještajne službe.

Oči u oči s ratnim zločincem

Osuđeni srpski ratni zločinac Borislav Herak

12

Zastupnici u ratnim olujama

NAKON ZADNJEG PUTOVANJA u Sarajevo u lipnju 1993. godine, našao sam se s trojicom prijatelja: Petrom Ivčecom, Tomislavom Marušićem i Zdenkom Mrakovčićem, kako bismo razmotrili mogućnost osnivanja tvrtke koja bi služila kao neka vrsta kontrolnog mehanizma, i to zbog glasina o korupciji u hrvatskom Ministarstvu obrane koje su se počele širiti. Tvrtku smo nazvali *Global Enterprises Group, Inc*. Osobni kontakti koje sam uspostavio dok sam zastupao Ministarstvo obrane, imali su značajan utjecaj na moj osobni život godinama kasnije. No, u studenom 1993. godine bio sam usmjeren isključivo na ono što mogu učiniti za bakinu domovinu za vrijeme rata.

Našli smo se nekoliko puta i razgovarali o tome što možemo učiniti kao domoljubi. Razumljivo, jedan od načina bio je osigurati sve što treba Ministarstvu i Hrvatskoj kako bi Hrvatska pobijedila u ratu za neovisnost. Znali smo da će hrvatsko Ministarstvo obrane morati osigurati veliku količinu materijala i opreme, kada dođe vrijeme da Hrvatska vrati dvadeset i pet posto svog teritorija, koji je još uvijek bio pod kontrolom JNA i koji su nadzirali Srbi. Bili smo spremni pomoći na način da utječemo na američke političare i sudjelujemo u informacijskom ratu koji se vodio u američkim i kanadskim medijima. Zbog toga je bilo potrebno napraviti tri koraka. Kao prvo, trebalo nam je ovlaštenje Ministarstva obrane da djelujemo u ime i na zahtjev Ministarstva. Kao drugo, morali smo osnovati našu tvrtku u saveznoj državi Michigan, gdje će biti i sjedište tvrtke. Kao treće, sukladno američkom pravu, morali smo se registrirati kao ovlašteni zastupnici hrvatske Vlade u skladu sa Zakonom o registraciji saveznih agenata (FARA). Da se nismo registrirali u Ministarstvu pravosuđa SAD-a, jugoslavenska Vlada imala bi mogućnost od američkog Ministarstva pravosuđa tražiti da nas kazneno optuži u skladu s istim tim zakonom.

Petar Ivčec i Tomislav Marušić bili su mi stari prijatelji dugi niz godina na osnovi članstva u Hrvatskoj republikanskoj stranci sa sjedištem u Buenos Airesu u Argentini.

Tomislav je bio iz malog mjesta Široki Brijeg, iz istog mjesta iz kojeg je bio ministar obrane Gojko Šušak. Srećom, njih dvojica bili su bliski: Tomislav je Šuška zvao „kumom". Kum ne označava samo međusobni odnos između dvije osobe, nego je i cjeloživotna titula kojom se koristi prilikom obraćanja. Ona u hrvatskoj kulturi znači puno više nego u anglosaksonskoj. Njih dvojica poznavali su se puno prije nego što je jedan od njih emigrirao u Sjevernu Ameriku. Poznavali su se još i prije nego što je dr. Franjo Tuđman zamolio Gojka Šušaka da napusti svoju uspješnu tvrtku u Kanadi i dođe u Hrvatsku kako bi pomogao u borbi za hrvatsku slobodu. Poput Petra, Tomislav je imao besprijekorne reference kao čovjek koji je posvećen borbi za Hrvatsku. Također je poput Petra desetljećima neumorno radio i žrtvovao svoje vrijeme i novac, onda kada je bilo opasno biti uključen u pokret za slobodu Hrvatske.

Treći partner u tvrtki *Global Enterprises Group* bio je Zdenko Mrakovčić. Njega smo najslabije poznavali. Počeo je živjeti u Detroitu nekoliko godina prije proglašenja hrvatske neovisnosti, no nitko od nas ga svih tih godina nikada nije susreo na različitim hrvatskim događanjima. Bio nam je to znak upozorenja, jer je to često značilo da je osoba više projugoslavenski nego prohrvatski orijentirana. Preselio je u Detroit iz New Yorka, nakon što je kupio veliku stambenu zgradu malo izvan centra Detroita. Prema njegovim riječima, dok je živio u New Yorku, okušao se i u drugim poslovnima. Nakon što smo ga provjerili pomoću naših hrvatskih kontakata u New Yorku, saznali smo da je bio praktički nepoznat među našim tamošnjim hrvatskim prijateljima.

Hrvati koji su emigrirali nakon Drugog svjetskog rata mogli su se podijeliti u tri osnovne skupine.

Kao prvo, postojali su emigranti koji su napustili Hrvatsku iz političkih razloga, kao npr. tijekom Hrvatskog proljeća 1971. godine, kada se Tito okomio na Hrvate koji su zahtijevali više autonomije od jugoslavenske savezne vlade. Oni su često bili prisiljeni krenuti na opasan put na zapad bez putovnice. Jugoslavija nije izdavala putovnice ljudima koje su smatrali prijetnjom. Petar Ivčec, koji je pobjegao preko jugoslavenske granice ispod vlaka, spadao je u tu kategoriju. Ljudi poput njega nikada se nisu mogli vratiti u Hrvatsku zatočenu u Jugoslaviji.

Drugu skupinu činili su emigranti koji su napustili Jugoslaviju zbog ekonomskih razloga. Ta se skupina mogla podijeliti u dvije podskupine: Hrvate koji su odabrali biti dio šire „hrvatske zajednice", no koji su se suzdržali od protujugoslavenskih političkih aktivnosti kako bi se mogli vratiti u Jugoslaviju i posjetiti članove obitelji, i one Hrvate koji su se uključili u protujugoslavenske političke aktivnosti i nikada se više nisu mogli vratiti u Hrvatsku i članovima svojih obitelji. S vremenom sam razvio duboko poštovanje za emigrante iz te druge podskupine, koji su svjesno odabrali život u progonstvu radije nego šutnju i pasivnost.

U treću su skupinu spadali oni emigranti koji nisu bili povezani s niti jednim segmentom hrvatske dijaspore koji je jugoslavenski režim mogao smatrati „ekstremnim". Nisu željeli učiniti ništa što bi ugrozilo mogućnost putovanja kući za vrijeme

ZA HRVATSKU MOJE BAKE

praznika ili mogućnost trajnog povratka. Budući da je jugoslavenska vlada mnoge hrvatske katoličke crkve i organizacije u Sjevernoj Americi smatrala utočištem ekstremista, oni hrvatski emigranti koji nisu željeli riskirati da ih se smatra ekstremnima ili „protujugoslavenski" orijentiranima, jednostavno su se držali podalje od naših crkava i naše zajednice. Hrvatska bratska zajednica bila je jedina hrvatska organizacija kojoj su se ti preplašeni Hrvati mogli pridružiti, ako su željeli da ih jugoslavenski režim smatra „lojalnima", a da se ipak druže s Hrvatima za vrijeme emigracije.

Brinuli smo se da Zdenko spada u tu posljednju kategoriju i pitali smo se je li to razlog zbog kojeg naši prijatelji u New Yorku i Detroitu nisu prije čuli za njega. Unatoč zabrinutosti, obratili smo mu se jer je bio uspješan poslovni čovjek, vjerujući da može biti od koristi našoj budućoj tvrtki. Osim toga, Zdenko je ponudio da jedan od njegovih praznih stanova koristimo kao ured za *Global Enterprises Group*. Budući da smo uvijek bili oprezni kada je riječ o jugoslavenskim špijunima ili američkim obavještajnim agencijama, smatrali smo da je bolje da nam uredi budu u jednom od Zdenkovih praznih stanova, nego riskirati i iznajmiti uredski prostor od nepoznatih ljudi, koji možda surađuju s jugoslavenskim špijunima ili američkim obavještajnim agencijama. I tako smo, bez obzira na naše dvojbe i sumnje, pozvali Mrakovčića da se pridruži tvrtki.

Nas četvorica otputovali smo u Hrvatsku u studenom 1993. godine, nadajući se susretu s ministrom Šuškom na kojem ćemo mu izložiti našu ideju. Tomislav je uspio dogovoriti večeru sa Šuškom u restoranu na najvišem katu zagrebačkog hotela *Intercontinental*. Šuškova supruga Đurđa bila je toliko ljubazna da nam se pridružila na večeri. Bio sam zadivljen njezinom inteligencijom i ljepotom. Usluga u restoranu te večeri bila je impresivna. Način na koji su nas posluživali omogućio mi je uvid u to kako se lako naviknuti na moć. Ne samo da je nekoliko konobara posluživalo naš stol te večeri, nego se i vlasnik potrudio nekoliko puta doći do našeg stola kako bi nas pozdravio i na kraju platio račun za nas šestero.

Zastupnici u ratnim olujama

Šušak je bio mršav i karizmatičan čovjek koji se vrlo dobro osjećao u svojoj koži kada smo se susreli s njim te večeri 1993. godine. Imao je ogromnu moć u Hrvatskoj i izvan Hrvatske, što sam i osobno iskusio i što ću pojasniti u nastavku knjige. U isto vrijeme, Šuškov karakter uopće se nije promijenio u odnosu na razdoblje kada je napustio Hercegovinu. Bilo je jasno da ima veliko samopouzdanje i izvrsne vještine vođenja. Uvijek sam bio zadivljen time, jer u njegovoj prošlosti nije postojalo ništa što bi ga izričito kvalificiralo za poziciju ministra obrane.

Gojko Šušak rođen je u Širokom Brijegu 15. ožujka 1945. godine, samo dva mjeseca prije završetka Drugog svjetskog rata. Njegov otac i brat bili su pripadnici hrvatskih snaga za vrijeme Drugog svjetskog rata. Poput desetaka tisuća ostalih bivših hrvatskih vojnika, obojicu su ubili Titovi partizani, nakon što su se predali po završetku rata. Šušak je pohađao osnovu školu i gimnaziju u Širokom Brijegu. Godine 1963. pohađao je Pedagošku akademiju u Rijeci. Pobjegao je iz Jugoslavije, najprije na šest mjeseci u Austriju, i nakon toga 1969. godine u Kanadu. Prve četiri godine u Kanadi radio je u lancu restorana, a 1972. godine pokrenuo je vlastiti posao, vodeći uspješan lanac picerija *Tops*.

Šušak se aktivnije uključio u hrvatsku emigraciju za vrijeme života u Kanadi. Njegova značajnija ostvarenja su sudjelovanje u radu Hrvatskog kulturnog saveza i Hrvatskog nacionalnog nogometnog saveza Kanade i SAD-a te pomaganje prilikom osnivanja Katedre za hrvatske studije na Sveučilištu Waterloo.

Kada je dr. Franjo Tuđman prvi puta došao u Sjevernu Ameriku 1987. godine, prvi mu je cilj bio uspostaviti kontakte s ljudima koji su dokazani hrvatski domoljubi i koji nisu bili službeni članovi niti jedne protujugoslavenske političke skupine. Gojko Šušak i drugi imali su ključnu ulogu u pomaganju Tuđmanu da ostvari taj cilj. Tuđman je bio dovoljno mudar da zna da, ako želi pobijediti na izborima u Hrvatskoj, njegovu kampanju mora financirati hrvatska dijaspora širom svijeta. Kao politički disident, proveo je niz godina u Titovom zatvoru u Lepoglavi. Bio je

ZA HRVATSKU MOJE BAKE

jedinstven, jer je također bio bivši general JNA za vrijeme Josipa Broza Tita, prije nego što je došao u sukob s njime. Hrvatska dijaspora nije odmah podržala bivšeg generala JNA, bez obzira što ga je Tito dao zatvoriti. Zbog toga je dijaspora, da Tuđman nije uspio pridobiti podršku njenih uglednih vođa, mogla za njega predstavljati tvrdi orah. Prvi hrvatski domoljubi kojima se Tuđman obratio za podršku bili su vrlo glasni i aktivni Hrvati, kritičari Jugoslavije, podrijetlom iz Hercegovine. Beskompromisni hrvatski domoljubi koji su živjeli u Kanadi, poput Gojka Šušaka, bili su prvi na Tuđmanovom popisu. Šušak se odazvao pozivu i svesrdno podržao Tuđmana, zajedno s ostalim hercegovačkim vođama koji su živjeli u Kanadi. Ta rana podrška Tuđmanu predstavljala je veliki politički rizik za svakoga u hrvatskoj dijaspori. Uz iznimku OTPOR-a i Hrvatske republikanske stranke, u to je vrijeme bilo vrlo malo tvrdolinijskih političkih pristaša Franje Tuđmana.

Tuđman se suočio s glasnim i žestokim protivljenjima na svakom događanju u dijaspori na kojem je govorio 1987. godine, bez obzira koju je zemlju ili grad posjetio. Većina, ako ne i svi prisutni, nisu mogli zanemariti činjenicu da je on bivši general Jugoslavenske narodne armije. Bez podrške hercegovačke frakcije, OTPOR-a, čije je vodstvo pretežno bilo iz Hercegovine i Hrvatske republikanske stranke, Tuđman bi se vratio u bivšu Jugoslaviju praznih ruku. Neke od onih koji su ga podupirali od samog početka (Gojko Šušak, Ante Beljo i Marin Sopta) Tuđman je kasnije, nakon što je izabran za predsjednika, imenovao na različite položaje. Šušak je najprije imenovan Ministrom iseljeništva u novonastaloj hrvatskoj državi. Uskoro su Šuškove sposobnosti vođenja došle do izražaja te je on u rujnu 1991. godine imenovan Ministrom obrane.

Toga dana za večerom razgovarali smo o nekoliko tema. Ministra Šuška zanimale su novosti o ljudima koje je poznavao u dijaspori. Budući da su se Marušić i on poznavali puno duže i bolje nego svi mi ostali, Marušić je za večerom sjedio pored Šuška. Njegova supruga Đurđa, koja je sjedila nasuprot njega s moje desne strane, radila je u Uredu za nacionalnu sigurnost za

Zastupnici u ratnim olujama

Miroslava Tuđmana, sina predsjednika Tuđmana. U jednom trenutku, dok je govorila o velikim stvarima koje su Hrvati iz dijaspore činili za domovinu, spomenula je film *Bleiburška tragedija* i rekla da se nalazi na njihovoj polici s knjigama. Očito nije znala da sam ja autor filma, a ja se nisam ni potrudio reći joj to.

Gospodin Šušak ispričao je o dosjeima Udbe koje Jugoslaveni nisu uspjeli uništiti, prije nego su pobjegli iz Zagreba u prosincu 1991. godine. Rekao je da su ga iznenadila imena nekih ljudi koje je prepoznao iz hrvatske dijaspore i koji su radili kao špijuni za Udbu, pretvarajući se pritom da su hrvatski domoljubi.

Na kraju smo, uz desert i piće, spomenuli naš poslovni plan. Iskreno smo objasnili zašto vjerujemo da kao domoljubi možemo pomoći Hrvatskoj na način da se registriramo kao strani zastupnici u Americi. Naš je cilj bio pomoći Ministarstvu obrane u nabavci svih vrsta opreme i materijala koji će Hrvatskoj trebati u zadnjoj fazi Domovinskog rata kako bi povratila preostali dio okupiranog teritorija. Objasnili smo da možemo pomoći djelujući kao kontrolni mehanizam protiv onih elemenata u novoj vladi kojima je profit bio važniji od oslobađanja Hrvatske. Čvrsto smo vjerovali da naša tvrtka može suzbiti korupciju u Ministarstvu ako gospodin Šušak bude imao naše ponude koje može usporediti s napuhanim ponudama drugih tvrtki koje su imale prijatelje u Ministarstvu. Vjerovali smo da su mnoge ponude za opremu i materijal koje su glasile na Ministarstvo sadržavale dio iznosa za podmićivanje pojedinaca u Ministarstvu. Možda je bilo previše naivno vjerovati da možemo u potpunosti suzbiti korupciju, no ministru Šušku se svidjela ideja. On se te večeri složio da nam dozvoli da osnujemo tvrtku i da se registriramo kao strani zastupnici u ime Ministarstva obrane.

Sljedećeg dana smo Tomislav Marušić i ja otišli u ured generala Krešimira Ćosića, gdje je bilo pripremljeno pismo ovlaštenja koje je Šušak trebao potpisati. Ćosić nas je svesrdno podržavao u to vrijeme, a i nakon toga. Ćosić je izrazito inteligentan. Vjerujem da je od samog početka shvatio važnost Marušićeva odnosa sa Šuškom i kako se taj odnos može odraziti na njegovo osobno napredovanje unutar Ministarstva obrane. Ćosić je bio izrazito sposoban i kasnije je napredovao do zamjenika ministra obrane.

Dan poslije otišli smo u Šuškov ured u sjedište Ministarstva obrane. Trebalo je pismo ispisati na memorandumu Ministarstva obrane i dobiti Šuškov potpis. Novo sjedište Ministarstva obrane bilo je u zgradi u kojoj je prethodno bila smještena JNA. Šuška nije bilo, no njegova je tajnica pristala isprintati pismo i dati mu ga na potpis. Tako smo postali ovlašteni zastupnici hrvatskog Ministarstva obrane i bili spremni za registraciju u Ministarstvu pravosuđa SAD-a po povratku u Ameriku.

Zastupnici u ratnim olujama

Autor s predsjednikom Franjom Tuđmanom

ZA HRVATSKU MOJE BAKE

REPUBLIKA HRVATSKA
MINISTARSTVO OBRANE

Zagreb, 15th November 1993.

AUTHORIZATION

I Gojko Šušak, Minister of Defense of the Republic of Croatia, hereby authorize the individuals Tomica Marušić, Zdenko Mrakovčić, Michael Palaich and Petar Ivčec to register as foreign agents for the Croatian Ministry of Defense, with the United States Government, under the corporation name GLOBAL ENTERPRISES, INCORPORATED.

REPUBLIC OF CROATIA
DEFENSE MINISTER

Gojko Šušak

41000 ZAGREB, Trg kralja Petra Krešimira IV br. 1 – Tel: 041/443-836, 467-640, Fax: 041/432-415

Pismo ovlaštenja koje je potpisao hrvatski ministar obrane

Zastupnici u ratnim olujama

Ćosić nam je nastavio pomagati sa svime što smo ga tražili, a mi smo nastavili pomagati njemu. Primjerice, jednom mi je Ćosić, za vrijeme mog boravka u Argentini, dogovorio sastanak s djelatnikom argentinskog Ministarstva obrane koji je imao hrvatske korijene. Ćosić je bio izrazito zainteresiran za vojne simulatore letova i vjerovao je da bi argentinska vojska mogla biti zainteresirana za prodaju svoje rabljene opreme Hrvatskoj.

Kada je general Ćosić bio u Americi i sudjelovao na konferenciji na Sveučilištu Michigan, koje se nalazi petstotinjak kilometara od Chicaga, iskoristili smo priliku za organiziranje razgovora s prijateljem prijatelja iz Argentine, koji je ujedno bio poslovni čovjek s vezama u argentinskom zrakoplovstvu. Sastanak između Ćosića i Argentinca održao se dok smo šetali predgrađem Chicaga po imenu *River Forest*, u kojem je živio Tomica Marušić. Tada smo svi izbjegavali takve osjetljive razgovore voditi u našim domovima. Ćosić je objasnio Argentincu da je hrvatsko Ministarstvo obrane zainteresirano za poseban tip zrakoplova koji se proizvodi u Argentini, za FMA-IA Pucará. Zrakoplov Pucará je turbo propelerac koji nisko leti i koji se pokazao vrlo učinkovitim u borbama protiv komunističkih gerilaca u Argentini. General Ćosić je bio uvjeren da bi zrakoplov mogao biti učinkovit i u hrvatskom Domovinskom ratu protiv srpskih paravojnih snaga i JNA.

Ćosić je, dok smo bili u Zagrebu, inicirao još jedan sastanak, na kojem se nisam osjećao ugodno, no kojem sam bez obzira na to prisustvovao. Sastanak s dva američka vojna atašea održao se u vojarni na Črnomercu u Zagrebu. Ćosić, Marušić i ja susreli smo se s američkim atašeima Ivanom Šarcem i Richardom Herrickom, koji su obojica bili časnici američke vojske.

Znao sam iz razdoblja provedenog u vojsci da su vojni atašei često pripadnici CIA-e koji djeluju u stranim zemljama pod „službenom" krinkom vojnih atašea. Isto sam tako znao iz razgovora s Dragom Sudarom, prijateljem koji je radio za Miroslava Tuđmana u Uredu nacionalne sigurnosti, da je Ivan

ZA HRVATSKU MOJE BAKE

Šarac za CIA-u obučavao pripadnike hrvatskih obavještajnih agencija. Nisam bio siguran je li službeno zaposlen u CIA-i, ali znam da ga je CIA nagradila za izuzetna postignuća koja je ostvario kao vojni ataše za vrijeme boravka u Zagrebu. Zanimljivo je spomenuti da je Šarac Hrvat rođen u bivšoj Jugoslaviji. Dok je bio mlađi i živio u New Yorku, bio je aktivno uključen, ili se barem pretvarao da je aktivno uključen, u Hrvatski oslobodilački pokret. Prema informacijama koje sam dobio od Drage Sudara, Ivan Šarac je na kraju protjeran iz Hrvatske kao *persona non grata* zbog tajnog i neovlaštenog djelovanja u Hrvatskoj.

Pukovnik Herrick odigrao je važnu ulogu u pomaganju hrvatskim snagama da vrate okupirane teritorije za vrijeme hrvatske vojne operacije Bljesak u svibnju 1995. godine i operacije Oluja u kolovozu 1995. godine. Američka kompanija *Military Professional Resources Incorporated* (MPRI) sa sjedištem u Aleksandriji u Virginiji, također je odigrala važnu ulogu u obučavanju hrvatske vojske prije početka operacije u kolovozu, i to uz Herrickovu pomoć. Vjeruje se da je tvrtka MPRI neizravno povezana sa CIA-om.

Toga dana u Zagrebu, general Ćosić je okupio nas petoricu samo da se upoznamo. Ćosić je poslao vozača u naš hotel da nas doveze na Črnomerec. Nakon što sam se predstavio dvojici vojnih atašea, Šarac je rekao da su on i Herrick bivši pripadnici specijalnih snaga i upitao me: „Jeste li i vi bili pripadnik specijalnih snaga?" „Ne, ja sam bio obični pripadnik mornarice", odgovorio sam. „No, vrlo sam ponosan na način kako se Hrvatska vojska uspjela transformirati uz pomoć generala Ćosića." Nisam se osjećao ugodno na sastanku jer nisam bio siguran tko ga je zapravo inicirao. Pitao sam se jesu li sastanak inicirali Amerikanci kako bi saznali tko smo mi ili ga je možda inicirao Ćosić kako bi se kao visoko rangirani hrvatski časnik, dodvorio Amerikancima. Niti jedna od te dvije opcije nije mi bila prihvatljiva. Bio sam siguran da će oni podnijeti izvješće o našem razgovoru po povratku u svoj ured u Američko veleposlanstvo. Postajalo je sve teže djelovati iz pozadine, gdje sam se ja uvijek najugodnije osjećao.

Zastupnici u ratnim olujama

General Ćosić nam je povjerio da je u tom razdoblju Tuđmanova vlada bila pod sve većim pritiskom da ustupi dio hrvatskog teritorija u zamjenu za mir. Navodno su EU, a posebice Amerika, željeli da se Hrvatska, u cilju uspostave „mira u regiji", odrekne svojih prava na 25% hrvatskog teritorija koji su okupirale srpske paravojne snaga i JNA. Prema onome što nam je rečeno, tu su temu stalno spominjali američki diplomati. To me toliko zasmetalo da sam morao reagirati.

Dio hrvatskog teritorija koji je Srbija okupirala nikada se nije nalazio unutar granica Srbije. Isto se pak ne može reći za američke savezne države Arizona, Teksas, New Mexico i Kalifornija, koje su se nekad nalazile unutar granica meksičkog teritorija. Savjetovao sam generalu Ćosiću da sljedeći puta, kada čuje prijedlog da se žrtvuje hrvatski teritorij u zamjenu za mir, predloži sljedeće: „Za svaki centimetar američkog teritorija koji će Amerika vratiti Meksiku, Hrvatska će žrtvovati jedan kilometar svog teritorija u zamjenu za mir." To je, naravno, bio samo retorički argument. Amerika nikada ne bi dobrovoljno vratila niti milimetar američkog teritorija Meksiku. Svrha je bila isključivo naglasiti bit. Lako je davati nečiji tuđi teritorij u zamjenu za mir. Okupirano područje uvijek je bilo hrvatsko i ne smije se nikada nikome ustupiti.

U sljedeće dvije godine naša je tvrtka bila u potrazi za svime što je od nas zatražilo Ministarstvo. Dostavili smo bezbroj ponuda za različite predmete i opremu, uključujući odore, čizme i komunikacijsku opremu. Iako smo sklopili samo nekoliko ugovora, vjerujem da smo bili uspješni u smanjenju razine korupcije u Ministarstvu. Naše realne ponude za čitav niz stavki zasigurno su otežale dobivanje unosnih ugovora ratnim profiterima, ukoliko su njihove ponude bile znatno veće od naših.

Najviše frustracije i stresa izazvao je zahtjev za nabavkom vozila tvrtke *Hummer Corporation*. Kontaktirali smo njihovo sjedište, gdje su nas uputili na sjedište za istočnu Europu. Na naše iznenađenje, distributer za tvrtku *Hummer* u istočnoj Europi bila je slovenska tvrtka. *Hummer Inc.* nas je obavijestio da, ako hrvatsko Ministarstvo obrane želi kupiti vozila Hummer, to mora

ZA HRVATSKU MOJE BAKE

obaviti preko slovenskog distributera. Pored toga, u tom slučaju bi se kupljena vozila morala servisirati u servisnim centrima u Sloveniji. Budući da je pribavljanje ponuda većim dijelom bila moja obveza, ponovno sam kontaktirao sjedište *Hummera* i objasnio da je to neprihvatljivo. To bi, naravno, bilo prihvatljivo da smo kupovali vozila Hummer za privatne svrhe, no ja sam objasnio da se od vlade Republike Hrvatske, kao suverene države, ne može tražiti da kupuje vozila od Slovenaca i da ih Slovenci servisiraju. Smatrali smo da vlada Republike Hrvatske mora moći izravno kupiti vozila i da se vozila moraju servisirati u hrvatskom servisnom centru.

    Jednom prilikom je naš ured kontaktirao djelatnik slovenskog distributera za *Hummer Inc.*, koji je bio izrazito ljut što se Hrvatska uopće usudila zatražiti vlastitog distributera za vozila Hummer. Počeo je vikati preko telefona da je njegova kompanija distributer za cijelu istočnu Europu i da to uključuje sve buduće prodaje u Hrvatskoj. Objasnio sam da je Hrvatska neovisna država i da Hrvatska nikada neće pristati na kupnju vozila uz njegovo posredovanje, niti bi ikada pristala da slovenska kompanija servisira hrvatska vojna vozila Hummer. Bez obzira na intenzivnu komunikaciju s tom kompanijom na svim razinama, nikada nismo uspjeli dobiti pristanak kompanije *Hummer International* za izravnu prodaju vozila Hrvatskoj. Nisam siguran je li Hrvatska ikada kupila i jedno vozilo Hummer za vojne svrhe, no vidio sam mnoga vozila Land Rover koje su koristili pripadnici Hrvatske vojske.

    Najbolji ugovor koji smo potpisali s Ministarstvom obrane 1995. godine odnosi se na različite vrste komunikacijskih uređaja tvrtke *Motorola* koji su se uspješno koristili za vrijeme operacije Oluja u kolovozu 1995. godine. U trodnevnoj operaciji uspješno je vraćeno skoro dvadeset posto hrvatskog teritorija koji je bio pod srpskom okupacijom još od početka agresije. Zapanjujuće je što je taj pothvat ostvarila novonastala država, čija je vojna oprema u početku uključivala vrlo malo lakog naoružanja i minimalne količine teškog oružja. Moje je predviđanje bilo da će Hrvatska vratiti okupirani teritorij u roku od dva tjedna, zbog čega

Zastupnici u ratnim olujama

su mi se ljudi otvoreno podsmjehivali. Svi, uključujući i mene, bili su zapanjeni kada je najveći dio operacije završen u roku od tri dana! Tada je mali broj ljudi znao da je američka vlada poduprla operaciju Oluja u obliku nadzora, logistike, pa čak i vojne obuke koju su izvršili vojni dobavljači, poput tvrtke MPRI. Jedan od najzanimljivijih i najuspješnijih elemenata operacije Oluja bio je način na koji je Hrvatska vojska rasporedila vojnike u različitim dijelovima zemlje koje je kontrolirala, koristeći za to komercijalne kamione. Pokušavajući neprijatelju ne otkriti ništa o kretanjima svojih trupa, vojnici su se ukrcali u dostavne kamione različitih djelatnosti kojima su prevezeni na mjesta koje je vojska smatrala strateški važnima za tu operaciju. U trenutku kada je operacija Oluja trebala započeti, većina hrvatskih vojnika već je bila na svojim položajima, što je povećalo element iznenađenja i dodatno pridonijelo njezinom velikom uspjehu. Na naše izrazito zadovoljstvo, tisuće komunikacijskih uređaja Motorola kojima smo opskrbili Hrvatsku vojsku korišteno je u toj izrazito uspješnoj, povijesnoj vojnoj operaciji.

Događaji koji su uslijedili nakon operacije Oluja donijeli su razočarenje i osjećaj izdaje, i to zbog postupaka dvojice partnera tvrtke *Global Enterprises Group, Inc*. Kada smo prvi puta iznijeli ideju o našoj tvrtki ministru Šušku, obećali smo da ćemo pomoći u smanjenju mogućnosti korupcije unutar Ministarstva obrane RH. No, 1995. godine bio sam šokiran, kada sam saznao o nepravilnostima unutar naše vlastite tvrtke. Da bi stvari bile još gore, nepravilne financijske transakcije obavljene su između dvojice partnera u našoj tvrtki i barem jedne osobe iz Ministarstva obrane. Smatrao sam da se tim nepravilnostima vjerojatno krši nekoliko američkih zakona. Iz opreza i za svaki slučaj, napravio sam kopije dokumenta o tim nepravilnim transakcijama, koje i danas posjedujem.

Tvrtka s uredima u Zagrebu poslala nam je popis stavki za koje su zatražili ponudu. Poslali smo im ponudu na iznos od 84,666.20 USD. Dana 8. rujna 1995. godine na račun tvrtke *Global Enterprises* doznačen je upravo taj iznos. Nekoliko dana

ZA HRVATSKU MOJE BAKE

kasnije, telefonski nas je nazvao jedan od partnera iz Hrvatske, Tomica Marušić, i zatražio povrat novca jer je dogovor propao i jer oni više nisu trebali robu koju su platili. Obavijestio sam Tomicu da možemo vratiti novac i da ćemo to učiniti pod tri uvjeta. Kao prvo, moramo zadržati uobičajenih deset posto zbog raskida ugovora. Prvih pet posto ćemo odmah odbiti. Kao drugo, tvrtka koja je kupila robu nam je obvezna vratiti preostalih pet posto u roku od dva tjedna. Kao treće, novac možemo vratiti isključivo na isti bankovni račun u Zagrebu s kojeg je izvršena uplata. No, Marušić je htio da se novac uplati na neki drugi račun. Objasnio sam da to nije moguće i da je to najvjerojatnije nezakonito. To je zapravo bilo moje shvaćanje klasičnog pranja novca. Zauzeo sam čvrsti stav i odbio uplatiti novac na račun koji je različit od računa s kojeg je novac prvotno uplaćen. I dok se Pero Ivčec složio sa mnom, Zdenko Mrakovčić nije vidio nikakav problem u tome da se novac uplati na neki treći bankovni račun. Našli smo se u pat poziciji. Budući da smo bili četvorica partnera s jednakim pravom glasa, novac je trebao biti vraćen isključivo na račun izvornog uplatitelja. Pero i ja smo stoga bili jako iznenađeni, kada smo saznali da je Mrakovčić zanemario naše glasove kao punopravnih i ravnopravnih partnera i da je bankovnom doznakom uplatio 80,432.89 USD na potpuno drugi bankovni račun u Trgovačkoj banci u Zagrebu 12. rujna 1995. Bilo je neetično i vjerujem nezakonito koristiti sredstva na taj način, a osim toga je bilo i nekorektno sve partnere tvrtke *Global Enterprises* dovesti u opasnost kršenja američkih, a vjerojatno i međunarodnih zakona o bankarskom poslovanju. Nadao sam se da vlasti neće otkriti taj način pranja novca. Razmišljajući o tome nakon svih tih godina, vjerujem da sam trebao tada prijaviti nezakonite radnje i poštedjeti samoga sebe dodatnih pravnih problema s Ministarstvom pravosuđa SAD-a, no u to sam vrijeme odlučio šutjeti i iskušati svoju sreću.

9. siječnja 1996. godine sam u znak protesta podnio ostavku u tvrtki *Global Enterprises Group*. Otišao sam iz tvrtke bez da sam zatražio povrat mog prvotnog ulaganja ili bilo koju vrstu druge naknade. Znao sam da sam još uvijek pod istragom

državnog odvjetnika u Detroitu zbog „kršenja Zakona o kontroli izvoza" zbog isporuke opreme za noćno gledanje i oružja. Još uvijek je postojala vrlo stvarna mogućnost da će Ministarstvo pravosuđa podignuti optužnicu protiv mene. Potencijalnoj budućoj optužnici nikako nisam želio pridodati pranje novaca i kršenje Zakona o financijskom poslovanju. Osjećao sam se izdanim jer su Mrakovčić i Marušić poduzeli korake koji su sve partnere doveli u pravno opasan položaj. Čini se da je i Pero Ivčec imao isto mišljenje jer je on svoju ostavku podnio 10. travnja 1996. godine. Nakon tog događaja imali smo još jedan završni sastanak u našem uredu u Detroitu. Odnosi među nama bili su toliko loši da ostali partneri ni dan danas ne znaju da sam za vrijeme sastanka za pojasom imao 45-kalibarski pištolj. Zahvalan sam Bogu što taj sastanak, iako izrazito buran, nije bio nasilan. Nakon što sam podnio ostavku, prekinuo sam sve veze s Marušićem i Mrakovčićem. Nikad ih više nisam vidio.

Pero Ivčec i dalje je jedan od mojih malobrojnih prijatelja s kojima sam ostao u kontaktu u godinama koje su slijedile. On je također jedan od malobrojnih prijatelja koji mi je ostao odan, nakon što je u SAD-u konačno podignuta optužnica protiv mene nakon završetka savezne istrage koja mi je pet godina visjela poput mača nad glavom.

13

Pod prijetnjom zatvora

TELEFON JE ZAZVONIO ujutro 12. listopada 1996. godine. Bila je to Charlene, tajnica mog odvjetnika. „Žao mi je što Vam to moram priopćiti,", rekla je, „no jučer je porota podignula optužnicu protiv Vas u šest točaka. Morate se odazvati sudskom pozivu na čitanje optužnice dana 28. listopada." Jasno je da sam bio potpuno izbezumljen. Znao sam, naravno, da ta mogućnost postoji. Također sam znao da se nalazim pod prilično opsežnom istragom i nadzorom gotovo pet godina. No, dok se ne dogodi, čovjek uvijek vjeruje da se neće dogoditi, što je gotovo i bio slučaj. Prvi pokušaj podizanja optužnice propao je, kada je porota odbacila prijedlog državnog odvjetnika za podizanjem optužnice. No, tužiteljstvo je uspjelo u svom drugome pokušaju podizanja optužnice. Porota me optužila po šest točaka optužnice za kršenje Zakona o kontroli izvoza oružja, i to članaka o obrani, obrambenim uslugama i ostvarivanju prava predsjednika na kontrolu takve vrste izvoza. Morao sam potpisati primitak

ZA HRVATSKU MOJE BAKE

optužnice koji je glasio: „Svjestan sam da ako me osude ili ako priznam krivnju, mogu biti osuđen na sljedeći način: na 10 godina zatvora i/ili na 1,000,000 USD kazne po svakoj točci optužnice." To je u prijevodu značilo potencijalnu kaznu od šezdeset godina zatvora i šest milijuna dolara novčane kazne.

U slučaju većine saveznih kaznenih dijela postoji rok zastare koji ograničava vremensko razdoblje u kojem vlada može podignuti optužnicu. U mom slučaju rok zastare je bio pet godina. Znajući to, brojao sam dane. U trenutku kada je ostalo samo 11 dana do nastupanja zastare, američki državni odvjetnik Saul Greene konačno je uspio podići optužnicu protiv mene.

Bio sam obvezan doći na ročište kod magistratskog suca u Detroitu 28. listopada 1996. godine, gdje je moj odvjetnik, Richard Lustig, stajao pored mene i u moje izjavio da se „ne osjećam krivim". Imao sam izrazitu sreću jer je magistratski sudac bio spreman izdati mi takozvanu neosiguranu obveznicu u iznosu od 50,000 USD. To je značilo da mogu ostati na slobodi do početka suđenja, uz uvjet da ću morati u cijelosti platiti obveznicu, ako ne dođem na ročište sukladno zahtjevima suda. Ukratko rečeno, bio sam na slobodi na vlastitu odgovornost uz obvezu i obećanje da ću se pojaviti pred sudom. Odmah su me odveli do prostora pored sudnice gdje su se nalazile zatvorske ćelije za koje je bila zadužena pravosudna policija. Fotografirali su me za policijsku evidenciju i uzeli mi otiske prstiju. Moje sljedeće odredište, nakon što su me upisali u evidenciju, bio je ured istražnog suca. Thomas Nugent, istražni sudac koji je bio zadužen za mene, objasnio mi je ograničenja i obveze kojih se moram pridržavati zbog takozvane neosigurane obveznice. Ta ograničenja uključivala su zabranu putovanja izvan savezne države Michigan i obvezu da se jednom mjesečno osobno javim u istražni ured. To je naravno i uključivalo zabranu putovanja izvan SAD-a, posebice u Hrvatsku. Bio sam prisiljen predati svoju putovnicu.

U roku od nekoliko dana kontaktirao sam sve osobe u Hrvatskoj za koje sam mislio da bi se mogle založiti za mene. Prva dva poziva uputio sam Dragi Sudaru, koji je radio kao analitičar u

Pod prijetnjom zatvora

Uredu nacionalne sigurnosti, i Marijanu Buconjiću, koji je u to vrijeme bio zamjenik ministra iseljeništva. Srećom sam pet godina prije toga obavijestio nekoliko ljudi koje sam poznavao i koji su radili za hrvatsku vladu o mom uhićenju u Njemačkoj. Jedan od njih, kojeg ću u ovoj knjizi zvati „Vinko", bio je zaposlen u jednoj od hrvatskih agencija. Tada sam ga zamolio za pomoć hrvatske vlade kako bi se zaplijenjeno oružje, streljivo i noćna optika uništili, dok se još uvijek nalaze u posjedu njemačke policije. Prije podizanja optužnice bilo mi je jasno da će ti dokazi na kraju morati biti poslani u Ameriku kako bi ih državno odvjetništvo moglo koristiti kao dokaz protiv mene na sudu. Vinko, za kojeg sam znao da ima veze u hrvatskim obavještajnim službama, obećao mi je da će učiniti sve što je u njegovoj moći kako bi Nijemci uništili to oružje, prije nego ga pošalju u Ameriku.

Nekoliko dana nakon što je u Americi podignuta optužnica protiv mene, nazvao me Krešo Ćosić, tadašnji zamjenik hrvatskog ministra obrane. Gospodin Ćosić mi je objasnio da će učiniti sve što je u njegovoj moći da se hrvatska vlada založi za mene. Kada sam mu zahvalio, Ćosić je odgovorio na način koji ne samo da me je utješio, već me i uvjerio u njegovu odlučnost. „Nema razloga da mi zahvaljujete. Naša je dužnost učiniti sve što možemo kako bismo Vam pomogli", rekao je Ćosić.

Kao što sam već spomenuo, sada pokojni Drago Sudar tada je radio kao analitičar u Uredu nacionalne sigurnosti. Drago je bio dugogodišnji član Hrvatske republikanske stranke. Osuđen je za terorizam 15. svibnja 1982. godine i dobio je 20 godina kazne u federalnom zatvoru temeljem odluke saveznog suca u New Yorku Constancea Motleya. Nakon puštanja iz zatvora, Franjo Tuđman zaposlio je Dragu u Zagrebu u sjedištu UNS-a u Ulici fra Filipa Grabovca. Iako je on bio jedan od prvih ljudi koje sam nazvao nakon podizanja optužnice protiv mene, to nije bio prvi puta da sam s njime razgovarao o svojim pravnim problemima u Americi.

Godine 1994. na večeri u poznatom zagrebačkom restoranu Okrugljak razgovarao sam s Dragom o mojim pravnim problemima i obavijestio ga da bi američka vlada u bilo kojem trenutku mogla podići optužnicu protiv mene. Budući da je i on sam odslužio dugu zatvorsku kaznu, vjerovao sam da će biti motiviran pomoći mi čak i prije podizanja optužnice. Drago je bolje od bilo koga drugoga mogao razumjeti što bi za mene značila dugogodišnja zatvorska kazna. Nisam bio razočaran. Na večeri u Okrugljaku obećao je da će mi pomoći, ako protiv mene bude podignuta optužnica. Kada sam nakon podizanja optužnice nazvao njegov direktni broj u UNS-u, bio je nesklon o tome razgovarati preko telefona, što je potpuno razumljivo. Shvatio sam po njegovom tonu da sumnja da netko nadzire naš telefonski razgovor, možda čak i iz samog ureda UNS-a. Uputio me da nazovem svog prijatelja Vinka i obavijestim ga o podizanju optužnice protiv mene. Činjenica da me prebacio Vinku nije me razočarala, sasvim suprotno. Vjerovao sam da će se, bez obzira što se ne može verbalno obvezati preko telefona, nastaviti baviti time iz pozadine.

Pokušavajući se osigurati sa svih strana pomoću svojih kontakata, sastao sam se s veleposlanikom Sacirbeyem, kada je bio u Detroitu na događaju za prikupljanje sredstava za Bosnu i Hercegovinu koji se održao u *Palace of Auburn Hills* u kolovozu 1997. godine. Na koncertu je nastupao poznati gitarist Peter Frampton iz legendarne rock grupe *Grand Funk Railroad*. Sav prihod koncerta bio je namijenjen za pomoć žrtvama rata koji je još uvijek trajao u Bosni i Hercegovini. Prilično sam dobro poznavao Sacirbeya, kao što sam ranije opisao, iz vremena kada mi je pomagao da dobijem novinarske akreditacije potrebne za putovanje kroz Bosnu i u Sarajevo za vrijeme rata. Moja supruga i ja privatno smo se susreli sa Sacirbeyem u VIP loži. Ispričao sam mu o optužnici koja je podignuta protiv mene i pitao ga može li na bilo koji način pomoći putem svojih međunarodnih političkih kontakata kao veleposlanik pri UN-u. Za večerom je obećao učiniti sve što može, uključujući i razgovor s američkom državnom tajnicom Madeleine Albright. Bili su kolege u UN-u, prije nego što je ona imenovana američkom državnom tajnicom u siječnju 1997. godine.

Pod prijetnjom zatvora

Nakon toga se dogodilo nešto izrazito čudno, što u to vrijeme zaista nisam razumio. Svi moji uzastopni pokušaji da dođem do tih istih osoba bili su uzaludni. Nisu odgovarali na moje poruke. Ljudi koje sam prije vrlo lako mogao dobiti odjednom su potpuno utihnuli. Izgledalo je kao da sam u roku od dva tjedna od podizanja savezne optužnice postao gubav. Preostalo mi je da donesem jedan od dva moguća zaključka. Prva je mogućnost bila da sam bio previše „opasan" i da bi se svaki službeni kontakt sa mnom mogao protumačiti štetnim za hrvatsko-američke odnose. Druga je mogućnost bila da su zaista u pozadini radili na tome, kao što su i obećali, ali da su dobili upute da prekinu kontakte sa mnom kako bi se stvorio dojam „uvjerljivog poricanja". Istinski sam se nadao da je njihova šutnja bila posljedica te druge mogućnosti. Bez obzira što je bio razlog za prekid komunikacije sa mnom, posljedica je bila to da sam se osjećao potpuno izolirano.

Tek nakon nekoliko godina saznao sam što se zaista događalo. Čitavo to vrijeme, zaista se radilo na tome i to neformalnim kanalima, u čemu je sudjelovalo nekoliko ministarstava hrvatske vlade, no na to ću se vratiti kasnije.

Kao da to nije bilo dovoljno loše samo po sebi, većina mojih hrvatskih prijatelja u iseljeništvu također me napustila. Osim Petra Ivčeca i još jednog starog prijatelja, Ante Čuvala, činilo se da su moji hrvatski prijatelji smatrali da je za njih sigurnije ako ih se više ne vidi kako dolaze u moj dom ili me pozivaju u svoje domove. Uz iznimku Ante i Pere, ostali me više nisu čak ni zvali telefonom. Pretpostavio sam da nisu željeli da ih slikaju kako dolaze u moju kuću ili da njihovi brojevi budu na ispisu poziva prema mom telefonskom broju. Ironično je to što su neki od tih ljudi, ranije za vrijeme rata, bili zajedno sa mnom izravno uključeni u krijumčarenje oružja za Hrvatsku. Nekoliko njih sudjelovalo je u prebacivanju oružja motornim čamcima preko rijeke Detroit u Kanadu. Mogao sam razumjeti i opravdati šutnju dužnosnika hrvatske vlade, no šutnju mnogih mojih bivših „dobrih prijatelja" doživljavao sam kao gorku izdaju.

ZA HRVATSKU MOJE BAKE

Osjećaj da su me izdali pojačao se nakon što mi je savezni tužitelj, ubrzo nakon podizanja optužnice, predložio nagodbu. Ako otkrijem tko je sve zajedno sa mnom bio uključen u krijumčarenje svih tih godina i otkrijem detalje naših operacija, imam zajamčenu zatvorsku kaznu od četrnaest mjeseci. Ako dođe do suđenja, mogu biti osuđen čak i na šezdeset godina zatvora. Bez obzira o kome je riječ, kada ti netko ponudi nagodbu od četrnaest mjeseci umjesto šezdeset godina, počinješ o tome razmišljati. Pregrmio sam to u sebi i rekao: „Ne!". Okušat ću svoju sreću na suđenju. Nisam tako odgovorio jer sam bio siguran da ću pobijediti na sudu. Razlog nije bila odanost prema bivšim prijateljima koji su mi okrenuli leđa. Možda je to bila samo moja urođena tvrdoglavost. U svakom slučaju, ti bivši „prijatelji" nikada nisu saznali da ih je moja šutnja spasila od kaznenog progona zbog suučesništva. Barem dvojica bivših „prijatelja" koje sam zaštitio od podizanja optužnice bili su milijuneri. Drugi bivši „dobar prijatelj" kojeg sam također zaštitio je zbog neobjašnjivih razloga počeo širiti lažne glasine da sam agent CIA-e. Tada je ta optužba bila jednako loša kao da se nekoga optuži da radi za Udbu. On je umro bez da je ikada saznao da sam ga zaštitio od kaznenog progona.

Zbog svega navedenog bio sam još više zahvalan prijateljima koji me nisu napustili. Osim moralne podrške, Pero Ivčec mi je pomogao i financijski s odvjetničkim i sudskim troškovima, i to vlastitim novcem. Neprocjenjiva je bila i pomoć Ante Čuvala, kada je organizirao prikupljanje sredstava u Chicagu u crkvi sv. Jeronima. Hrvatska zajednica velikodušno je prikupila više od šest tisuća dolara na svečanom događanju u prostorijama crkve, koju nam je fra Jozo Grbeš velikodušno ustupio na korištenje. Na tome ću im zauvijek biti zahvalan, ne samo Anti Čuvalu, nego i fra Grbešu i čitavoj hrvatskoj zajednici u Chicagu. Moja prijateljica iz Sarajeva, Sejla Bakalović, doletjela je iz Teksasa kako bi mi pružila moralnu i materijalnu podršku.

Kratko nakon optužnog postupka na saveznom sudu, otišao sam u odvjetnički ured Richarda Lustiga. Još uvijek sam bio jako zabrinut zbog visokih naknada koje je naplaćivao. Sada nakon podizanja optužnice, nisam bio siguran hoće li i dalje ostati moj odvjetnik. Bio sam jedino siguran da ne mogu platiti koliko on standardno naplaćuje, pa čak ni uz financijsku pomoć hrvatske zajednice. Lustig je većini svojih klijenata naplaćivao predujam za prihvaćanje njihovih slučajeva. Uz standardni predujam od 30,000 dolara, obično je za svoje pravne usluge naplaćivao čak 400 do 500 dolara po satu.

Lustig se na početku prisjetio mog slučaja i saslušao razloge zbog kojih sam se priključio pokretu za slobodu Hrvatske. Pažljivo me slušao gotovo sat vremena, kao što je to učinio i prije pet godina. Objasnio mi je da je on Židov. Nakon što me je saslušao kako objašnjavam što su to borba za hrvatsku slobodu i hrvatska želja za neovisnošću, rekao mi je da mi je odlučio pomoći na bilo koji način. Dodao je kako mi se divi zbog moje vjere u hrvatsku borbu za slobodu. Rekao je da vidi sličnosti između Hrvata i Židova. Cijenio je njihovu zajedničku želju da žive u neovisnoj državi u kojoj će moći iskusiti samoodređenje. Također mi je objasnio da je on sam u mlađim danima razmišljao o tome da se pridruži Izraelskim obrambenim snagama koje su se borile za židovsku domovinu, no da nikada nije imao dovoljno jaku želju i dovoljno ustrajnosti da to zaista i učini. Ono što je nakon toga rekao, ostavilo me je bez riječi: „Prihvatit ću vaš slučaj *pro bono*. Platite mi koliko možete." Siguran sam da su mi se oči napunile suzama, kada sam to čuo. Rekao sam mu da gotovo da nemam novaca, ali da ću dati sve od sebe da mu svaki mjesec platim tisuću dolara. Bilo je nekoliko situacija u mom životu kada sam osjetio da mi Bog pomaže, a to je zasigurno bila jedna od njih.

Dvije i pol godine gospodin Lustig neumorno je radio na mom slučaju. Svaki sam mu mjesec uplaćivao 1000 dolara u znak zahvalnosti i poštovanja. Podnosio je prijedlog za prijedlogom: prijedlog za odbacivanje dokaza, prijedlog za izuzeće dokaza, prijedlog za obznanjivanje dokaza, itd.

Preostalo mi je da se i dalje nadam, budući da je komunikacija bila prekinuta, da hrvatska vlada jednako tako neumorno na diplomatskoj razini radi na rješavanju mojih pravnih problema. Ne sramim se priznati da sam bio vrlo zabrinut zbog mogućnosti da provedem nekoliko desetljeća u zatvoru. Stalno sam o tome razmišljao i nisam to mogao prestati vrtjeti po glavi. Važna činjenica koja mi je išla u prilog bila je što je optužnica uključivala samo oružje i noćnu optiku, s čime su me Nijemci uhvatili u Frankfurtu. Nikada me nisu optužili za krijumčarenje druge vojne opreme u Hrvatsku. Zbog toga sam odvjetniku pokušao naglasiti tri stvari. Kao prvo, ja sam sve prijavio avioprijevozniku, prije nego što sam se ukrcao na let za Njemačku. Kao drugo, predmeti zbog kojih je protiv mene podignuta optužnica bili za „osobnu uporabu", a ne za „izvoz", kao što je na tome inzistirala američka vlada. Kao treće, odvjetništvo nije posjedovalo dokaze jer su se oružje i noćna optika još uvijek (teoretski) nalazili pod kontrolom Nijemaca. Tada se još nije znalo je li hrvatska vlada bila uspješna u pokušaju da se dokazi u Njemačkoj unište.

Borba ili bijeg?

Dok sam studirao, Platonovo djelo *Posljednji dani Sokratovi* bilo je obvezna literatura. Za vrijeme moje pravne borbe bilo mi je utješno to ponovno čitati. Pokušao sam pronaći sličnosti između tog djela i moje situacije. U poglavlju pod naslovom *Obrana Sokratova*, Sokrat se u svojoj obrani na suđenju 399. godine prije Krista nije ni na koji način ispričavao zbog optužbi za „bezbožništvo i kvarenje mladeži". Bio je odlučan u namjeri da neće žrtvovati svoju čast kako bi spasio vlastiti život. Iako je u mom slučaju kazna mogla biti samo dugogodišnji zatvor, a ne smrt, njegovo mi je ponašanje poslužilo kao primjer kako se častan čovjek treba ponašati na sudu kada je suočen s optužbama. Oni koji znaju više o Sokratu prisjetit će se još jedne dileme s kojom se suočio: pobjeći iz Atene kako bi se spasio od suđenja i od toga da zasigurno bude proglašen krivim ili počiniti samoubojstvo ispijanjem otrova nakon što ga osude na smrt.

Dugogodišnja zatvorska kazna bila je mogućnost koju nisam mogao ignorirati. Ako hrvatska vlada ne uspije uvjeriti američke vlasti da odbace optužbe protiv mene ili ako različiti prijedlozi mog odvjetnika za odbacivanje slučaja protiv mene ne

Pod prijetnjom zatvora

uspiju, mogućnost odlaska u zatvor na dugi niz godina bila je zastrašujuća stvarnost. Mnogi su mi dobronamjerni ljudi čak savjetovali da pobjegnem od kaznenog progona u Americi i potražim sigurnost u Hrvatskoj. Ne ulazeći u detalje, to je zasigurno bila jedna od mogućih opcija. No, dok sam čitao Sokratovu *Obranu*, njegove argumente za ostanak u Ateni i suočavanje s tužiteljima doživio sam kao uvjerljive. Sokrat je argumentirao na način da je godinama živio u Ateni i ubirao plodove života u tom društvu sukladno važećim zakonima. Nije smatrao moralnim otići iz grada samo zato što se zakon u tom slučaju okrenuo protiv njega.

Sokrat je okončao svoj život ispijanjem kukute nakon suđenja. Odlučio sam ostati i suočiti se s tužiteljima na sudu, no jedno me pitanje i dalje mučilo: što ako me proglase krivim?

Još je jedna biografija u to vrijeme pobudila moj interes. Počeo sam čitati sve što sam mogao naći o Bobbyju Sandsu. Robert Gerald Sands bio je pripadnik Irske republikanske armije (IRA). Britanska ga je vlada u rujnu 1977. godine osudila na četrnaest godina zatvora, nakon što je bio optužen za posjedovanje pištolja za koji su tvrdili da se koristio u oružanom sukobu s policijom nakon bombaškog napada na skladište namještaja. Bobby Sands nije se protivio služenju kazne. Protivio se tome da bude optužen kao počinitelj kaznenog dijela, a ne kao politički zatvorenik, što je izrazito bitna razlika koje je bila ponuđena pripadnicima IRA-e u prošlosti. Kao pripadnik IRA-e smatrao se vojnikom, a ne teroristom. Stoga je tražio da bude zatvoren kao politički zatvorenik, kao što je bio slučaj s pripadnicima IRA-e prije 1. ožujka 1976. godine. Nadalje, zahtijevao je da svi ostali zatvorenici IRA-e koji služe zatvorsku kaznu s njim imaju taj isti naziv jer je smatrao da je taj naziv točniji i časniji od naziva počinitelj kaznenog dijela. Kako bi prisilio britansku vladu na taj korak, Sands je započeo štrajk glađu koji je trajao šezdeset šest dana. Iako je Sands za vrijeme štrajka glađu na kartu „političkog zatvorenika" uspio osvojiti mjesto zastupnika u britanskom parlamentu, umro je 5. svibnja 1981. godine. Još devet pripadnika IRA-e preminulo je od štrajka glađu ubrzo nakon njegove smrti.

ZA HRVATSKU MOJE BAKE

Što sam više čitao o Sandsovom slučaju, to sam bolje razumio njegov način razmišljanja. Shvatio sam zašto je naziv počinitelj kaznenog dijela smatrao manje časnim od naziva politički zatvorenik. Tada sam također čitao o štrajku glađu i učincima izgladnjivanja na ljudsko tijelo, koje u konačnici dovodi do smrti. Stoga sam štrajk glađu počeo razmatrati kao moguću opciju u slučaju da me proglase krivim i osude na zatvorsku kaznu. Bila bi to neugodna i produžena smrt, no zaključio sam da je to jedina časna stvar koju bih mogao učiniti u toj situaciji.

Danas kao pobožni Katolik shvaćam da je to nemoralno i da to nisam trebao razmatrati kao mogućnost. No, jedino što sam tada znao o životu u zatvoru bilo je ono što sam saznao od mojih poznanika, primjerice Marijana Buconjića, Joze Brekala i Vlade Dizdara, koji su proveli godine u zatvoru zbog zauzimanja Jugoslavenske misije pri UN-u 14. lipnja 1977. godine. Moj bratić Victor Švehar također je proveo dugi niz godina u zatvoru zbog namjernog ubojstva. Nekoliko sam puta posjetio Victora u kaznionici *Jackson State Prison* u Michiganu. Njegovo zatočeništvo imalo je dugotrajne i strašne posljedice na njegov život i život njegove obitelji. Toliko sam dobro poznavao samoga sebe da sam bio svjestan da nikada ne bih mogao prihvatiti da me u zatvoru zlostavljaju bez da uzvratim i osvetim se. Smatrao sam da je najgori dio zatvorske kazne izloženost nepoštovanju i poniženju od strane drugih zatvorenika i zatvorskog osoblja. Ako je suditi prema prošlim događajima iz mog života o tome kako bih se ponašao u slučaju zlostavljanja, tada zasigurno ne bih nikada izašao iz zatvora. Čak i da odslužim prvotnu zatvorsku kaznu, bilo mi je jasno da bih uz nju dobio i dodatne godine zatvora. Svaku situaciju zlostavljanja ili nepoštovanja rješavao bih na jedini način koji sam znao, nasiljem.

Jedna od prvih situacija u mom životu kada sam bio spreman ozbiljno nauditi nekome, bila je zbog nečega što sam smatrao neoprostivim činom nepoštovanja. Tada sam imao dvadeset i jednu godinu i radio kao menadžer kina *Grand Circus Theater* u središtu Detroita. Sedamdesetih godina dvadesetog stoljeća, u Detroitu je došlo do značajnog povećanja broja

Pod prijetnjom zatvora

kaznenih djela i ubojstava. Grad je tada bio poznat kao „glavni grad svijeta po broju ubojstava". Ujedno je došlo i do značajnog smanjenja broja policijskih djelatnika zbog ušteda koje je provodio tadašnji gradonačelnik Coleman Young. Afroamerikanci koji su tada činili većinu stanovništva svjedočili su o povećanju aktivnosti bandi, od kojih su najnasilnije bile *Black Killers* i *Earl Flynns* [sic], koje su se borile za kontrolu u centru i oko centra grada. Kino *Grand Circus Theater* moglo je primiti 3500 gledatelja. Budući da sam bio jedini bijelac među afroameričkim posjetiteljima kina, morao sam razviti nevjerojatnu razinu čvrstoće. Naučio sam cijeniti poteškoće s kojima se afroameričko stanovništvo susretalo u takvom okruženju. Naučio sam i da je potrebno pribjeći nasilju kako bi se preživjelo. Ukratko, preživljavanje u takvim okolnostima zahtijevalo je veću razinu čvrstoće i od najagresivnijeg posjetitelja s kojim sam se mogao susresti.

    Jednom prilikom, koja mi je značajno promijenila život, kino je bilo u potpunosti ispunjeno. Izašao sam iz ureda i svjedočio prepirki između posjetiteljice kina i zaštitara. Žena, za koju sam kasnije saznao da se zove Cathy Curry i da je nećakinja gradonačelnika Colemana Younga i supruga Johnnyija Curryija, jednog od najvećih dilera droge u Detroitu, bacila je limenku Coca-Cole u lice prodavaču slatkiša. Kada je odbila napustiti kino, ja sam se umiješao, i ona mi je u tom trenutku pljunula u lice. Sramim se reći da sam, nakon što sam obrisao slinu s lica, pojurio prema njoj s namjerom da ju ubijem. I danas se sjećam mirisa njezine sline na mom licu. Srećom, tada kod sebe nisam imao pištolj. Da jesam, sigurno bih ju bio ubio jer sam bio potpuno poludio. Zbog bijesa sam potpuno izgubio kontrolu. U samo nekoliko sekundi neobjašnjivo sam izgubio sposobnost vida. Posjetitelji koji su svjedočili tom događaju fizički su me spriječili da ju primim za vrat. Ne sjećam se koliko je vremena trebalo, no postupno mi se vraćala svijest. Polako sam počeo shvaćati da me uza zid lobija drži nekoliko posjetitelja. Iako još uvijek nisam mogao ništa vidjeti, čuo sam glas koji mi govori: „Čovječe, što ćeš učiniti ženi? Što ćeš učiniti ženi?". Neki su me držali za glavu,

ZA HRVATSKU MOJE BAKE

neki za ruke i za tijelo, a barem jedan od njih za vrat. Moje vidno polje počelo se otvarati, kao u nekoj tehnici filmske montaže. Muškarci koji su me držali primijetili su da sam se smirio i da mogu usmjeriti pogled prema njima. Pustili su me neozlijeđenog. Prve osobe koje sam ugledao, nakon što mi se vratila sposobnost vida, bile su dvije afroameričke tinejdžerice koje su buljile u mene s udaljenosti od neka tri metra. Čuo sam kako je jedna od njih rekla drugoj: „Čovječe, nikada prije nisam vidjela da je netko tako poludio!"

Usput budi rečeno, nakon što je suprug Cathy Curry osuđen na deset godina zatvora zbog dilanja droge, ona se spetljala s mladićem po imenu Rick Wershe Jr., poznatim kao White Boy Rick. O njemu je 2018. godine snimljen film s glumcem Matthewom McConaugheyjem u glavnoj ulozi.

Bio je to incident koji mi je promijenio život. Shvatio sam da se ne mogu nositi s onim što smatram grubim nepoštovanjem bez da ne uzvratim nasiljem. Bilo je jasno da bi život u zatvoru za mene značio život ekstremnog nasilja jer sam osoba koja ne može tolerirati nepoštovanje.

Moja tadašnja zaručnica Sandra je, poput većine nas, čula strašne priče o životu u američkim zatvorima. Bila je također svjesna da za mene ne postoji mogućnost da budem izložen fizičkom ili verbalnom nasilju, a da ne uzvratim. Objasnio sam joj da ću, ako me osude na zatvorsku kaznu, započeti štrajk glađu. To je za nju bila zastrašujuća pomisao. Tada me već dovoljno dobro poznavala da je znala da, ako jednom započnem štrajk glađu, više neće biti povratka i da će to završiti mojom smrću. Bez obzira na to, pristala se udati za mene samo nekoliko mjeseci nakon podizanja optužnice.

Dok sam sjedio za stolom čekajući da sudac Rosen uđe u sudnicu prilikom jednog od mojih brojnih ročišta, obavijestio sam mog odvjetnika o odluci da započnem štrajk glađu ako me proglase krivim. Lustig, naravno, nije mogao znati koliko sam nepokolebljiv, kada nešto odlučim. Na moj je komentar jednostavno uzvratio: „Pričekajmo da vidimo kako će se stvari odvijati."

Pod prijetnjom zatvora

I zaista smo čekali. Čekali smo dvije i pol godine. Nakon što sam potrošio tisuće dolara na odvjetničke i sudske troškove i iskusio nevjerojatnu razinu stresa, 17. ožujka 1999. godine nazvali su me iz ureda Richarda Lustiga s nevjerojatnim vijestima. Saul Greene, američki državni odvjetnik na Šestom okružnom sudu, je zbog neobjašnjivih razloga odlučio odbaciti optužnicu protiv mene. Nisam više bio optužen! Potpuno je razumljivo da sam bio oduševljen! Tek sam nekoliko godina kasnije saznao sve nevjerojatne detalje o onome što se odvijalo u pozadini vezano za moj slučaj. Hrvatska se izborila za moju slobodu!

ZA HRVATSKU MOJE BAKE

U.S. Department of Justice

United States Attorney
Eastern District of Michigan

211 W. Fort Street
Suite 2300
Detroit, Michigan 48226-3211

October 11, 1996

Richard Lustig, Esq.
240 Daines Street
Birmingham, MI 48009-6241

Re: United States v. Michael Palaich
Criminal No. 96-80844

Dear Mr. Lustig:

An Indictment has been returned against your client by the Grand Jury. Please have your client report to Pretrial Services Agency, 464 Room Federal Building, Detroit, Michigan, at 10:00 a.m., October 28, 1996. The arraignment on the charges will take place at 1:00 p.m. in the Courtroom of the Honorable Donald A. Scheer, United States Magistrate-Judge, Federal Building, 231 W. Lafayette, Detroit, Michigan.

Please advise as soon as possible if you will not be representing Mr. Palaich.

Failure for your client to appear will result in the issuance of a warrant for his arrest.

Very truly yours,

SAUL A. GREEN
United States Attorney

GARY M. FELDER
Assistant United States Attorney

cc:
Pretrial Services Agency
464 Federal Building
Detroit, MI 48226

Special Agent John Cange
U.S. Customs Service
350 Patrick McNamara Building
477 Michigan Avenue

#695

Obavijest o podizanju optužnice

Pod prijetnjom zatvora

UNITED STATES DISTRICT COURT
EASTERN DISTRICT OF MICHIGAN
SOUTHERN DIVISION

UNITED STATES OF AMERICA,

        Plaintiff,   CRIM. NO. 96-80844

                              HON.

-vs-   VIOLATION: 22 U.S.C. § 2778

D-1 MICHAEL PALAICH,

        Defendant.

_____/

INDICTMENT

THE GRAND JURY CHARGES:

A.

GENERAL ALLEGATIONS

1. At all times material herein:

    (a) The Office of Defense Trade Controls, United States Department of State, was responsible for the administration of Section 38 of the Arms Export Control Act (22 U.S.C. §2778), as it related to exports from the United States of defense articles and defense services and the exercise of the President's authority to control such exports.

    (b) Title 22 U.S.C. §2778(b)(1)(A) stated in pertinent part: " . . . [E]very person (other than an officer or employee of the United States Government acting in an official capacity) who engages in the business of . . . exporting . . . any defense articles or defense services . . . shall register

Optužnica

ZA HRVATSKU MOJE BAKE

Članak u Večernjem listu, 15. ožujka 1997.

Pod prijetnjom zatvora

Autorova fotografija za policijsku evidenciju

14

Spas iz Hrvatske

NAKON ŠTO SU američki agenti pet godina istraživali moje prijatelje i susjede, nadzirali moj telefon, kopali mi po smeću i pratili moje kretanje te nakon dvije i pol godine sudskog postupka i tisuća dolara potrošenih na odvjetničke i pravne troškove, konačno sam se riješio tog neugodnog „tereta". Savezni sudac Gerald Rosen potpisao je nalog za odbacivanje postupka protiv mene u šest točaka 17. ožujka 1999. godine.

Nazvao me moj odvjetnik Richard Lustig i javio dobre vijesti. Objasnio mi je da je povučena i obveznica na 50,000 dolara koja mi je prvotno izdana. Rekao mi je da se javim istražnom sucu Thomasu Nugentu radi završnog razgovora. Na tom će mi razgovoru vratiti putovnicu, što će mi omogućiti da ponovo putujem izvan SAD-a.

Uvijek sam imao dobar odnos s Nugentom. Stoga nisam bio iznenađen poštovanjem s kojim mi je pristupio na završnom razgovoru. Moja dokumentacija i putovnica bile su spremne kada sam stigao. „Jednostavno sam znatiželjan", rekao je. „Kako ste

ZA HRVATSKU MOJE BAKE

uspjeli postići da Vaš slučaj bude odbačen? Saul Greene nikada ne odbacuje slučajeve." Odgovorio sam mu iskreno sliježući ramenima jer, iako sam pretpostavio da je za to bila uglavnom zaslužna hrvatska vlada, nisam u to bio potpuno siguran. Prije nego što sam otišao, još mi je rekao: „Vi niste poput većine ljudi koje ovdje vidim." Shvatio sam to kao kompliment. Mislim da je htio reći da sam ja, za razliku od većine ljudi s kojima se susretao, imao posao i dom, da nisam bio prethodno osuđivan i da sam u razgovorima s njim zadržao svoje dostojanstvo.

Kada sam konačno dobio natrag svoju putovnicu, supruga Sandra i ja smo to ljeto otputovali u Hrvatsku u posjet njenoj obitelji. Hrvatska vlada nam do tada nije ništa govorila o detaljima. Sada ćemo po prvi puta konačno moći dobiti jasniju sliku o svemu što se odvijalo u pozadini bez našeg znanja.

Nakon dolaska u Zagreb dogovorili smo susret s mojim prijateljem „Vinkom", koji je još uvijek radio u hrvatskoj vladi. Dok smo ga čekali u restoranu hotela Dubrovnik, neprestano sam razmišljao o prošlosti i o tome kako su se stvari u Hrvatskoj promijenile u odnosu na prije samo nekoliko godina za vrijeme rata. Čak je i hotel Esplanade, u kojem smo supruga i ja odsjeli, budio sjećanja iz prošlosti.

Za vrijeme rata uprava hotela Esplanade dozvolila je pripadnicima HOS-a, koji su zauzeli prazan Starčevićev dom nasuprot hotela, da koriste tuševe u hotelu za održavanje osobne higijene. Hotel Esplanade je danas hotel s pet zvjezdica, no za vrijeme rata noćni klub u prizemlju hotela bio je mjesto okupljanja pripadnika HOS-a, stranih striptizeta, ratnih profitera i svih mogućih sumnjivih i nepoželjnih osoba koje se obično nalaze u ratom zahvaćenim područjima. Dok smo prolazili pored Starčevićevog doma na putu prema hotelu Dubrovnik, misli su mi zaokupili pripadnici HOS-a koji su prije samo nekoliko godina bili raspoređeni oko te zgrade. Prisjetio sam se pucnjave koju sam doživio jedne večeri, dok sam se nalazio u parku između Starčevićevog doma i željezničkog kolodvora. Pripadnici HOS-a bili su uvjereni da su neki od muškaraca u zgradi pripadnici jugoslavenske vojne obavještajne službe. Začuo se kratak niz

Spas iz Hrvatske

pucnjeva. Stajao sam iza stupa javne rasvjete i jeo kestene u trenutku kada su vojnici HOS-a usmjerili svoj oružja prema ulazu u zgradu. U toj je zgradi prije samo nekoliko godina predsjednik Stranke prava, Dobroslav Paraga, imao svoj ured na trećem katu. Do njegovog ureda vodilo je stubište na kojem su bili raspoređeni vojnici s puškama pored kojih sam prolazio svaki puta kada bih išao posjetiti Paragu. Dok smo prolazili pored te prazne zgrade, bio sam siguran da mladi zaljubljeni parovi koji sjede na klupama Tomislavovog trga okruženog stablima, točno nasuprot te zgrade, ne znaju ništa o Stranki prava, Dobroslavu Paragi ili značenju te zgrade. Bio sam siguran da također ne znaju da su pripadnici specijalne policije prije samo nekoliko godina izbacili vodstvo Stranke prava i pripadnike HOS-a iz te zgrade. Čak i da su ti mladi zaljubljeni parovi znali što se dogodilo u toj zgradi, to bi za njih predstavljalo davnu prošlost.

Dok sam sjedio u restoranu hotela Dubrovnik koji je gledao na Jelačićev trg, prisjetio sam se kako sam prije svega nekoliko godina promatrao izbjeglice, uglavnom iz Slavonije, koji su bili smješteni u tom hotelu. Izbjeglice su svakoga dana u restoranu za ručak imale varivo od graha. Tu su bile čitave obitelji koje su srpski agresori prognali iz njihovih domova i sela. Bilo je izrazito tužno gledati višegeneracijske obitelji kako sjede za stolom te jedu kruh i varivo od graha. Bake i majke, koje su samo nekoliko mjeseci prije toga s ljubavlju pripremale hranu za svoje muževe i unuke u svojim vlastitim domovima, sada su ostale bez domova i živjele u hotelu u centru Zagreba sa svojim nezaposlenim muževima i sinovima. Bili su primorani oslanjati se na pomoć vlade kako bi preživjele. Kada se djeca nisu igrala u hotelu, raštrkala bi se po okolnim ulicama i po trgu te se tamo igrala.

Čak je i moja obitelj, koja je godinama živjela u Petrinji, bila prisiljena na četiri godine skromnog i nedostojanstvenog izbjegličkog života u obližnjem Sisku. Njihovi su ih srpski susjedi, koji su desetljećima živjeli na gornjem katu kuće koju su izgradili moj prastric i pradjed, prema pričanju moje obitelji, uz

ZA HRVATSKU MOJE BAKE

prijetnju oružjem natjerali da napuste svoju imovinu i dom svojih predaka.

Sjedeći u restoranu hotela i čekajući Vinka, prisjećao sam se tih ratnih godina i mnogih situacija kada sam promatrao civile u Zagrebu kako bježe u zaklon obližnjih zgrada za vrijeme sirena za zračnu opasnost, dok su borbeni zrakoplovi JNA nadlijetali grad u potrazi za novim civilnim metama. Na tom sada mirnom Jelačićevom trgu smo prije samo nekoliko godina šetali moji prijatelji i ja, kada su se začule sirene za zračnu opasnost. Prišla nam je policija i ukorila nas zbog nonšalantnosti i ignoriranja sirena za opasnost. Moja supruga Sandra, koja je živjela u jednom od obližnjih stanova, bila je među civilima koji su bili prisiljeni provesti mnoge noći u mračnim i vlažnim podrumima, čekajući znak za „prestanak opasnosti". Bio je to znak da se može vratiti u stan svojoj staroj baki koja je tvrdoglavo odbijala otići iz stana i skloniti se u podrum.

Polako sam počeo shvaćati kako se osjećaju stariji ljudi koji, iako žive u sadašnjosti, stalno proživljavaju događaje iz prošlosti koji su vidljivi i razumljivi samo njima i njihovoj generaciji. Postajalo mi je sve jasnije da onima koji su dovoljno sretni da nadžive prošlost postaje teško izbjeći naviranje sjećanja koja se pojavljuju na svakom uglu grada.

Dok sam nestrpljivo čekao Vinka, melankolična sjećanja polako su nestajala. Zamijenio ih je osjećaj ponosa, dok sam promatrao mlade hrvatske vojnike koji su prolazili pored restorana. Više nije bilo rasparenih vojnih odora i tenisica koje su nosili dragovoljci Domovinskog rata. Nije više bilo ni poveza za glave koji su postali popularni zahvaljujući filmu Rambo. Vidio sam vojnike moderne i organizirane vojske čija je misija bila obraniti hrvatski narod od neprijateljske agresije. Ti mladi, dobro obučeni, profesionalni vojnici bili su dio hrvatske vlade koja je sada bila priznata i u svijetu. Njihova hrvatska vlada bila je članica Ujedinjenih naroda, a kasnije je postala i punopravna članica NATO-a. Bio sam ponosan što sam imao čast na neki način doprinijeti razvoju zemlje. Hrvatska je prošla opasan tranzicijski put od revolucionarnog pokreta do ostvarenja statusa samostalne

Spas iz Hrvatske

države. Bio je privilegij i blagoslov svjedočiti i sudjelovati u rođenju države.

Vinko, koji je uvijek kasnio, ispričao se što smo ga čekali, kada je stigao. Nakon uobičajenog raspitivanja o zajedničkim prijateljima, počeo je iznositi detalje o tome kako sam oslobođen i kako sada sjedim s njim u Zagrebu.

Vinko je bio jedan od onih koje sam kontaktirao i prije nego što su Amerikanci podignuli optužnicu protiv mene. On mi je obećao da će učiniti sve što može kako bi njemačke savezne agencije uništile oružje s kojim sam uhićen u listopadu 1991. godine. Iako on nije bio jedina osoba koju sam zamolio da to učini, zahvalio sam mu za pomoć koju mi je pružao svih tih godina. Objasnio sam mu što sam uspio shvatiti iz korespondencije između njemačke i američke carinske službe. Ti su mi dokumenti, sukladno zakonu, predani nakon što je američka vlada odbacila slučaj protiv mene.

Prema američkom saveznom zakonu, optuženik koji je oslobođen optužbi ili čiji je slučaj odbačen ima pravo zatražiti sve dokumente i dokaze o svom slučaju koje je koristilo tužiteljstvo. Bio sam iznenađen kada sam pronašao korespondenciju između Amerikanaca i Nijemaca u vezi s oružjem koje su mi zaplijenili. Nepotpuna korespondencija započinje odgovorom njemačke carinske službe. Nijemci su naveli da „ne znaju što se dogodilo sa zaplijenjenim oružjem". U drugom odgovoru, Nijemci obavještavaju Amerikance da: „Postoji mala mogućnost da oružje nije uništeno jer su naši interni stručnjaci za oružje zamolili tužitelja da im dio oružja ustupi za njihovu izložbu oružja. Čim saznam što se zaista dogodilo, kontaktirat ću Vas ponovno." Zadnji dopis njemačke carinske službe zvučao je nevjerojatno, čak i meni. Dok sam ga čitao, glasno sam se smijao, znajući da je Hrvatska uspjela u svojim nastojanjima da oružje bude uništeno. U dopisu, koji je 10. rujna 1993. godine njemački agent Kamala poslao Amerikancima, Nijemci navode: „Helmut je nazvao danas (10. rujna u 12:15) i rekao da je oružje uništeno 10. ožujka 1993. godine"

ZA HRVATSKU MOJE BAKE

Bez obzira na to koliko sam bio iznenađen zbog dokumenata koje sam dobio na uvid, ono što mi je Vinko ispričao, iznenadilo me još i više. Ispričao mi je cijelu nevjerojatnu priču koja se odvijala u pozadini.

Vinko se ispričao što nije mogao komunicirati sa mnom u posljednjih nekoliko godina, koliko su trajale moje muke. Rekao je: „Čak i da sam te vidio na Jelačićevom trgu tih godina i da si me pozdravio, ja bih bio prisiljen proći pored tebe, bez da na bilo koji način pokažem da te poznajem." Nastavio je: „Tada je i mene pratila američka CIA. Zbog toga sam pitao osobu za koju sam znao da radi za HIS zašto me Amerikanci prate. Ta osoba mi je rekla: „To nema veze s tobom. Žele znati na koji si način povezan s Palaichem." Zbog toga mi je rečeno da prekinem svaki kontakt s tobom." Pretpostavljam da mu je naređeno da prekine kontakte sa mnom kako bi mogao stvoriti određenu vrstu „uvjerljivog poricanja" vezano za moj slučaj. Ono što mi je rekao otkrilo je cijelu nevjerojatnu priču o tome kako je i zašto optužnica protiv mene odbačena. To mi je pokazalo koliko je truda hrvatska vlada uložila da mene spasi od jadnog života u zatvoru, moju suprugu Sandru od života bez supruga i moje dvoje djece, Monicu i Nicholasa, od života bez oca.

Vinko mi je objasnio da su ga jednog dana pozvali da se javi u Ministarstvo obrane i to izravno Gojku Šušku. Gospodin Šušak zatražio je od Vinka sve informacije o mojoj optužnici i o tome što je do tada učinjeno kako bi mi se pomoglo. U uredu sa Šuškom bio je i nepoznati čovjek. Gospodin Šušak je objasnio Vinku da će on zamoliti svog američkog kolegu, ministra obrane Williama Perryija, da učini sve što je u njegovoj moći da američki tužitelj u Detroitu odbaci slučaj protiv mene. Poznato je da su gospodin Šušak i gospodin Perry razvili vrlo blizak i prijateljski odnos. William Perry je to javno pokazao, došavši na sprovod Gojka Šuška u Zagrebu u svibnju 1998. godine. Nakon što je Šušak izgubio bitku s karcinomom, Perry je kao privatna osoba prisustvovao njegovom sprovodu. Hrvatska vlada je te iste godine odlikovala Perryija veleredom kralja Dmitra Zvonimira.

Spas iz Hrvatske

Bio sam istodobno iznenađen i istinski zahvalan što su Gojko Šušak i drugi vladini dužnosnici moju malenkost spasili od kaznenog progona u Americi. Nije mi preostalo ništa drugo nego zahvaliti Vinku i svima ostalima na svemu što su učinili za mene.

Konačno mi je postalo jasno zašto su svi ti hrvatski dužnosnici koje sam smatrao prijateljima prekinuli kontakte sa mnom. Priznajem da je tada to bilo obeshrabrujuće i da sam se osjećao napuštenim u trenutcima, kada mi je najviše trebalo njihovo prijateljstvo. Shvatio sam da nisu imali izbora nego prekinuti svaki kontakt sa mnom kako bi mi mogli uspješno pomoći, djelujući iz pozadine.

Samo nekoliko tjedana prije nego što je slučaj protiv mene odbačen, nazvao me je odvjetnik Pavelić, koji je imao ured u New Yorku. Pavelić je, kao što sam kasnije otkrio, također bio ovlašteni zastupnik hrvatske vlade u Americi. Sada vjerujem da je Pavelić bio ona nepoznata osoba koju je Vinko vidio u Šuškovom uredu, kada je dobio naputak da se javi u Ministarstvo. Pavelić je u telefonskom razgovoru objasnio da zove u ime zajedničkih prijatelja u Hrvatskoj i da mi želi reći novosti o činjenicama vezanim za moj slučaj. Nisam ni na koji način mogao znati tko zaista zove i je li iskren. Sumnjičavost oko svakog slučajnog susreta koji nisam inicirao pokazala se dobrom strategijom svih prethodnih godina. Previše ljudi koje sam poznavao dobilo je duge zatvorske kazne zato što jednostavno nisu imali samokontrolu i disciplinu u onome što govore. Ovaj potpuno iznenadni telefonski poziv nije bio iznimka. Bio sam naravno sumnjičav i zadirkivao svog sugovornika zbog prezimena koje je dijelio s ubijenim vođom NDH-a, Ante Pavelićem. Budući da je ono što sam mu namjeravao reći, bio dio moje obrane na sudu, počeo sam s iznošenjem detalja o mom slučaju. Pritom sam naravno pazio i iznosio samo javno poznate pojedinosti te koristio „navodno", kada sam govorio o optužbama. Na kraju razgovora objasnio mi je da uskoro putuje u Hrvatsku kako bi se susreo s visokim dužnosnicima hrvatske vlade. Još uvijek se sjećam onoga što mi je rekao na samom kraju razgovora: „Imate puno utjecajnih

ZA HRVATSKU MOJE BAKE

prijatelja u Hrvatskoj." Ja sam samo odgovorio: „Hvala na pozivu i na pomoći koju mi možete ponuditi."

Naravno da nisam mogao znati koliko je važna bila intervencija ministra Šuška da me se spasi od zatvorske kazne. Istinski žalim što Gojko Šušak nije živio dovoljno dugo da mu mogu osobno zahvaliti za sve što je učinio za mene i moju obitelj. Preminuo je 3. svibnja 1998. godine i pokopan je na Mirogoju u Zagrebu.

Spas iz Hrvatske

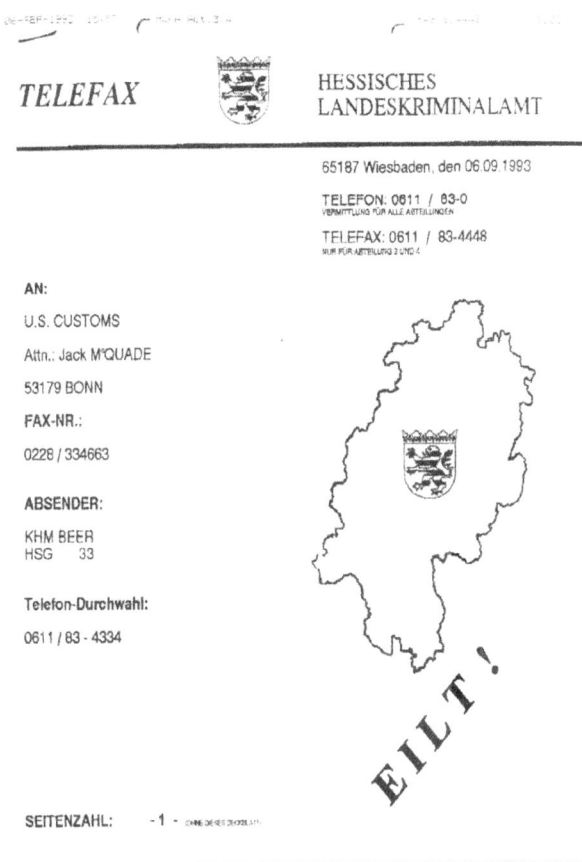

Naslovnica dopisa njemačke kriminalističke policije američkoj carinskoj službi

ZA HRVATSKU MOJE BAKE

Hallo Jack :

I was able to trace out your PALAICH-exhibits to a police department which is responsible for destroying seized weapons after being in illegal possess and after a valid sentence or fine. All exhibits went on 18th of february 1993 to that duty station over here in Mainz-Kastel. The man in charge is on vacation til end of this week. I left a note to call me back. Their is a slight chance that they aren't destroyed by now, because the weapon experts within our house asked the prosecutor to turn over some of the exhibits to them for their gun exhibition. As soon as I know what really happend, I'm contacting you again.

Please let me know if you need the exhibits or if you just want to know what happend !

This morning I brought Udo BÜHLER and Alfred JUNG to the airport. They used DELTA DL 107. Coming back to my office I informed Dennis about their arrival time at JFK (of course not before the official wake up time for a holiday)

Good luck

Helmut

Jack:

Helmut called today (10th September 93 at 12.15) and said that those evidence were destroyed on March 10, 1993!

Regards from Helmut.

Kamala

Dopis njemačke kriminalističke policije američkom carinskom uredu u Bonnu

„Sve bih dao da je vidim, ponosnu i lijepu,
K'o u snovima."
Thompson

15

Ako ju budete znali sačuvati

ŽIVOT I DALJE provodim u dvjema kulturama. Moja supruga Sandra i ja smo blagoslovljeni jer možemo živjeti u dvjema kulturama koje volimo, američkoj i hrvatskoj. Luksuz je to koji moj djed i baka nisu imali, kada su emigrirali u Ameriku prije više od sto godina. Intenzivno razmišljam o njima, dok promatram Jadransko more i zamišljam što bi rekli o povratku svoga unuka u domovinu koju su oni napustili prije toliko mnogo godina i u koju se nikada nisu vratili.

    Iznenađujuće je što mi zapisivanje sjećanja nije pomoglo u potpunosti odgovoriti na pitanje na koje sam želio odgovoriti, kada sam počeo pisati ovu knjigu: „Što me potaknulo da se uključim u pokret za slobodu Hrvatske?". Točno je da sam postao fanatik, pa možda čak i ekstremist po pitanju hrvatske suverenosti. Kada sve detaljno razmotrim, ljubav moje bake zapravo mi je to usadila vrlo rano u djetinjstvu. Siguran sam da moja ljubav za Hrvatsku ne bi poprimila takve razmjere da nije bilo iznimne

ZA HRVATSKU MOJE BAKE

ljubavi koju mi je baka pružala. Ljubav prema njoj ne može se odvojiti od moje ljubavi prema domovini. Želja da bakina domovina konačno postane slobodna cijelo je vrijeme bila moja osnovna pokretačka snaga.

Prije samo nekoliko godina moja supruga Sandra i ja sjedili smo u dvorištu njezine obiteljske kuće i s divljenjem promatrali kristalno plavo Jadransko more na dalmatinskoj obali. S nama su za stolom bili Pero Ivčec, s kojim sam prijatelj već četrdeset godina, i dvoje od njegove petero djece, Franjo i Nikola.

Pero i ja se vidimo samo jednom godišnje, kada smo obojica u Hrvatskoj preko ljeta. No, uvijek dođemo na istu temu: „Možeš li vjerovati da zajedno sjedimo u Hrvatskoj, nakon što smo se toliko godina borili za njenu slobodu?". To zaista može zvučati čudno nekom dvadesetogodišnjaku. Naravno da je Hrvatska slobodna, uzvratili bi oni. Jer oni zapravo za ništa drugo niti ne znaju. Mi se, pak, predobro sjećamo kako su nam se godinama rugali i ismijavali nas jer smo istinski vjerovali da san o hrvatskoj državi jednoga dana može biti ostvaren. Smatrali su da se borimo protiv vjetrenjača poput don Quijota i da „sanjamo neostvariv san". Nazivali su nas različitim imenima svih tih godina, budalama i naivcima, fanaticima i luđacima, pa čak i ekstremistima. Govorili su: „Hrvatska nikada neće biti slobodna. Jugoslavija je prejaka." Otac Sandrinog šogora čak ju je upozorio da se ne druži i ne izlazi sa mnom. „Drži se podalje od tih Hrvata koji žive u emigraciji, svi su oni ekstremisti!" Prisjećajući se svih tih proteklih godina, možda i jesmo bili malo ludi što smo vjerovali u taj san. Šanse da Hrvatska ikada pobijedi u ratu protiv JNA bile su poput poslovične borbe između Davida i Golijata.

Te večeri mi je Perin sin Franjo postavio jednostavno, ali duboko pitanje, dok smo sjedili promatrajući more: „Biste li to ponovno učinili?". Bilo je to pitanje koje sam sebi nikada nisam postavio. Bez da dobro razmislim, odgovorio sam nakon samo nekoliko sekundi: „Ne!". Promatrajući samo iz vlastite perspektive, odmah sam se prisjetio načina na koje se moje sudjelovanje negativno odrazilo na mene osobno: različite istrage protiv mene, stres zbog podignute savezne optužnice i financijski

Ako ju budete znali sačuvati

teret koji sam morao podnijeti zbog svega toga. Uglavnom sam razmišljao o tome kako je vrijeme koje sam proveo u pokretu za slobodu Hrvatske utjecalo na moju obitelj. Naivno sam vjerovao da mogu biti odvojen od obitelji, ponekad i mjesecima, i da moja odsutnost neće utjecati na živote moje male djece, Monice i Nicholasa. Bio sam u krivu. Moja je obitelj također platila cijenu mog sudjelovanja u pokretu za slobodu Hrvatske svih tih godina.

Primijetio sam da je moj negativan odgovor zasmetao Peri, i prije nego je on uspio išta reći. I sada je, kao i obično, stvari promatrao iz političke perspektive. „Razmišljaj o svim ljudima koji su spašeni i koji sada žive u slobodnoj Hrvatskoj", rekao je Pero. „Zar bi se svega toga odrekao?" Previše smo toga zajedno prošli, pa se moj odgovor odnosio i na njega. Hrvatska suverenost je tema o kojoj Pero i dalje ima čvrst i gorljiv stav.

U poznatoj drami *Jadnici*, koja se temelji na knjizi Victora Hugoa, postoji melankolična scena u kojoj Marius, koji je bio aktivan u ugušenom pariškom ustanku 1832. godine, pjeva pjesmu *Prazne stolice i prazni stolovi*. On se u toj sceni prisjeća svojih preminulih prijatelja iz revolucije. U jednom posebno dirljivom dijelu pjesme Marius pjeva: „Prijatelji moji, prijatelji moji, nemojte me pitati čemu je poslužila vaša žrtva." Svakoga tko je preživio rat ili revoluciju te razmišlja o smrti i razaranjima kojima je svjedočio vjerojatno zaokupljaju iste misli poput Mariusa. Riječi te pjesme vjerojatno zvuče još točnije onima koji su izgubili majke, očeve, sinove i kćeri u ratu. Jesam li stoga, kada sam Franji rekao da to ne bih ponovio, zapravo rekao da su životi žrtvovani za vrijeme Domovinskog rata bili uzaludni? Jesam li, rekavši da to više „ne bih učinio", svima onima čiji su voljeni ubijeni u ratu, rekao da je njihova žrtva bila uzaludna? To me potaknulo da razmislim o drugom pitanju: je li to bilo vrijedno toga?

Hrvatska zasigurno ima svojih problema, no nije više okupirana zemlja kojom se upravlja iz stranog glavnog grada, kao što je to stoljećima bio slučaj. Hrvatska vojna vozila koje građani i turisti mogu povremeno vidjeti na nagrađivanim autocestama pripadaju snažnoj i vitalnoj hrvatskoj vojsci koja je sada članica

ZA HRVATSKU MOJE BAKE

NATO-a, što je potpuno različito od hrvatskih dragovoljaca u tenisicama 1991. godine.

Danas neki hrvatski političari svoje osobne interese stavljaju iznad interesa građana jer se odlučuju za korupciju umjesto domoljublja, no barem su hrvatski političari, a ne ugnjetavački okupatori koji predstavljaju strane režime, kao što je to bio slučaj u prošlosti. Istina je da su porezi izrazito visoki, no barem se plaćaju hrvatskim kunama, a ne talijanskom, njemačkom, austrijskom, mađarskom, turskom, jugoslavenskom ili srpskom valutom. Na pamet mi pada poznati citat Mohandasa Gandhija: „Ne postoji narod na kugli zemaljskoj kojem nije vlastita loša vlada draža od dobre strane vlade."

Puno prije nastanka hrvatske države, mi koji smo bili uključeni u pokret za slobodu Hrvatske znali smo da će trebati proći nekoliko generacija prije nego hrvatski narod napusti način razmišljanja naroda koji je stoljećima bio pod tuđinskom vlašću. Bilo je razumljivo da su Hrvati nepovjerljivi prema stranim okupatorima. No postoji i određena doza ciničnog nepovjerenja prema vlastitoj vladi. Hrvatski političari koji vlastite interese i stranke stavljaju iznad ljubavi prema narodu nisu do sada nimalo pridonijeli tome da Hrvati prevladaju tu ciničnu sklonost.

Još je nešto potrebno uzeti u obzir prilikom razmišljanja o Franjinom pitanju. Postoji mali dio Hrvata koji pokazuje sklonost izražavanju nostalgije za „dobrim starim vremenima" komunizma. Riječ koja se u hrvatskom jeziku koristi za opisivanje te zapanjujuće sklonosti prema prošlosti je jugonostalgija. Nakon gotovo trideset godina i uz veliko protivljenje, grad Zagreb je tek nedavno odlučio ukloniti Titovo ime s jednog od glavnih trgova u središtu glavnoga grada. Grad Rovinj, i tko zna koliko još drugih gradova, i dalje odaje počast Titu na način da gradski trg nosi ime preminulog tiranina. Bio sam dodatno šokiran, kada sam sliku bivšeg diktatora vidio na zidu privatnog doma koji sam posjetio prije samo dvije godine. To je mnogima od nas potpuno nerazumljivo. Kako čovjeku koji je odgovoran za ubojstva tolikih hrvatskih muškaraca, žena i djece može i dalje odavati počast itko tko pripada tom istom narodu, koji su Tito i njegovi sljedbenici toliko dugo ugnjetavali? Pitam se je li moguće da je jugonostalgija zapravo neka vrsta štokholmskog sindroma. Prema enciklopediji Encyclopedia Britannica, „štokholmski sindrom je psihološka reakcija u kojoj se zatočenik počinje poistovjećivati s agresorima te njihovim namjerama i zahtjevima."

Kako ne bismo mislili da je ta čežnja za prošlim vremenima ugnjetavanja nešto svojstveno samo Hrvatskoj i modernim vremenima, prisjetimo se da su Židovi iz Starog zavjeta iskusili sličan fenomen prije otprilike 3400 godina. Dok su još lutali pustinjom u nadi da će pronaći zemlju koju im je Bog obećao, počeli su napadati Mojsija, koji ih je izveo iz Egipta, i nostalgično žaliti za bivšim životom robova. Mislim da jugonostalgičari boluju od istih problema.

Ono što dodatno komplicira stvari je što je ta mala skupina Hrvata koja pokazuje politički oblik štokholmskog sindroma svjesna činjenice da više nije prihvatljivo da se nazivaju komunistima. Sada im je draži obmanjujući naziv „antifašisti", dok sustavno pokušavaju uništiti kohezivne elemente društva koji stoljećima povezuju Hrvate. Poput njihovih očeva koji su se u prošlosti klanjali Titovim slikama, ti saboteri domoljubne Hrvate nazivaju fašistima. Bila je to omiljena i učinkovita taktika koju su u prošlosti koristili njihovi očevi i djedovi. Novi komunisti tu su taktiku pronašli na tavanima svojih baka, otresli prašinu i dali joj novu svrhu u obliku propagandnog alata protiv svih onih kojima je hrvatski narod draži od internacionalizma.

To nas dovodi do dodatne teme o kojoj ne postoji suglasje i koju također treba uzeti u obzir prilikom odgovaranja na pitanje: „Biste li to ponovno učinili?" Pritom mislim na kontroverznu temu ulaska Hrvatske u Europsku uniju i to manje od dvadeset godina nakon pobjede u krvavom ratu za neovisnost u kojem je tisuće Hrvata izgubilo živote i u kojem su mnogi od preživjelih bili izloženi neizrecivim patnjama. Prema hrvatskom Ustavu bilo je nužno provesti referendum o ulasku u Europsku uniju jer članstvo u EU ograničava hrvatski suverenitet. Hrvatska je postala članica EU-a 1. srpnja 2013. godine. Ubrzo nakon potpisivanja ugovora, nekolicina političara u Bruxellesu već je započela

ZA HRVATSKU MOJE BAKE

primjenjivati nova pravila na različite hrvatske industrijske grane, primjerice brodogradilišta, proizvodnju sira, vina i mesa, ribarstvo, poljoprivredu, ovčarstvo itd.

Povijest će pokazati je li dugoročno bilo mudro ustupiti i mali dio vlastitog suvereniteta u zamjenu za određenu kratkoročnu financijsku korist koju je ponudila EU. Iako će Hrvatska, poput Britanaca, u nekom trenutku možda shvatiti da je pogriješila pridruživši se Europskoj Uniji, EU će možda isto tako shvatiti da je vrlo teško kontrolirati narod koji ima stoljećima dugo iskustvo sa stranim birokracijama sa sjedištem u stranim prijestolnicama. Bizantsko carstvo, Turci, Mađari, Austrijanci, nacistička Njemačka, fašistička Italija, srpski kraljevi i komunistički diktatori, svi su oni pokušali osvojiti, podjarmiti, kontrolirati i pokoriti Hrvate. Ta su njihova carstva i ideologije propale, no njihovi bivši podanici Hrvati još uvijek su tu.

Dok ovo pišem, još uvijek razmišljam o pitanju, „je li bilo vrijedno toga?". Volio bih da mogu odgovoriti s odlučnim „da!". No, iako je Hrvatska ostvarila nevjerojatno puno, našu radost umanjuju problemi s kojima se država suočava. Istina je da još uvijek nije u potpunosti jasno kako će se Hrvatska dalje razvijati i kojim će putem krenuti. Hoće li uspjeti zadržati svoju samostalnost? Hoće li uspjeti iskorijeniti političku korupciju? Hoće li imati volje obraniti se od budućih neprijatelja, stranih i domaćih? Hoće li Hrvati nastaviti prodavati svoje tvornice i nekretnine drugim zemljama sve dok njihova djeca ne postanu kmetovi u zemlji koju su njihovi preci nekada posjedovali i za koju su umirali? Hoće li se mladi u Hrvatskoj i dalje odlučivati za slabo plaćene poslove izvan Hrvatske, zadovoljavajući na taj način potrebe drugih članica EU-a? I na kraju ono najvažnije, hoće li Hrvatska nastaviti štovati Boga, kao što su to njeni katolički preci činili stoljećima, ili će krenuti putem sekularizma poput mnogih susjednih zapadnoeuropskih zemalja?

Jedan od utemeljitelja Amerike, Benjamin Franklin, predvidio je slične probleme, kada je odgovorio na pitanje gospođe koja ga je zaustavila dok je izlazio iz dvorane *Independence Hall* nakon potpisivanja američkog Ustava. „Kakvu

Ako ju budete znali sačuvati

ćemo vladu dobiti, dr. Franklin?", upitala je. Navodno je odgovorio: „Republiku, ako ju budete znali sačuvati." Franklin je shvaćao da osnivanje samostalne države ne predstavlja kraj, već početak putovanja.

Hoće li Hrvati uspjeti sačuvati svoju republiku? Na kraju svakog razgovora ili intervjua koji sam vodio s preživjelima iz Bleiburga ili marševa smrti za vrijeme snimanja dokumentarca *Bleiburška tragedija* pitao sam preživjele imaju li kakav savjet za buduće generacije koje će se možda roditi u neovisnoj Hrvatskoj, državi koja u vrijeme vođenja intervjua nije postojala. Njihovi odgovori uglavnom se mogu sažeti na sljedeći način: „Generacijama Hrvata koje će odrasti u neovisnoj Hrvatskoj želimo da nikada ne iskuse gubitak države. Jednom kada se izgubi država, vrlo ju je teško dobiti natrag. Nemojte nikada odustati! Nemojte se nikada predati, kao što smo mi to učinili!".

Iako mladi u Hrvatskoj možda nikada nisu čuli te riječi poticaja i ohrabrenja izravno od onih koji su preživjeti marševe smrti i koje sam intervjuirao, poruka zasigurno nije izgubljena za većinu hrvatske mladeži koja masovno posjećuje koncerte popularnog hrvatskog pjevača i branitelja Marka Perkovića Thompsona. Njegove prekrasne pjesme sadrže takve poruke i prenose ih na nove generacije koje svesrdno prihvaćaju te poruke i njegove pjesme. U zemlji sa samo 4,5 milijuna stanovnika za njegove se koncerte oduševljenim obožavateljima proda i do 60 tisuća karata. Na nezadovoljstvo onih koji ga tako žestoko pokušavaju diskreditirati, on i dalje strastveno potiče ljubav prema Hrvatskoj, njezinoj kulturi, njezinom narodu i katoličkoj vjeri. Gorljivo se nadam da će poruke ljubavi prema domovini pronaći mjesta u srcima tih generacija i da truli ostatci propalih ideologija nikada više neće gušiti sjeme slobode posijano i zaliveno hrvatskom krvlju.

ZA HRVATSKU MOJE BAKE

Tisuću godina stara crkva sv. Martina u Ivinju stoljećima ponosno prkosi osvajačima

Fotografija Romeo Marov ©

Pogovor

BAKA (**Ljubica Palaich,** rođena Vidović) preminula je 10. veljače 1970. godine, kada je autor imao šesnaest godina.

Ante Beljo i dalje živi u Hrvatskoj. Predsjednik je Hrvatskog viktimološkog društva i ulaže iznimne napore u otkrivanje ratnih zločina koje su počinili bivši režimi u Jugoslaviji. Bio je ravnatelj Hrvatskog informativnog centra i Hrvatske matice iseljenika te zastupnik u Hrvatskom saboru.

Božimir Čačić se nakon Domovinskog rata vratio u Hrvatsku i danas živi u Senju.

Krešimir Ćosić je prisiljeno umirovljen odlukom tadašnjeg hrvatskog predsjednika Stipe Mesića u rujnu 2000. godine, nakon što se pridružio jedanaestorici generala i potpisao otvoreno pismo protiv načina na koji se tretiraju branitelji Domovinskog rata, poznato kao Otvoreno pismo dvanaestorice hrvatskih generala. 2003. godine izabran je kao zastupnik u Hrvatski Sabor.

Ante Čuvalo se nakon umirovljenja kao profesor povijesti na visokoškolskoj ustanovi *Joliet Junior College* u SAD-u vratio živjeti u Hercegovinu i Hrvatsku. On i supruga Ivana vlasnici su i vode izdavačku kuću *CroLibertas Publishers*. Dr. Čuvalo i dalje neumorno piše i objavljuje o različitim hrvatskim temama i šire.

Petar Ivčec i dalje strastveno zagovara hrvatski suverenitet. Aktivan je u hrvatskoj zajednici u Kanadi. Vrijeme provodi u Windsoru, u pokrajini Ontario i u Svetoj Jani pored Jastrebarskog.

Mario Ostojić živi u Zagrebu. I dalje radi za hrvatsko Ministarstvo vanjskih poslova.

Dobroslav Paraga danas živi relativno povučeno. Povremeno govori na javnim događajima. Nažalost, većina mladih ljudi u Hrvatskoj niti ne zna ime čovjeka koji je odigrao tako važnu ulogu u stvaranju hrvatske države.

Ante Pranić se nikada nije vratio u Ameriku. Preminuo je od karcinoma pluća u Zagrebu 15. studenog 1995. godine.

Rodolfo Barrios Saavedra (Žuka) je unaprijeđen u čin brigadnog generala. Umirovljen je kao časnik Hrvatske vojske i dobitnik je nekoliko vojnih priznanja. Navodno s obitelji živi u Zagrebu.

Marko Stipaničić preminuo je 2016. godine nakon dugotrajne borbe s karcinomom. Pokopan je u svom rodnom gradu Senju uz vojne počasti. Nadživjeli su ga supruga Krista, sin Marko i kći Miriam.

Gojko Šušak preminuo je 1998. godine od karcinoma pluća. Pokopan je na groblju Mirogoju u Zagrebu. Na njegovom je pogrebu bilo tisuće građana, branitelja i djelatnih vojnih osoba. Njegov prijatelj i bivši ministar obrane SAD-a, William Perry, govorio je na sprovodu i rekao: „Hrvatima je bio ključan za uspostavu slobode. Amerikancima je bio ključan za uspostavu mira i stabilnosti u regiji."

„**Vinko**" i dalje živi u Zagrebu. Radi za Republiku Hrvatsku.

Jugoslavija (Socijalistička Federativna Republika Jugoslavija) službeno je prestala postojati 1992. godine. Bilo je nekoliko pokušaja oživljavanja Jugoslavije pod drugim imenima, sve dok Crna Gora, posljednji srpski saveznik, nije proglasila neovisnost 3. lipnja 2006. godine.

Zahvale

U proteklih dvadesetak godina mnogi su me poticali da ispričam priču o tome kako sam sudjelovao u stvaranju i svjedočio rođenju hrvatske države. Želim izraziti svoju zahvalnost svima onima koji su uporno naglašavali kako postoji neispričana priča o hrvatskoj državi koja treba ugledati svjetlo dana.

Želim na odricanju zahvaliti svojoj djeci, Monici i Nicholasu, koji su u djetinjstvu oca morali dijeliti sa snom.

Veliko hvala Anti i Ivani Čuvalo, koji su moji dragi prijatelji i vlasnici izdavačke kuće CroLibertas Publishing, bez čije podrške i poticaja ova knjiga ne bi bila napisana.

Na kraju, iskrene zahvale mojoj urednici i supruzi Sandri Palaich, koja je nesebično provela sate i sate ispravljajući i predlažući poboljšanja rukopisa ove knjige. Knjiga je stoga puno bolja, nego što bi bila bez njenog znanja, marljivosti i istančanog osjećaja za detalje.

O autoru

Michael Palaich je američki Hrvat treće generacije i autor dokumentarnog filma *Bleiburška tragedija*. Njegovi filmski materijali dio su hrvatskog dokumentarnog filma o jugoslavenskim ratnim zločinima *Magnum Crimen* i nagrađenog američkog dokumentarca *Bleiburg: Titova dozvola za genocid*. Njegova uloga u pokretu za slobodu Hrvatske započela je 1979. godine, kada se pridružio pokretu u dobi od dvadeset i pet godina. To ga je odvelo na dugo putovanje koje je započelo protujugoslavenskim uličnim prosvjedima i završilo tako da je postao ovlašteni strani zastupnik za Republiku Hrvatsku za vrijeme Domovinskog rata.

Za vrijeme hrvatskog Domovinskog rata osnovao je novinsku agenciju *Pan-National News Agency*, radio kao dopisnik za Hrvatski informativni centar, radijsku postaju *WXYT* i časopis *Soldier of Fortune*. Američka je vlada 1996. godine podigla optužnicu protiv Palaicha zbog krijumčarenja oružja i opreme za noćno gledanje namijenjenog hrvatskim snagama za vrijeme Domovinskog rata.

Diplomirao je *cum laude* na sveučilištu *Wayne State University* i stekao diplomu iz politologije i psihologije.

Ima dvoje odrasle djece i dvoje unučadi. Palaich je u mirovini. Živi u Hrvatskoj i Arizoni sa suprugom Sandrom. Volontira u službi za zatvorenike Katoličke biskupije Phoenix.

www.ingramcontent.com/pod-product-compliance
Lightning Source LLC
Chambersburg PA
CBHW071336080526
44587CB00017B/2855